V.ᵉ P. LAROUSSE & C.ᵉ, éditeurs
19, Rue du Montparnasse, PARIS

L'ART D'AIMER

LES AMOURS

LE TEMPLE DE GNIDE — LES BAISERS

ZÉLIS AU BAIN

MORCEAUX CHOISIS DES POÈTES ÉROTIQUES
DU XVIIIe SIÈCLE

PETITS POÈMES ÉROTIQUES
DU XVIII° SIÈCLE

L'ART D'AIMER
DE
GENTIL-BERNARD

LES AMOURS DE BERTIN	**LES BAISERS** DE DORAT
LE TEMPLE DE GNIDE DE LÉONARD	**ZÉLIS AU BAIN** DE PEZAY

NOTICE ET NOTES
PAR F. DE DONVILLE

PARIS

GARNIER FRÈRES, LIBRAIRES-ÉDITEURS

6, RUE DES SAINTS-PÈRES, 6

1889

NOTICE

La poésie érotique tient une grande place dans la littérature du XVIIIe siècle. Tout cadet de famille devait alors opter entre l'épée ou le rabat : tout mousquetaire et tout abbé était tenu d'enfourcher Pégase et de se faire éditer à Cythère. De là une foule de pièces légères qui vécurent ce que vivent les roses. De là une légion de poètes dont les noms sont aujourd'hui complètement oubliés.

Quelques-uns cependant ont été assez heureux ou ont eu assez de talent pour se survivre. Tels sont les Dorat, les Bertin, les Gentil-Bernard, les Pezay, les Bernis, dont les noms circulent encore aujourd'hui comme ceux des Anacréons du temps.

Tous ces petits poètes procédaient de Voltaire, ou du moins d'une des faces de son génie. Tous avaient arboré sur leur bannière le distique du vieux patriarche de l'Amour :

> Qui que tu sois, voici ton maître.
> Il l'est, le fut, ou le doit être!

Quelques-uns d'entre eux croyaient aussi très sérieusement marcher sur les traces des poètes érotiques de l'antiquité, qu'ils invoquaient sans cesse dans leurs chants. Les guerriers — et presque tous l'étaient — se souvenaient avec orgueil qu'Horace avait tenu la lyre et l'épée. Nous ne savons trop quel raisonnement se tenaient les abbés, mais nous aimons à constater que les épîtres à Chloris et les stances à l'Amour ne les empêchaient pas toujours de devenir évêques et même cardinaux [1].

Le poème érotique qui obtint le plus grand succès au xviiie siècle fut l'*Art d'aimer* de Gentil-Bernard [2]. Pendant vingt ans, l'auteur en lut des fragments dans les salons parisiens, et grandes dames et petits maîtres ne se lassaient point d'entendre cette poésie voluptueuse que Bernard récitait d'une voix douce et séductrice. Ce que l'*Art d'aimer* valut d'ovations et même de conquêtes à son poète est, paraît-il, incalculable. Il ne manquait à un tel succès que la consécration de Voltaire. Elle ne se fit pas longtemps attendre. Le patriarche de Ferney adressa la lettre suivante à Bernard, au moment de la nomination de celui-ci à la place de secrétaire général des Dragons :

« Le secrétaire de l'Amour est donc le secrétaire

---

[1] Dorat, Gentil-Bernard, Bertin, Léonard et Pezay étaient mousquetaires ou dragons, ainsi qu'on le verra plus loin. Bernis, Voisenon, Grécourt, étaient abbés : le premier devint cardinal, le second faillit devenir évêque.

[2] Bernard (Pierre-Joseph, dit Gentil-Bernard) naquit à Grenoble en 1710 et mourut à Paris en 1775. Il fit ses études chez les Jésuites de Lyon, fut clerc de procureur à Paris, accompagna le marquis de Pezay à l'armée d'Italie et devint, dans cette campagne, secrétaire du maréchal de Coigny. Il est l'auteur de l'opéra *Castor et Pollux*, musique de Rameau, qui obtint un grand succès. En 1771, Bernard perdit tout à coup la mémoire et tomba dans l'enfance.

des Dragons? Votre destinée, mon cher ami, est plus agréable que celle d'Ovide, aussi votre *Art d'aimer* me paraît au-dessus du sien. Je fais mes compliments à M. de Coigny [1] de ce qu'il joint à ses mérites celui de récompenser et d'aimer le vôtre. Vous me dites que sa fortune a des ailes : voilà donc tous les dieux ailés qui se mettent à vous favoriser.

> Vous êtes formés tous les deux
> Pour plaire aux héros comme aux belles;
> Mais si sa fortune a des ailes,
> Je vois que la vôtre a des yeux.

» On ne l'appellera plus aveugle puisqu'elle prend tant de soin de vous. Vous serez toujours des trois Bernard, celui pour qui j'aurai le plus d'attachement, quoique vous ne soyez encore ni un Crésus, ni un saint [2]. Vous avez commencé un ouvrage unique dans notre langue et qui sera aussi aimable que vous. Continuez, et souvenez-vous de moi au milieu de vos lauriers et de vos myrtes. »

Il n'en fallait pas davantage, il n'en fallait même pas autant pour devenir le poète à la mode. Gentil-Bernard était de tous les petits soupers, même de ceux de Mme de Pompadour, et il composa, paraît-il,

---

[1] Ce M. de Coigny était le fils du maréchal de Coigny sous les ordres duquel Bernard avait combattu en Italie.

[2] Voltaire a développé sa pensée dans les vers suivants :

> Dans ce pays, trois Bernard sont connus;
> L'un est ce saint, ambitieux reclus,
> Prêcheur adroit et fabricant d'oracles;
> L'autre Bernard est l'enfant de Plutus,
> Bien plus grand saint, faisant plus grands miracles,
> Et le troisième est l'enfant de Phébus,
> Gentil-Bernard, dont la muse féconde
> Doit faire encor les délices du monde
> Quand des premiers on ne parlera plus.

un certain nombre de pièces à la demande de la favorite. Mme du Châtelet ayant aussi désiré recevoir Bernard, on sait en quels termes charmants Voltaire libella l'invitation :

> Au nom du Pinde et de Cythère,
> *Gentil-Bernard* est averti
> Que l'*Art d'aimer* doit samedi
> Venir souper chez l'*Art de plaire*.

La gloire de Gentil-Bernard et la célébrité de son *Art d'aimer* paraissaient à jamais assurées, et cependant, lorsque, en 1775, fut imprimé ce poème, que l'acerbe La Harpe avait lui-même déclaré préférer à l'*Art d'aimer* d'Ovide, la critique tomba sur l'auteur à bras raccourcis. Voltaire ne fut pas plus clément, et revint sur les éloges qu'il avait adressés jadis au poète : « Ce pauvre Bernard, » écrivit-il, « était bien sage de ne pas publier son poème. » Heureusement pour son amour-propre, Gentil-Bernard était depuis 1771 tombé dans un état d'imbécillité complète, et il ne se vit pas enlever sa couronne.

Gentil-Bernard n'a cependant pas été oublié comme l'ont été tant d'autres galants rimeurs. Le doit-il au titre de son poème? Le doit-il au joli surnom que lui donna Voltaire et dont il était si fier? Toujours est-il que ces noms sont restés dans la mémoire française, et que l'*Art d'aimer* ne saurait être lu sans une sympathique curiosité[1].

---

[1] Gentil-Bernard et son poème ont inspiré à ceux de nos meilleurs vaudevillistes, MM. Dumanoir et Clairville, la jolie pièce intitulée *Gentil-Bernard ou l'Art d'aimer*, représentée, pour la première fois, au théâtre des Variétés le 16 mars 1846. Dans cette pièce, Gentil-Bernard, se disposant à écrire son *Art d'aimer*, et

Gentil-Bernard s'était inspiré d'un des poèmes érotiques d'Ovide, et lui avait emprunté son titre *l'Art d'aimer*. Ce fut aussi sous le titre d'un poème d'Ovide, *les Amours*, que le chevalier de Bertin [1] publia ses élégies.

Bertin est bien supérieur à Gentil-Bernard et mérite d'être classé après Parny parmi les poètes érotiques de son temps. Ses vers sont faciles et harmonieux ; on y rencontre des traits charmants. On lui a justement reproché de s'abandonner souvent à une inspiration toute sensuelle et de se permettre toutes les licences des poètes latins. Tissot disait spirituellement à ce propos : « Je n'aurais pas été étonné qu'*Eucharis* ou *Catilie* eussent dit à leur favori : « Mon ami, nous sommes de Paris et non de Rome, » faites-nous l'amour en français. »

Bertin n'en a pas moins écrit des vers qui semblent indiquer qu'il y avait en lui l'étoffe d'un grand

---

ne voulant traiter son sujet qu'en connaissance de cause, étudie tour à tour — et l'on devine de quelle façon — la bourgeoise, la grisette, la grande dame, la paysanne et l'actrice. On sait que le rôle de Gentil-Bernard fut un des triomphes de la célèbre Déjazet.

[1] Le chevalier de Bertin naquit à l'île Bourbon (aujourd'hui la Réunion) en 1752. Il mourut à Saint-Domingue en 1790, immédiatement après son mariage avec une jeune personne qu'il avait connue à Paris. Il fit ses études en France, au collège du Plessis, et montra de bonne heure un goût très vif pour les poètes latins, et surtout pour Ovide et Properce, qu'il lisait dans le texte à douze ans. A dix-huit ans, Bertin était officier dans un régiment de dragons dont faisait partie son compatriote Parny, avec lequel il se lia d'une étroite amitié. Dès l'âge de vingt ans, il publia dans l'*Almanach des Muses* quelques jolis vers qui le firent remarquer et dans lesquels La Harpe trouvait « l'espérance d'un talent très agréable. » Avant les *Amours*, Bertin avait publié le *Voyage de Bourgogne* (1777), récit très amusant et très spirituel destiné à Parny et rédigé en prose et en vers, à la manière du *Voyage* de Chapelle et Bachaumont.

poète. C'est surtout lorsqu'il parle d'Horace, son
auteur favori, qu'il est heureusement inspiré :

>   J'irai dans tes champs de Sabine,
> Sous l'abri frais de ces longs peupliers
>   Qui couvrent encor la ruine
> De tes modestes bains, de tes humbles celliers;
>   J'irai chercher d'un œil avide,
> De leurs débris sacrés un reste enseveli,
>   Et dans ce désert embelli
> Par l'Anio grondant dans sa chute rapide,
>   Respirer la poussière humide
>   Des cascades de Tivoli [1].

Quelques passages de ses *Adieux à une terre*
semblent avoir été écrits par Lamartine :

> L'aimable et doux printemps ouvre aujourd'hui les cieux:
> O mes champs, avec vous je veux encor renaître!
> Champs toujours plus aimés, jardins délicieux,
> Vénérables ormeaux qu'ont plantés mes aïeux,
> Pour la dernière fois recevez votre maître.
> Prodiguez-moi vos fruits, vos parfums et vos fleurs;
> Cachez-moi tout entier dans votre enceinte sombre.
> O bois hospitaliers, mes rêveuses douleurs
> N'ont pas longtemps, hélas! à jouir de votre ombre [2].

Les élégies de Bertin ne sont pas seulement une
œuvre d'imagination, ce sont encore des récits très
fidèles des amours du poète. *Eucharis* et *Catilie*
cachent les noms de deux femmes qu'il a aimées. Un
de ses éditeurs, M. Boissonade, a donné à entendre
qu'il connaissait l'histoire et le vrai nom d'*Eucharis*
C'était, paraît-il, une jeune créole, mariée à un ar-

---

[1] *Les Amours.* Liv. II, Élégie xi.
[2] *Les Amours.* Liv. III, Élégie xx.

mateur de Bordeaux, et sœur de trois femmes qui avaient une grande réputation d'esprit et de beauté.

Un des grands étonnements des érudits ç'a été de rencontrer le *Temple de Gnide* dans l'œuvre de Montesquieu. Comment ce célèbre publiciste, ce grave magistrat avait-il pu écrire un conte érotique entre les *Lettres persanes* et l'*Esprit des lois* ?

Montesquieu a avoué à l'abbé de Guasco[1] que ce qui avait donné naissance au *Temple de Gnide* « c'était une idée à laquelle Mlle de Clermont, princesse du sang, qu'il avait l'honneur de fréquenter, avait donné occasion, et que ce roman avait été écrit *sans autre but que de faire une peinture poétique de la volupté.* » A ce compte, dit M. Laboulaye[2], la maligne Mme Du Deffand avait doublement raison quand elle appelait ce petit poème l'*Apocalypse de la galanterie*. Mais aujourd'hui on est moins crédule que l'excellent abbé de Guasco ; on se demande si Montesquieu lui a tout dit quand, en 1742, à dix-sept ans de distance, il lui a confié le secret du *Temple de Gnide*. Une phrase de Montesquieu conservée dans ses Pensées : « A l'âge de trente-cinq ans, j'aimais encore ; » le respect avec lequel le chantre de Gnide parle de Thémire ; ces allégories qui ont l'air d'allusions perpétuelles, tout fait soupçonner un mystère qu'on laisse le soin d'éclaircir à ces curieux sans pitié pour qui un livre est toujours une confession.

Dans le *Temple de Gnide*, Montesquieu s'est évidemment inspiré de *Télémaque*, qu'il appelait l'ou-

---

[1] Lettre à l'abbé de Guasco. De Paris, 1742.
[2] *Œuvres complètes de Montesquieu*. Paris, Garnier frères, 1875.

vrage divin du dix-huitième siècle. Il est aisé de s'apercevoir, comme le dit M. Laboulaye, que la belle nymphe Eucharis est le modèle de Thémire, la charmante bergère.

Montesquieu donna son œuvre comme la traduction d'un manuscrit grec ignoré, petite supercherie qui ne pouvait tromper personne. De plus, il déclara dans la préface de cette bluette que le mérite d'un tel écrit ne pouvait être reconnu « *que par des têtes bien frisées et bien poudrées.* » Ces têtes-là étaient sans doute fort nombreuses alors, car le *Temple de Gnide* obtint un vif succès. Ce succès survécut même à l'auteur. Dans son Éloge de Montesquieu, d'Alembert n'hésita pas à dire que cet illustre écrivain, après avoir été dans les *Lettres persanes* Horace, Théophraste et Lucien, fut Ovide et Anacréon dans le *Temple de Gnide.* Tel n'est point l'avis de Sainte-Beuve qui, lui, déclare tout net [1] que « le *Temple de Gnide* est une erreur de goût et une méprise de talent. »

M. Laboulaye trouve avec raison que d'Alembert a été trop élogieux et que Sainte-Beuve s'est montré par trop sévère. « Il faut reconnaître, » dit-il [2], « que le *Temple de Gnide* offre un intérêt particulier. Il marque dans notre histoire littéraire l'introduction de ce qu'on appelle le genre Pompadour ou le rococo. Bien avant Montesquieu, il y a eu des bergeries poétiques en prose ou en vers. Le *Pastor fido*, l'*Aminta*, la *Galatée*, la *Diana enamorada* n'ont pas seulement charmé l'Italie et l'Espagne, elles ont donné le ton à toute l'Europe. Shakespeare s'en est inspiré. Aujour-

---

[1] *Causeries du lundi*, t. VII, p. 45.
[2] *Œuvres complètes de Montesquieu.* Préface du *Temple de Gnide.*

d'hui on poursuit la réalité, on n'admire que des bergères aussi crottées que leurs moutons ; il est tout simple qu'on trouve insipides et fanées ces peintures d'un autre temps. Mais pour qui voit dans l'art une façon d'exprimer l'idéal et de donner un corps aux rêves de l'imagination, cette littérature de convention ne manque pas d'un certain attrait. »

Tout en se délectant à la lecture du *Temple de Gnide*, les contemporains de Montesquieu regrettaient que cet ouvrage eût été écrit en prose. Un tel sujet était d'ailleurs fait pour tenter les poètes légers. Cinquante ans après l'apparition du *Temple de Gnide*, Colardeau et Léonard entreprirent presque simultanément de le mettre en vers. C'est là une preuve indiscutable de la faveur que ce joli conte avait su conserver chez nos pères [1].

Les imitations de Colardeau et de Léonard n'ont pas été faites dans le même esprit. Colardeau a étendu et paraphrasé Montesquieu. Son style est trop solennel pour le sujet, et le vers alexandrin, qu'il a choisi, rend souvent le récit lourd et monotone. Ce poète a aussi cru devoir changer le dénouement de Montes-

---

[1] Colardeau (Charles-Pierre) naquit à Janville en Beauce en 1732. Il fit jouer au Théâtre-Français deux tragédies médiocres, *Astarbé* et *Caliste*; mais il fut plus heureux dans la poésie fugitive. Sa *Lettre d'Héloïse à Abélard* eut notamment un très grand succès. Colardeau mourut en 1779, au moment où il venait d'être élu membre de l'Académie française.

Léonard (Nicolas-Germain) naquit à la Guadeloupe en 1744, et y fut nommé lieutenant général de l'amirauté. Moins célèbre en son temps que Colardeau, il acquit cependant une certaine réputation par ses poésies d'une grâce mélancolique. Outre le *Temple de Gnide*, il a publié des *Idylles morales* (1766) et plusieurs romans. Il mourut en 1793.

Les imitations de Colardeau et de Léonard ne sont pas les seules

quieu, qu'il trouvait contre nature, ce qui pourrait le faire accuser de ne pas avoir compris la délicatesse de pensée de l'auteur.

Léonard, mieux inspiré, s'est borné à retrancher quelques descriptions et quelques épisodes qui auraient fait longueur dans son poème. Dans le reste, il s'est appliqué à traduire Montesquieu, et il l'a souvent traduit de façon heureuse. Ses mètres variés rendent son poème plus attrayant que celui de Colardeau, et ses rimes alternées ont une grâce qui s'harmonise parfaitement avec le sujet. Nous avons cru devoir accorder la préférence au poème de Léonard, qui a d'ailleurs été jugé digne de figurer dans la dernière édition des *Œuvres complètes de Montesquieu* [1].

Les *Baisers* que Dorat [2] publia en 1770 sont une imitation libre des *Baisers* de Jean Second, poète latin du xvie siècle [3]. Grimm, qui n'aimait pas Dorat,

qui aient été faites du conte de Montesquieu. Du vivant même de l'auteur, un Anglais, le docteur Clansy, en traduisit le premier chant en vers latins. L'abbé Venuti, vicaire général de l'abbaye de Clérac, en fit une traduction italienne vers 1750. En 1768, un M. Vespasiano en donna une nouvelle traduction italienne. Enfin, suivant une note de M. Ravenel, un des éditeurs des Œuvres de Montesquieu, la bibliothèque de la ville de Paris possédait en 1834 une traduction en vers italiens du même ouvrage, manuscrit autographe du traducteur, Marc-Antoine Cardinali.

[1] Voir les notes des pages XI et XII.

[2] Dorat (Claude-Joseph), qui fut chef d'école, que son entourage décorait du nom de grand poète et que Grimm appelait un Anacréon *fanfreluché*, est trop connu pour que nous croyions devoir donner ici sa biographie. Qu'il nous suffise de dire qu'il naquit à Paris en 1734 et y mourut en 1780.

[3] Second (Jean *Everaerts*, dit Jean) naquit à La Haye en 1511, fut secrétaire de l'archevêque de Tolède et accompagna Charles-Quint dans son expédition de Tunis. Il mourut à Tournai en 1536.

se montra très sévère pour ses *Baisers*. Le prix du volume était d'un louis : « On peut dire qu'il n'y a point de fille d'Opéra qui vende ses baisers aussi cher que M. Dorat, » dit le mordant critique : « aussi ces demoiselles trouvent-elles le débit de leur marchandise, et M. Dorat pourrait bien garder la sienne[1]. » Les *Baisers* ne se vendirent pas moins très bien. Il est vrai qu'Eisen avait orné de ses délicieux dessins le commencement et la fin de chaque *Baiser*, ce qui donnait quarante dessins pour ce seul poème. Il est aussi de notre devoir de constater que c'est grâce à ces dessins que les premières éditions des *Baisers* de Dorat atteignent aujourd'hui des prix si élevés.

Le succès qu'obtint ce volume à son apparition fit éclore l'année suivante une édition des *Baisers* de Jean Second, en latin, avec la traduction en prose française en regard de chaque *Baiser*[2]. Le traducteur avait de plus ajouté aux *Baisers* imités par Dorat, la pièce de vers de ce poète.

Outre les *Baisers*, il publia trois livres d'*Élégies*, des *Épigrammes* des *Odes*, des *Épîtres*. On l'a comparé à Catulle pour la grâce et le naturel. Les *Baisers*, le plus estimé de tous ses poèmes, ont été traduits par Dorat, Simon, Mirabeau, Tissot et Loraux.

[1] Les *Baisers* de Dorat étaient précédés du *Mois de Mai*, poème, dont les *Saisons* de Saint-Lambert avaient sans doute donné l'idée à l'auteur. Grimm ne se montra pas plus indulgent pour le *Mois de Mai* que pour les *Baisers* « Ce n'est ni dans les coulisses des spectacles, ni dans les soupers de Paris, que l'on apprend à faire des *Géorgiques*, » écrivit-il dans sa *Correspondance*.

[2] Les *Baisers de Jean Second*, traduction française, accompagnée du texte latin, par M. M.... C.... (Moutonnet de Clairfons). A Cythère (Paris), 1771. — Nous avons cru être agréable aux lecteurs de ce volume en leur donnant cette traduction à la suite des *Baisers* de Dorat.

L'apparition de ce livre fut pour Grimm une nouvelle occasion d'écharper Dorat. Attribuant la traduction de Moutonnet de Clairfons à « de petits malins, » il croit découvrir ainsi le but de leur publication : « En s'extasiant beaucoup sur les *Baisers de M. Dorat*, en le persiflant passablement fort dans leur préface et dans leurs notes, ils ont pris la peine d'indiquer et de découvrir toutes les sources où le baiseur parisien a puisé le nectar dont il arrose ses lecteurs, et ils ont voulu prouver indirectement, par une simple traduction en prose, combien le voluptueux Dorat est resté au-dessous de ses modèles. Il ne nous reste donc plus que les vignettes de M. Eisen à payer dans l'édition des *Baisers de Jean Second Dorat*. »

Nous ne pensons pas, nous, que M. Moutonnet de Clairfons ait voulu persifler Dorat, à moins toutefois qu'il n'ait voulu persifler également son modèle Jean Second, car il se sert d'expressions analogues pour apprécier leurs poèmes. « Les *Baisers de Jean Second*, » dit-il avec l'afféterie obligée, « sont parés des grâces et des charmes de la poésie la plus agréable, la plus facile et la plus brillante. On reconnaît partout la touche gracieuse de l'Albane, le pinceau voluptueux du Parmesan, le crayon tendre et délicat de Boucher. C'est tour à tour le chant passionné et attendrissant du rossignol et le gémissement plaintif de la tourterelle : tantôt on croit entendre les accents amoureux de la douce fauvette, et tantôt les sons forts et cadencés d'un aimable serin. On rencontre partout l'élégante délicatesse de Catulle et jamais son cynisme effronté. Les vers de Jean Second ressemblent à un jeune bouton de rose éclatant, humecté des pleurs de l'aurore, et s'entr'ouvrant aux premiers rayons du soleil, ou bien à un lis éblouissant dont la tête superbe brille au milieu de l'humble violette et du suave et odorant réséda... » Trop d'oiseaux et trop de fleurs, sans doute, mais M. Moutonnet doit être sincère. Il déclare d'ailleurs, dans une autre partie de sa préface, avoir *échauffé* son imagination, l'avoir *allumée* à la lecture des *Baisers* latins et français, afin de rendre passablement des morceaux si délicats, si voluptueux et si énergiques. Il ne faut donc point s'étonner s'il brûle tout ce qu'il touche.

Et voici maintenant ce que dit M. Moutonnet des *Baisers* de Dorat : « Les *Baisers* de Jean Second deviennent plus intéressants que jamais ; ils ont fait naître les *Baisers* délicieux de M. Dorat qui, sans s'astreindre à les traduire littéralement, en a imité un assez grand nombre.... On aimera sans doute à juger du mérite de ces deux poètes aimables, ainsi rapprochés. Jean Second a l'avantage d'avoir écrit avec pureté, avec élégance, avec une délicatesse et une douceur infinies dans une langue étrangère, et d'avoir servi de modèle au poète français. M. Dorat, de son côté, a employé toutes les ressources de sa langue pour égaler et pour surpasser même quelquefois le poète hollandais.

» Notre traduction, accompagnée du texte latin, » dit encore M. Moutonnet, « peut servir de supplément aux *Baisers* de M. Dorat, mais nous sommes bien éloignés de vouloir faire la moindre comparaison entre ces deux ouvrages. Les *Baisers* de M. Dorat sont exquis et délicieux comme les baisers qu'un amant transporté d'amour cueille avidement sur les lèvres voluptueuses de sa maîtresse charmante. Notre traduction, au contraire, peut être comparée aux baisers qu'une bergère aimable donne à un étranger pour les porter de sa part à son berger absent. Ces baisers ont perdu toute leur douceur et toute leur volupté, parce qu'ils n'ont pas été reçus de la bouche que le berger adore. »

On n'est pas plus modeste, en vérité ; mais nous ne pouvons croire que ce soit là du persiflage. Ces éloges outrés étaient alors à la mode, et nous pensons que le seul but de M. Moutonnet, en publiant sa traduction, était de recueillir quelques bribes du succès qu'obtenaient les *Baisers* de Dorat, et peut-être aussi une partie des bénéfices que procurait la vente de ce poème.

En examinant les ouvrages contenus dans ce volume, nous avons jusqu'ici rencontré deux dragons, Gentil-Bernard et Bertin, et un mousquetaire, Dorat. Nous voici en présence d'un second mousquetaire qui enseigna la tactique militaire à Louis XVI, dauphin, et qui, sous son règne, devint inspecteur général des côtes. Nous voulons parler du marquis de Pezay [1]. Compagnon d'armes de Gentil-Bernard, pendant les guerres d'Italie de 1733 et 1734, il devait, comme lui, quitter l'épée pour saisir la lyre d'Horace — ou plutôt les pipeaux de Dorat.

---

[1] Pezay (Alexandre-Frédéric-Jacques Masson, marquis de) naquit à Versailles en 1741 et fut élevé à Paris, au collège d'Harcourt, où il eut pour condisciple La Harpe. Pezay prit Dorat pour modèle et se fit, comme lui, mousquetaire et poète érotique. Cependant l'ambition lui fit souvent négliger les Muses. On raconte qu'ayant été surpris par Dorat au milieu de livres d'administration et d'études militaires, il répondit aux railleries du poète à la mode : « Mon ami, je veux être lieutenant général et ministre à quarante ans ; ainsi, je n'ai pas de temps à perdre. » Pezay, protégé par Maurepas, fut nommé

Le bagage littéraire de Pezay est mince, mais ce poète mérita de trouver grâce devant le terrible critique de l'époque :

« Pezay, » dit Grimm, « avait infiniment d'esprit, beaucoup de souplesse et de douceur dans le caractère, l'âme très ardente et très active. Il n'avait que le défaut de vouloir réunir sans cesse tous les extrêmes, de se répandre trop au dehors et de se piquer, pour ainsi dire, de déployer à chaque occasion toutes les parties de son esprit et de son talent. »

Pezay eut de plus la bonne fortune d'être en relations d'amitié avec Voltaire et Jean-Jacques Rousseau. Après le succès de son opéra, *la Rosière de Salency* (1771), Voltaire lui adressa le sixain suivant :

> Aide maréchal de logis
> Et de Cythère et du Parnasse,
> Je vois que vous avez appris
> Sous le grand général Horace,
> Ce métier qu'avec tant de grâce
> On vous voit faire dans Paris.

C'était sacrer un poète érotique de plus. Pezay s'efforça de se rendre digne de ce titre et composa un certain nombre de pièces qui ne manquent ni d'esprit ni de grâce. Son poème voluptueux, *Zélis au*

---

précepteur, pour la tactique, du dauphin, depuis Louis XVI. Sous le règne de ce prince, il devint maréchal général des logis de l'état-major de l'armée, puis inspecteur général des côtes. Ayant blessé un haut fonctionnaire en crédit, il fut exilé dans sa terre de Pezay, près de Blois, où il mourut en 1777.

Outre ses poésies légères et des traductions de Catulle, de Tibulle, de Gallus, etc., Pezay publia en 1775 une *Histoire des campagnes de Maillebois en Italie* (3 vol. in-4°, avec cartes). Il donna aussi un opéra lyrique : *la Rosière de Salency*, qui obtint un vif succès, grâce à la musique de Grétry (1773).

bain, qu'on trouvera à la fin de notre recueil, est regardé comme la fleur de son œuvre.

Et maintenant demanderons-nous grâce à nos lecteurs pour avoir remis en lumière ces œuvres légères? Nous ne croyons point devoir le faire. Nous estimons, au contraire, que les œuvres de Voltaire, de Rousseau, de Diderot, de d'Alembert ne suffisent pas pour faire connaître le xviiie siècle ; qu'il est intéressant de parcourir les ouvrages des petits écrivains qui ont occupé les loisirs de leurs contemporains, et qu'enfin, — si l'on nous permet d'emprunter le langage de l'époque, — les rossignols, les fauvettes et les pinsons ont le droit de faire entendre leurs chants, même après le cri des aigles.

F. DE DONVILLE.

L'ART D'AIMER

POÈME EN TROIS CHANTS

PAR GENTIL-BERNARD

(1761)

L'ART D'AIMER

CHANT PREMIER

ARGUMENT

Définition de l'Amour. — Préceptes. — Choisir s'il est possible. — Des Quatre Ages. — Des Charmes divers. — Des Caractères. — Des Talents. — Des Trois États. — Voir le grand Monde. — Méconnaître les Rangs. — Préceptes pour les Belles. — Peinture de l'Amour constant. — Chercher des qualités aimables. — Traits caractéristiques de l'Amour. — Choix à faire. — Églé.

J'ai vu Coigny, Bellone et la Victoire ;
Ma faible voix n'a pu chanter la Gloire.
J'ai vu la Cour, j'ai passé mon printemps,
Muet aux pieds des idoles du temps.
J'ai vu Bacchus sans peindre son délire ;
Des doctes Sœurs j'ai négligé l'empire.
J'ai vu Plutus, j'ai méprisé sa cour.
J'ai vu Daphné, je vais chanter l'Amour.

De tous les Dieux, sois le seul que j'implore,
O ma Daphné, tendre objet que j'adore !
Que l'Art d'aimer se lise en traits vainqueurs,
En traits de feu, tel qu'il est dans nos cœurs :

De ses plaisirs instruisons l'Amour même ;
Dis comme on plaît, je dirai comme on aime.
À tes genoux, dans tes bras, sous tes yeux,
J'en donnerais la leçon même aux Dieux.

Toi, qui jadis, dans ta plus pure flamme,
Analysais les voluptés de l'âme,
Divin Platon.... Mais l'Amour courroucé
Est prêt à fuir, et Platon l'a glacé.
Quel nom, dit-il! quel oracle! quel guide!
A tes leçons vois l'ennui qui préside.
Oses-tu bien, dans Cythère, à ma cour,
Donner pour loi ce chimérique amour?
Ne vas-tu pas, martyr de la constance,
Prêcher des cœurs la gothique alliance?
Vois en quel lieu, zélateur indiscret,
De tes langueurs tu vas chanter l'attrait.
Un joug pénible est-il donc le partage
D'un peuple ardent, indocile, volage,
Fidèle à Mars, mais perfide aux Amours,
Fait pour jouir, plaire et changer toujours?
Vois par ses goûts quel doit être son maître
Et pour l'instruire apprends à le connaître.
Dieu de mon cœur, tes abus font mes lois.
Je n'irai point, en préceptes gaulois,
Changer les mœurs de tes chers infidèles,
Vieillir ton âge, attenter sur tes ailes;
Tout m'est sacré dans le Dieu que je sers.
De tes captifs j'adoucirai les fers;
Mais sans prescrire une loi qui t'étonne,
Ta gloire, Amour, ton intérêt ordonne
Que la constance, éprouvant ta douceur,
Soit dans mes vers ta compagne et ta sœur.

Aux vrais plaisirs ma lyre consacrée,
Ne chante point et Lampsaque et Caprée,
Ni de Crisis les lascives fureurs,
Ni de Flora les nocturnes horreurs.
Qu'ici l'Amour, épurant son système,
Nu, mais décent, plaise à la pudeur même ;
Que Vénus donne à Vesta des désirs :
Je veux des mœurs compagnes des plaisirs.
Qu'à d'autres chants soit aussi réservée
De Sybaris la mollesse énervée,
Des Amadis les respects insensés,
Et du Lignon les rivages glacés.
Dans mes tableaux, Albane plus fidèle,
Peignons l'Amour comme on peint une belle :
Dans un jour tendre exposons son tableau,
Vrai, mais flatté ; tel qu'il est, mais en beau.

J'appelle amour, cette atteinte profonde,
Entier oubli de soi-même et du monde ;
Ce sentiment soumis, tendre, ingénu,
Prompt, mais durable ; ardent, mais soutenu ;
Qu'émeut la crainte, et que l'espoir enflamme ;
Ce trait de feu, qui des yeux passe à l'âme,
De l'âme aux sens ; qui, fécond en désirs,
Dure et s'augmente au comble des plaisirs ;
Qui, plus heureux, n'en est que plus avide :
Voilà le Dieu de Tibulle et d'Ovide,
Voilà le mien : venez tous l'adorer ;
Plein de ses feux, je les veux inspirer ;
Je consacrai mes jours à le connaître ;
Un maître heureux doit enseigner à l'être.

Tout cœur sensible est né pour m'obéir.

Choisir l'objet, l'enflammer, en jouir :
Voilà mes lois ; entrons dans la carrière ;
Mon char s'élance et franchit la barrière.
Daphné me voit, et l'Amour qui m'entend,
Met dans ses mains le myrte qui m'attend.

Toi, dont le cœur est né pour la tendresse,
Conçois tout l'art du choix d'une maîtresse.
Il veut des soins ingénieux, constants :
Cherche, étudie et les lieux et les temps.
Compare, oppose, et vois d'un œil austère
L'âge, les goûts, l'âme et le caractère.
A tes regards mille objets sont offerts ;
Choisis.... Mais dieux ! se choisit-on des fers ?
A-t-on le temps de chercher et d'élire ?
Raisonne-t-on ? l'amour est un délire.
L'oiseau, qu'en l'air un chasseur a blessé,
A-t-il pu voir le trait qu'on a lancé ?
Les traits d'Amour sont encor plus rapides ;
Son bras caché frappe ses coups perfides ;
Il rit d'un cœur vainement étonné,
Le matin libre, et le soir enchaîné.
Le ravisseur qui mit Pergame en poudre,
De cet amour sentit le coup de foudre.
Didon brûla d'aussi rapides feux.
Ceux dont le Ciel maîtrise ainsi les vœux,
N'ont pour aimer aucune étude à faire ;
Mais, par mes lois, je leur enseigne à plaire.
A préparer, à saisir les instants,
Et, s'il se peut, à devenir constants.
Tel que Zéphire, au moment qu'il s'éveille
Marque les fleurs que doit sucer l'abeille ;
Tel, parcourant les jardins de Cypris,

De ses trésors je marque ainsi le prix.
Dans l'âge heureux qui succède à l'enfance,
Vois la candeur, vois la simple innocence,
Les pleurs naïfs, le sourire ingénu,
Ce pur instinct à lui-même inconnu ;
Quand les beautés, crédules et craintives,
Tiennent encor leurs caresses captives ;
Quand la nature, épiant tous ses sens,
Baisse les yeux sur ses trésors naissants,
Rougit de plaire en cherchant à séduire,
Et veut ensemble ignorer et s'instruire ;
Voilà quinze ans. L'aube, le point du jour,
C'est Agatilde, enfant comme l'Amour,
Qui n'a d'appas que sa fraîcheur nouvelle,
Et sa pudeur, des grâces la plus belle.
L'âge qui suit, donnant l'âme à ses traits,
Offre à l'amour de plus piquants attraits :
Au doux éclat qu'a produit cette aurore,
Succède un jour plus radieux encore ;
Et tous les fruits qu'un amant peut cueillir,
Ont achevé de naître ou d'embellir.
L'essor est pris, l'âme a senti ses ailes ;
Tous ses besoins sont des fêtes nouvelles.
Le cœur instruit démêle ses désirs :
C'est à vingt ans qu'on a tous les plaisirs.
De trente hivers le temps marque les traces,
La beauté perd ce qu'on ajoute aux grâces ;
On n'est plus jeune, on est belle pourtant ;
On met plus d'art aux pièges que l'on tend ;
C'est le tissu des intrigues secrètes,
L'emploi savant des parures coquettes ;
Le soin de plaire et la soif de jouir
Redouble encor, loin de s'évanouir ;

Par l'âge accrus, les sens ont plus d'empire ;
C'était l'amour, c'est alors son délire.
Ardent, avide, impétueux, hardi,
C'est un soleil brûlant à son midi.
Moins jeune encor, la beauté nous engage ;
L'art du maintien, les grâces du langage,
Les dons acquis, les charmes empruntés,
Donnent un lustre au couchant des beautés.
L'Amour, fidèle à leurs flammes constantes,
Se glisse encor sous les rides naissantes ;
Et pour régner jusqu'aux derniers instants,
Sème de fleurs les ruines du temps.
La jeune rose, en se pressant d'éclore,
Fait au matin le charme de l'aurore.
Clitie au soir, dans son riche appareil,
Fait l'ornement du coucher du soleil.

Tout plaît un jour, tout âge a ses délices ;
Ces dons divers sont faits pour nos caprices ;
Par eux l'Amour, variant ses attraits,
Forme un carquois d'inépuisables traits.
Il est des yeux dont la langueur touchante
Pénètre un cœur, l'amollit et l'enchante ;
D'autres, plus vifs, l'enflamment à leur tour,
Prompts messagers des ordres de l'Amour.
L'une a du port l'élégante noblesse ;
L'autre une taille où languit la mollesse :
Plus d'embonpoint embellit celle-ci ;
Là sont les lis, les roses sont ici.
L'Amour départ une grâce à chacune ;
Laure était blonde et Corinne était brune.

Quand l'œil a vu, quand ce trait est lancé,

Le choix d'un cœur veut être balancé.
Une coquette et brillante et légère,
Plaira toujours par son étude à plaire.
Tendre, naïve, égale en sa pudeur,
La simple Agnès inspire plus d'ardeur,
Lorsqu'un amant, l'aidant à se connaître,
Par le plaisir lui fait sentir son être.
La prude anime, et plaît à désarmer.
Une mystique excelle à bien aimer.
Dans ses amours la folle qui s'enflamme,
Met plus d'esprit, la rêveuse plus d'âme.
J'aime un caprice et de feintes rigueurs ;
Sauvons l'amour du pavot des langueurs.
De l'enjoûment, Eglé fait son partage ;
Lise a le goût, Carite le langage ;
Chloé se tait, mais l'amour dans ses yeux
Met son esprit qui n'en parle que mieux.
A ces appas, l'amour unit encore
Des dons plus chers qu'en ce sexe on adore.
Sur tous les arts ses beaux yeux sont ouverts :
Entends Vénus qui soupire des vers ;
Sapho, Corinne ont des sœurs dignes d'elles.
Vois l'appareil des toilettes des belles ;
Tout ce qui sert l'esprit et les appas,
Livres, atours, bijoux, lyres, compas,
Couvrent l'autel de Flore et de Thalie.
Suivons les goûts que leur caprice allie.
Ce sont les jeux des Amours triomphants :
Albane eût peint ces folâtres enfants ;
L'un, pour servir une flamme secrète,
Contre un jaloux dirige une lunette.
L'autre en un coin calcule ses désirs,
Ou traite à fond l'essence des plaisirs.

Tel à sa voix joint un clavier sonore;
Tel autre esquisse un amant qu'il adore.
Tous les talents sont frères des Amours :
Jeunes beautés, cultivez-les toujours.
Joignez la danse au chant de la tendresse.
J'ai vu Daphné, Sirène enchanteresse,
Sous un treillage où Bacchus est vainqueur,
Boire, verser et chanter sa liqueur.
J'ai vu Daphné, Terpsichore légère,
Sur un tapis de rose et de fougère
S'abandonner à des sons pleins d'appas,
Voler, languir, et, variant ses pas,
Tendre au plaisir les bras qu'elle déploie.
Telle, en versant le nectar et la joie,
D'un pas léger, sur la voûte des cieux,
La jeune Hébé danse au festin des Dieux.

Sur trois états décide ton hommage;
Nimphé t'appelle aux moissons du bel âge.
C'est une fleur qui n'attend que le jour
Qui doit l'ouvrir au souffle de l'Amour.
Celle qu'Hymen veut soustraire à tes armes,
Aimant par fraude, aime avec plus de charmes,
Et secouant les chaînes d'un jaloux,
Sert mieux l'amant pour mieux tromper l'époux.
Claudine aussi, colombe gémissante,
Doit émouvoir ta pitié caressante;
Viens, sous ta main qui l'ornera de fleurs,
Je vois tomber le voile des douleurs.
D'un deuil frivole écarte le nuage,
Et glane au champ du tranquille veuvage.
C'est un asile où, sans peine écouté,
L'amant heureux jouit en liberté.

CHANT PREMIER

N'espérons pas qu'un sauvage Hippolyte
Trouve l'Amour dans les bois qu'il habite :
Pour faire un choix entre mille beautés,
Hante les lieux par elles fréquentés ;
Vole au grand jour ; porte tes yeux avides
Dans ces jardins peuplés de ces Armides :
Suis ta conquête à la ville, à la cour,
Et dans nos bals, vrais temples de l'Amour.
D'autres objets vois la scène embellie,
Chez Melpomène, aux loges de Thalie.
Vois ce théâtre aux magiques accents,
Où tous les arts enchantent tous les sens,
Où nos beautés en pompe et sous les armes,
Viennent en foule étaler tous leurs charmes
A mille amants contemplés à leur tour.
Le cœur, les sens, l'amour-propre, l'amour,
Le chant, les ris, la danse, la mollesse,
Tous les plaisirs confondent leur ivresse ;
Et dans l'éclat de ce monde enchanteur,
Tout est spectacle, et chacun est acteur.

Pour illustrer ta carrière galante,
Vois de la Cour la planète brillante ;
Sans t'éblouir de la pompe et des rangs,
Ose attaquer les conquêtes des grands ;
De tes succès leur caprice est l'augure.
Oui, si j'en crois Brantôme et la nature,
Tu les verras, mortelles à leur tour,
De la grandeur descendre pour l'Amour,
Passer du Louvre aux gazons des fougères
Et soupirer ainsi que nos bergères.

Jeunes beautés, objets de notre choix,

Pour en faire un, suivez aussi mes lois
Il veut plus d'art, de mystère et d'attente.
Qu'à son début doit trembler une amante !
Quel embarras suit le don de son cœur !
Et quel tourment si Jason est vainqueur !
L'amant trop jeune est un zéphyr volage ;
L'ambition remplit l'été de l'âge ;
Lent à répondre à de jeunes ardeurs,
L'automne arrive et n'a que des tiédeurs.
Pour le vieillard, insensé s'il est tendre ;
Des feux d'amour il n'a plus que la cendre.
Le temps d'aimer veut la jeune saison :
Qu'eût fait Hébé des caresses d'Éson ?
Un choix plus mûr, un goût sage préfère
L'âge des sens quand la raison l'éclaire.

Si vous craignez les renoms éclatants,
Défiez-vous des demi-dieux du temps,
Qui, l'une à l'autre enchaînant vos images,
Vont publier vos crédules hommages ;
Qui, décelant leur culte et vos autels,
Ne sont heureux qu'autant qu'on les croit tels.
La Renommée, et ses cent voix perfides,
Sont les échos de leurs crimes rapides :
Tel un éclair qui brille et qui s'enfuit,
Laisse après lui le tonnerre et le bruit.
Fuyez des grands l'appareil infidèle ;
L'éclat d'un nom coûta cher à Sémèle.
D'autres sauront, à vos fers attachés,
S'ensevelir dans des plaisirs cachés.
Pour en tracer une image sensible,
L'amour constant est comme un lac paisible,
Profond, égal, toujours beau, toujours clair,

Inaccessible aux tempêtes de l'air ;
Qui, sans chercher le tribut d'autres ondes,
Se régénère en ses sources profondes.
L'amour volage est semblable au torrent,
Il tombe, il roule, il fuit en murmurant ;
Tari bientôt dans sa course égarée,
Né d'un orage, il en a la durée.
D'un goût naissant défiez-vous toujours ;
Belles, veillez au choix de vos amours.
Croyez plutôt ce berger qui soupire,
Qui tremble, hésite à conter son martyre ;
Qui d'un regard fait le suprême bien,
Désire tout, prétend peu, n'ose rien [1] ;
Qui sur les fleurs fait marcher la constance,
Voit tout en beau, met tout en jouissance ;
Dans les revers, armé de plus de feux ;
Dans les faveurs, empressé quoiqu'heureux.
Il est encor de ces amants fidèles,
Qui de l'Amour ont les feux, non les ailes ;
Qui, dans ce siècle, âge des inconstants,
Gardent les mœurs de l'enfance des temps.
Pour dérober une flamme inconnue,
L'amant d'Io la couvrit d'une nue.
On vit Alphée, au fond de ses roseaux,
Cacher le cours et le lit de ses eaux,
Et s'écoulant dans sa route confuse,
Se perdre au sein de la tendre Aréthuse.
Ces vrais amants n'habitent pas la Cour ;
L'ambitieux est-il fait pour l'amour ?
Là, sous son dais, la fortune jalouse

---

[1] Traduction de ce vers de la *Jérusalem délivrée*.

Brama assai, poco spera, nulla chiede.

Veut tout entier un amant qu'elle épouse;
Là, soupirant moins d'amour que d'ennui,
Séjan vous trompe, et n'adore que lui.

Pour vous lier par des nœuds plus durables,
Cherchez en nous des qualités aimables.
Miris est beau : j'y veux encore un point,
C'est de l'esprit, car les sots n'aiment point.
A-t-il un cœur, ce Narcisse idolâtre,
Cet être oisif, papillon du théâtre,
Qui, sans pudeur, s'assied, lorgne, s'étend,
Bat, chante faux l'air qu'à peine il entend,
Siffle à l'acteur, et sourit à l'actrice,
Va, vient, parcourt degré, loge, coulisse;
Et qui de là, le plus fier des vainqueurs,
Va soupirer chez l'actrice des chœurs?
Peut-il aimer, ce Crésus insipide,
Qui, caressant sa Danaé stupide,
Compte à genoux l'or dont il éblouit?
Eh! jouit-on sans penser qu'on jouit!
De quelqu'effort que nos sens nous secondent,
Les nuits d'amour d'interrègnes abondent;
L'esprit supplée à des feux languissants,
Et son travail fait le repos des sens.

De nos plaisirs compagnon plus solide,
Le sentiment veut être aussi leur guide;
Mais, secourus par l'esprit et par lui,
Craignez encor de retrouver l'ennui.
Fuyez surtout la tendresse bizarre
D'un soupirant pâmé sur sa guitare,
Gravement fou, sottement circonspect,
Qui, promenant l'ennui de son respect,

Dit aux échos les tourments qu'il essuie,
Dupe et martyr des beautés qu'il ennuie.
Ah! que plutôt j'élirais à ce prix
Le plus changeant des enfants de Cypris!
Défiez-vous du mystique langage
Du sot, qui fait de Cupidon un sage;
De l'esprit pur de l'insipide amant,
Près d'une belle assis nonchalamment,
Qui de l'amour, docteur pâle et frivole,
Fait un système, et du lit une école;
Qui, sans chaleur, dit qu'il brûle toujours,
N'admet que l'âme en ses chastes amours,
Qu'un feu subtil, impuissant météore;
Mais qui distingue, argumente, pérore,
De son néant vante en lui les appas,
Et blâme en moi le pouvoir qu'il n'a pas.
Loin, loin de nous la doctrine glacée,
Qui fait l'amour, enfant de la pensée :
L'amour, brûlant, avide, impétueux,
De la nature enfant tumultueux,
Riche en faveurs, prodigue en sacrifices,
Qui naît des sens et croît par les délices.
Qu'il brille encor des feux du sentiment;
Que l'âme ait part à cet embrasement;
Et que l'esprit, épurant la matière,
Aux voluptés prête aussi sa lumière.
Mais, je l'ai dit, c'est un Dieu qui m'instruit :
Otez les sens, tout amour est détruit.
J'entends d'ici prononcer l'anathème,
Et la pudeur frémit de mon système.
On le condamne, on m'accuse; eh! pourquoi?
Si la nature en a fait une loi;
Et si la loi de la sage nature

Veut de ses dons nous combler sans mesure ?
Chastes beautés, filles du sentiment,
Si vous aimez sans trouble et sans tourment,
Cette tendresse, égale, confiante,
Sans doute opère une faveur touchante,
Mais ce goût vain, content d'un vain retour,
Cet amour pur, n'est du tout point l'amour :
Ou si votre âme agitée, inquiète,
Sent de l'instinct la piqûre secrète,
Cherche, désire avec un soin jaloux,
Filles des sens, vous brûlez comme nous.
Eh ! rendez grâce au Dieu qui vous inspire,
Osez prétendre où la nature aspire.
Qu'un jeune amant, pour plaire à vos regards
Ait le teint, l'âge, et la taille de Mars,
Sans ces attraits qu'à Florence on renomme ;
La santé mâle est la beauté de l'homme.
Trouvez pourtant, s'il se peut, réunis,
Les dons d'Alcide et les traits d'Adonis :
S'il faut des deux que votre goût décide,
Vous rougirez, mais vous prendrez Alcide.
Pour ajouter la peinture à ces traits,
D'un paysage égayons nos portraits.

La Cour de Pan vit un jeune Satyre,
Novice encor dans l'amoureux martyre ;
De ses ardeurs dévoré nuit et jour,
Impatient des premiers feux d'amour.
Sans trop d'éclat, le demi-Dieu sauvage
Joignait la force à la fleur du bel âge.
D'un front d'audace et d'un œil d'attentat,
Pronostiquant les mœurs de son état.
Il poursuivait Dryades et Napées,

Ou sous l'écorce, ou sous l'onde échappées :
Toutes fuyaient son aspect indécent.
De sa laideur, lui-même rougissant,
Il crut un jour corriger la nature,
Et de roseaux se fit une ceinture ;
Mais, quel espoir qu'un Faune se contînt ?
Il n'eut roseau ni feuillage qui tînt :
Il ignorait qu'à ses maux plus sensible,
La jeune Églé n'était pas invincible.
Elle le vit, cet objet de terreur,
Et son maintien ne lui fit point horreur.
Elle fuyait ; mais Églé dans sa fuite
Tournait la tête, Églé fuyait moins vite.
Lui, plus ardent, pour revoir ses appas,
Ou devançait, ou suivait tous ses pas.
Sans cesse errant où sa fougue l'entraîne,
Au fond d'un bois il trouve une fontaine
Qu'on appelait Fontaine de Beauté.
Toute laideur, sur ce bord enchanté,
Disparaissait : dans sa douleur profonde,
Il veut tenter le miracle de l'onde ;
Il entre, à peine il en touche le bord,
Son pied de Faune y disparaît d'abord ;
Sa jambe après ; l'eau montant à mesure,
De ses genoux passait à sa ceinture :
Ainsi croissait le prodige des eaux.
Un cri sortit tout à coup des roseaux :
Demeure, attends, fuis cette onde funeste :
Ah ! garde-toi d'embellir ce qui reste.
Charmant Satyre, hélas ! que deviens-tu ?
Naïve Églé, que devient ta vertu ?
Elle veut fuir ; et sa crainte ingénue
La fait, des eaux, sortir à demi nue.

De ses conseils Églé reçut le prix
Sur ce bord même, où le Satyre épris
Perdit la fleur qui causait son martyre.
Eh! quel trésor que la fleur d'un Satyre!

Le choix fixé, l'ordre de mes travaux [1]
Porte ma Muse à des efforts nouveaux.
Plus nous marchons, plus l'art est nécessaire.
Le choix est fait, la conquête est à faire [2].

[1] Variante :
    Que sans emblème un maître plus profond,
    Montre au beau sexe à démêler à fond
    La laideur mâle et la beauté débile :
    Ma plume est chaste et le sexe est habile.

[2] Variante :
    L'objet connu, sa conquête est à faire.

CHANT SECOND

ARGUMENT

Apologie du Don de Plaire. — Pour être aimé, il faut aimer. — Oser. — Flatter. — Amuser. — Séduire. — Faire des Présents. — Faire connaître les Poètes érotiques. — Cultiver les Muses. — Amour des Peuples divers. — Des Saisons. — Des Heures. — Céder en apparence. — Transition; préceptes pour les Belles. — Naissance de Vénus. — Portrait des Grâces. — Ariane. — — Emploi de l'Art pour conquérir. — Emploi de l'Art pour conserver.

Des dons du ciel, le plus cher à nos yeux
Est ce rayon de l'essence des Dieux,
Cet ascendant, ce charme inexprimable
Qui rendit l'homme à ses maîtres semblable;
Ce don de plaire, en nous plus souhaité
Que n'est l'esprit, plus sûr que la beauté.
Sur tous nos traits il imprime ses traces,
Et donne à tout le coloris des grâces;
Séduit sans art, enchaîne sans effort;
De la tendresse est le nœud le plus fort;
C'est une autre âme à nos ressorts unie,
Qui d'un beau tout compose l'harmonie.

Vous qui portez ce caractère heureux,
Je vous fais rois de l'empire amoureux.

Sans le secours du ténébreux rivage,
Sans talisman, sans philtre, sans breuvage,
Par la Nature et les Grâces formé,
Soyez aimable, et vous serez aimé :
Qui sait aimer est plus aimable encore;
Un cœur sensible est ce qu'un cœur adore.
La fierté rebelle à ce pouvoir,
Paraît souvent trop lente à s'émouvoir;
Amant, supplée au défaut de tes charmes,
Qu'un peu d'audace accompagne tes armes;
Lance tes traits, frappe, sois convaincu
Qu'on peut tout vaincre, et tout sera vaincu.
La plus farouche est souvent la plus tendre ;
Telle qui feint et qui languit d'attendre,
D'un feu couvert brûlant au fond du cœur,
Combat d'un air qui demande un vainqueur.
Fières beautés, héroïnes sauvages,
Tendres Agnès, prudes de tous les âges,
Écoutez-moi, cet oracle est certain :
On aime un jour, c'est l'arrêt du Destin.
Usez des fleurs que le printemps vous donne;
Un Dieu vengeur vous attend à l'automne,
Et punissant une indocile erreur,
Garde un Atys pour Cybèle en fureur.
Craignez l'Amour, étudiez son heure;
La beauté fuit, le cœur entier demeure,
Sèche, languit, et tout percé de traits,
Est dévoré du serpent des regrets.
Mais nous, chargés des plaisirs du bel âge,
De leurs attraits précipitons l'usage,

Et combattant d'imbéciles efforts,
Par les plaisirs sauvons-les des remords.

Ne prétends pas, toi qui veux les surprendre,
Du même assaut, les forcer à se rendre.
L'âge, l'humeur, la fortune et les rangs
Veulent des traits, des combats différents.
Un jeune objet, enchanté de lui-même,
Veut qu'on l'encense encor plus qu'on ne l'aime ;
L'amant qui flatte est l'amant couronné ;
Avant l'amour, l'amour-propre était né.
L'ambitieuse en proie à sa manie,
Doit à l'intrigue asservir ton génie.
Fuis le repos, vois les grands, suis la cour,
Et fais servir la fortune à l'amour.
La beauté vaine au luxe s'abandonne,
Et s'attendrit des fêtes qu'on lui donne.
D'Alcibiade imitateur galant,
Charme ses yeux par un luxe opulent ;
Commande aux arts, invente, multiplie
Les jeux, la pompe où la fierté s'oublie.

Amants d'éclat, courtisans de renom,
Vous que décore et produit un beau nom,
D'un air d'audace abordez les cruelles,
D'écrits galants inondez les ruelles ;
Amants par faste, et volages par goût,
Vous n'aimez rien quand vous adorez tout.
Mais vous plaisez par le charme suprême
D'un ton, d'un air, d'un ridicule même ;
Brillants auteurs des scandales du temps,
Trop dangereux si vous étiez constants.

Toi, qui loin d'eux, dans la route commune,
N'es, comme moi, qu'un soldat de fortune,
Sans ces secours, vole au combat, suis-moi,
Et par toi seul, ose suffire à toi.
Pour mieux séduire, apprends à te contraindre ;
Les lois d'amour permettent l'art de feindre.
Amant Prothée, ingénieux flatteur,
Change au besoin ton masque séducteur :
Ris, si l'on rit ; pleure, si l'on soupire ;
Près d'une folle, imite son délire ;
Pour une Muse, orne ce que tu dis.
Est-on dévot, sois dévot et médis.
Fuis ce qu'on hait, encense ce qu'on loue,
Gai si l'on chante, et dupe si l'on joue.
Au ton d'esprit qui triomphe aujourd'hui ;
Sans soin du tien, veille à celui d'autrui.
Au goût régnant, que ton goût se rallie,
Amène un trait, opère une saillie.
Lent à briller, trouve à tout mille appas ;
Humble artisan de l'esprit qu'on n'a pas,
Adore tout pour te rendre adorable.
Qu'il est aimé, celui qui rend aimable !

Oh ! qu'en amour l'exemple est triomphant
Pour entraîner un cœur qui se défend !
Aux yeux charmés d'une timide amante,
De nos beautés peins la foule galante ;
Porte à l'excès leurs penchants amoureux,
Rends tout amant, tout aimé, tout heureux.
Offre en tous lieux la Circé de Pétrone ;
Comme Bussy, peins les mœurs de d'Olonne ;
Donne à chacune une intrigue, un amant :
Si le vrai nom t'échappe en ce moment,

Nomme toujours, cite un tel, fais connaître
Celui qui l'est, qui le fut, qui va l'être ;
Auteur fécond d'anecdotes d'amours,
Vois tes succès naître de tes discours.
En tout, l'exemple est une loi suprême ;
Des feux d'autrui l'on s'embrase soi-même.
Si ta Vénus brûle d'un autre amour,
Diffère, attends pour parler à ton tour ;
Couvre tes soins du bandeau de l'estime,
Deviens l'ami, le confident, l'intime ;
L'amant suivra, favori spectateur,
Et le témoin sera dans peu l'acteur.

Aux petits soins, enfants de la tendresse,
Ajoute encor des dons de toute espèce.
Dans nos cités, le luxe ingénieux
Prête aux amants des secours précieux ;
Dans le hameau, la simple Timarette
N'attend d'Hylas que son chien, sa houlette ;
Mais Danaé veut, pour prendre des fers,
Voir briller l'or de cent bijoux divers.
Pour l'enrichir de fragiles merveilles,
L'art et la mode ont épuisé leurs veilles ;
Et Clinchetet, plus séduisant encor [1],
Y joint ses dons, plus à craindre que l'or.
D'un rien souvent une belle s'enflamme,
Et par les yeux le trait passe dans l'âme.

Qu'elle ait par toi ces écrits séducteurs,
Faits pour l'Amour : l'Amour a ses auteurs.

---

[1] Variante :
   Et sous un piège éclatant et nouveau
   De Clinchetet égayé le pinceau.

Agents secrets, dont l'atteinte est certaine ;
Chaulieu, Quinault, Racine, Lafontaine,
L'amant de Laure, et ces dieux de Paphos,
Anacréon, la Muse de Lesbos ;
Pétrone, Horace ; Ovide enfin, Ovide,
Mon premier maître et mon souverain guide ;
L'ardent Catulle, et mon Tibulle aussi :
Le premier voile est par eux éclairci.
On conjecture, on soupçonne, on devine ;
Le cœur raisonne, et l'instinct s'achemine [1] :
Tel un brasier, d'obstacles entouré,
Dort sous la cendre, et languit ignoré ;
Qu'un vent léger l'agite de son aile,
La poudre vole, et la flamme étincelle.

Les chastes Sœurs servent aussi l'Amour ;
Si le talent vous conduit à leur cour,
En madrigaux composez vos fleurettes,
Et modulez des concerts d'amourettes ;
Mais n'allez pas, Castillan ténébreux,
D'une Isabelle esclave langoureux,
Sous un balcon, fatiguant des cruelles,
Chanter, gémir, et vous battre pour elles ;
D'autres climats, d'autres scènes d'amour :
Par cent beautés caressé tour à tour,
L'Asiatique, en proie à la mollesse,
Dans les excès consume sa jeunesse.
L'enfant du Nord, loin de ces voluptés,
Suit par instinct des plaisirs peu goûtés ;

[1] Variante :
Le rameau d'or est enfin découvert ·
Ainsi, le feu qui de cendre est couvert,
Impatient sous le poids qui l'opprime,
Cherche au dehors un souffle qui l'anime.

Il boit, il chasse, et, l'âme appesantie.
Comme Aquilon, brusque son Orithie.
L'Ausonien, enflammé de désir,
Dévot, profane, amant de tout plaisir,
Enfle un sonnet de tendres hyperboles ;
Mais le tyran enchaîne ses idoles.
Ce peuple fier, né pour la liberté,
L'Anglais, gémit, captif de la beauté ;
Immole tout à son ardeur extrême,
Sent comme il pense, et plein de ce qu'il aime,
Sombre, inquiet, trop sensible aux rigueurs,
Donne à l'amour ses tragiques langueurs.
L'amant français, d'une main plus heureuse,
Sème de fleurs sa carrière amoureuse ;
Léger, brillant, plein de grâce et de feu,
On le verra, dans son rapide jeu,
Changer d'objets, prodiguer ses tendresses,
Mourir d'amour aux pieds de dix maîtresses ;
On le verra, souple, enjoué, badin,
L'œil enflammé, le champagne à la main,
Par un couplet agaçant une belle,
Chanter gaiement son martyre pour elle.
Chez nous l'amour jouit du plus doux sort ;
On aime, on brûle, on expire et l'on dort.

Il est des temps où la nature amante
Inspire à tous sa chaleur renaissante.
Soupire alors ; l'Amour, ainsi que Mars,
A des saisons pour tenter ses hasards.
Lorsque Zéphire a déployé ses ailes,
Qu'il rend à tout ses parures nouvelles,
L'émail aux prés, la verdure aux coteaux,
Le calme à l'onde et l'âme aux végétaux ;

Quand tout s'anime à ses douces haleines,
Vénus entière, habitant dans nos veines,
Répand ses feux qu'on n'y peut contenir :
Quand tout renaît, tout renaît pour s'unir.
C'est l'heureux temps des conquêtes rapides ;
C'est la moisson du myrte des Alcides.
Comme les fleurs l'âme s'épanouit ;
On voit, on aime, on plaît et l'on jouit.
Gazon, berceau, trône et lit de verdure,
Sont à l'Amour offerts par la Nature.

Toi, qui n'as pu, de Delphire amoureux,
De ses faveurs trouver l'instant heureux,
Viens t'égarer au fond de ce bocage ;
Ces bois sont faits pour la pudeur sauvage.
Là, par degrés, dévoile tes amours ;
Flatte Delphire en l'égarant toujours [1] ;
Vante tes feux, et surtout ta constance,
Parle à ses sens : si son âme balance,
Le lieu, l'instant, l'ombre de ce séjour,
Cette horreur même encourage l'amour.
De ce gazon la fraîcheur vous attire ;
J'y vois la place où va tomber Delphire.
Achève, éprouve un instant de courroux,
Meurs à ses pieds, embrasse ses genoux,
Baigne de pleurs cette main qu'elle oublie ;
Elle rougit, c'est sa fierté qui plie ;
Elle se tait, l'amour parle, crois-moi,
Presse, ose tout, et Delphire est à toi.

[1] Variante :
    Elle t'évite, et pourtant se hasarde :
    Fuis, mais reviens ; fuis encor, mais regarde,
    Fuis, ne crains rien ; cette ombre, ce séjour....

Quand les frimas du Sagittaire humide
Glacent aux champs la Dryade timide ;
Lorsque Borée, à son triste retour,
Rend aux cités les belles et l'Amour,
Par d'autres soins poursuis d'autres conquêtes :
C'étaient des jeux, ce sont ici des fêtes.
Vole au théâtre, aux cercles, aux festins ;
L'amour au bal a des succès certains ;
L'éclat du lieu, le tumulte, la danse ;
L'œil du désir, la voix de la licence,
L'impunité du masque officieux,
Tout y fait naître un feu séditieux.
Écoute, et parle un jargon téméraire ;
Tout dire est l'art qui conduit à tout faire.

C'est au matin, qu'un amant plus heureux,
Saisit l'instant d'un réveil amoureux,
Arrive ; on sonne, on entre chez Aglaure ;
De ses rideaux mille Amours vont éclore.
Elle est sans art, sans apprêts, sans atour,
Ce que l'Aurore est au berceau du jour.
A sa toilette où siège la mollesse,
La Mode active autour d'elle s'empresse ;
Le goût conseille, et l'esprit se confond
A méditer un frivole profond.
Les petits Soins apportent sur leurs ailes
Ces riens galants, les trésors de nos belles.
Flore et Plutus mêlent élégamment
L'éclat des fleurs au feu du diamant,
Ornant tous deux, par un lent artifice,
De ses cheveux le moderne édifice.
A cet autel, paré de tant d'appas,
Quelque Nérine aura conduit tes pas.

A ton idole adresse ton hommage,
Quand sa beauté sourit à son image;
Lorsqu'un miroir, confident et flatteur,
Lui réfléchit un charme adulateur.
C'est le vrai temps où l'âme des coquettes
Suce le miel du jargon des fleurettes.
D'un jeune objet conçois-tu les plaisirs,
De s'enflammer, d'exciter tes désirs,
D'être adoré, de s'adorer lui-même,
Et d'embellir aux yeux de ce qu'il aime?
Nérine encor, car Nérine peut tout,
En ta faveur décidera son goût;
Livre à ses soins le billet le plus tendre :
On peut tout lire, on ne peut tout entendre.

Pénètre encore aux toilettes du soir;
La nuit amène et l'audace et l'espoir.
Du négligé, la piquante parure,
Ne laisse encor qu'un voile à la nature :
Le soin de l'art est d'en affecter moins.
Tu peux tout voir, sans jaloux, sans témoins;
Un feint désordre, un hasard fait paraître
Un bras tout nu, un sein qui voudrait l'être.
C'est un genou balancé mollement,
C'est la langueur d'un tendre mouvement,
Et l'embarras d'une paupière errante,
Dernier signal de la fierté mourante.
Ton heure sonne, attaque en leur séjour
Ces deux captifs que te livre l'amour;
Surprends, désarme une pudeur rebelle;
Qui risque tout, obtient tout d'une belle.
Fanny s'épuise en combats superflus,
Et ce combat n'est qu'un plaisir de plus.

Modère ailleurs cette ardeur pétulante,
Un autre exige une attaque plus lente.
Du romanesque entêté follement,
Le cœur en fait son premier aliment.
Un jeune objet, le plus vif, le plus tendre,
Compte toujours brûler et se défendre ;
Céder à l'âme et résister aux sens.
Feins d'adopter ses projets innocents ;
Pur Céladon, adore sa chimère ;
Traite d'horreur une chaîne vulgaire,
D'ignobles feux, de terrestres plaisirs :
Va, laisse agir l'aiguillon des désirs ;
L'âme, bientôt, à leur fougue livrée,
Te répondra des sens de ton Astrée ;
Le vrai triomphe, et telle, en déclamant
Contre l'amour, tombe aux bras de l'amant.

Mais tout à coup quelle foule attentive
Prête à mes chants une oreille captive !
Que de beautés, disciples de l'Amour,
Ont émaillé les gazons d'alentour !
Pour leur dicter ses leçons immortelles,
L'Amour m'élève un trône au milieu d'elles :
Dieux ! sans brûler, peut-on voir tant d'appas !
Mais qui te voit, Daphné, ne les craint pas.
Vous, qui sortez de l'âge le plus tendre,
Belles sans art, gardez-vous bien d'en prendre.
Tout plaît en vous sans art et sans apprêt ;
Un défaut même est souvent un attrait.
Sur la beauté vous l'emportez encore,
Divines sœurs, ô Grâces que j'adore !
La beauté frappe, et vous attendrissez ;
On l'aime un jour, jamais vous ne lassez.

Lorsque Cœlus, père de Cythérée,
La vit sortir de sa conque azurée,
A la beauté l'univers applaudit.
Pluton parut, Jupiter descendit.
Thétis, Nérée, et le peuple de l'onde,
Tout reconnut la Maîtresse du monde.
Sur le rivage, accourus pour la voir,
Les Dieux des bois célébraient son pouvoir ;
Et des ruisseaux les tendres souveraines
Mêlaient leurs chants aux concerts des Sirènes.
A tant d'appas un seul manquait encor :
Du haut des cieux, Mercure prit l'essor,
Fendit les airs, et fit voir sur ses traces
Trois Déités, qu'on appela les Grâces.
Une ceinture éclatait dans leurs mains ;
Ce don des cieux, ce charme des humains,
Arma Vénus du sceau de sa puissance ;
Vénus sourit, et l'Amour prit naissance.
Un feu vainqueur embrasa l'univers,
Le Styx, l'Olympe, et la terre et les mers ;
Thétis brûla pour l'Océan avide ;
Triton suivit l'ardente Néréide.
Là, Palémon, enflammé sous les eaux,
Pressa Doris sur un lit de roseaux.
Ici, Junon, l'exemple des Déesses,
Tint Jupiter pâmé dans ses caresses.
Diane même, au fond de ses forêts,
Dut à l'Amour certains plaisirs secrets.
Le Dieu du fleuve au lit de sa Naïade,
Faune, Égipan, et Satyre et Dryade,
Tout éprouvant le charme de ce jour,
Par l'Amour même on célébra l'Amour.
Tel fut l'attrait des Grâces immortelles :

Tout s'embellit, tout s'enflamme par elles [1].
L'une, éclatante et noble sans fierté,
A du maintien la douce majesté ;
L'autre, sensible, ingénue et touchante,
De la pudeur est la grâce piquante.
Leur jeune sœur préside à la gaîté,
Avec les jeux folâtre en liberté,
D'un pied léger danse avec la jeunesse :
Son enjouement prépare à la tendresse,
Bannit la crainte, inspire le désir,
Et peint les traits des couleurs du plaisir.
Né pour les ris, l'Amour enfant préfère
La jeune sœur, sa compagne ordinaire :
L'Amour enfant connaît aussi les pleurs ;
Quel charme il prête à de tendres douleurs !

Par un perfide, Ariane abusée,
Sur un rocher pleure l'ingrat Thésée.

[1] Variante :

    Vous que j'enseigne, enchantez-nous par elles ;
    Associez, à leur accord charmant,
    Les jeux badins, le folâtre enjouement,
    Le rire aimable, ami de la jeunesse ;
    Né de la joie, il la produit sans cesse,
    Flatte l'espoir, inspire le désir,
    Et peint les traits des couleurs du plaisir
    Plus enchanteur, plus éloquent, plus tendre
    . . . .
    D'un autre charme on connaît tout le prix ;
    Il est des pleurs plus touchants que les ris.

    Par un perfide, Ariane abusée,
    Armait les Dieux contre l'ingrat Thésée,
    Et l'œil mourant, le sein baigné de pleurs,
    Sur un rocher leur contait ses douleurs.
    Un Dieu paraît, les ris et la jeunesse
    Font retentir mille chants d'allégresse ;
    Et les Amours, se jouant à son char,
    En font jaillir. . . . .

Un Dieu paraît ; mille Amours sur son char,
En font jaillir des ruisseaux de nectar.
Près d'Ariane, il arrête sa course ;
Il voit ses pleurs, il en tarit la source ;
Plaint et console une amante aux abois,
Et dans ses bras la venge mille fois.
Ainsi Bacchus, l'ennemi des alarmes,
Le Dieu des ris fut vaincu par des larmes.

Trop tôt peut-être, écoutant un vainqueur,
La sœur de Phèdre abandonna son cœur.
Voilez un temps le secret de vos âmes :
L'impatience attisera nos flammes.
Que les refus, plus piquants que les dons,
Rendent plus chers les tendres abandons.
Cédez toujours, mais jamais sans défense :
En vous hâtant faites qu'on vous devance ;
Retenez bien surtout cet heureux mot,
Ce doux *nenni* qui plaît tant à Marot [1].
O vous en qui les insultes de l'âge,
Ont de mon art exigé plus d'usage ;
Vous, qui brûlez dans l'été de vos jours [2],
Parez l'autel qu'encensent les Amours.

---

[1] Voici les jolis vers de Marot auxquels Bernard fait allusion :

« Un doux *nenni*, avec un doux sourire,
Est tant honnête ! il vous le faut apprendre.
Quant est d'oui, si veniez à le dire,
D'avoir trop dit, je voudrais vous reprendre :
Non que je sois ennuyé d'entreprendre
D'avoir le fruit dont le désir me point ;
Mais je voudrais qu'en me le laissant prendre,
Vous me disiez : Non, vous ne l'aurez point. »

[2] Variante :
Parez l'autel où doit brûler l'encens ;
Touchez le cœur, mais attachez les sens.

Dérobez-nous, sous des ombres discrètes,
L'intérieur des premières toilettes.
Des soins prudents, réparateurs secrets,
L'œil du matin verra seul les apprêts.
Que la parure, habile enchanteresse,
Sous ce qui plaît, dérobe ce qui blesse.
Qu'un voile, au sein prudemment arrêté,
Offre un Amour, de son frère écarté.
L'art des atours compose en apparence
Un port brillant dans sa juste élégance :
Il donne, il cache, il place l'embonpoint,
En modelant les formes qu'on n'a point.
Voyez l'iris qui colore un nuage :
Usez ainsi, mais tempérez l'usage,
D'un incarnat à Cythère apprêté,
Ame du teint, pastel de la beauté.
Dans une glace, école du sourire,
De vos attraits rétablissez l'empire ;
Et maintenez ce printemps éternel,
Dont le prestige est un charme réel.

Lorsqu'on a fait la conquête d'une âme,
Enseignons l'art d'entretenir sa flamme [1].

---

[1] Variante :

> L'art plus savant est de nourrir sa flamme.
> Je sais qu'Amour, en ses jeux inconstants,
> Est, pour s'enfuir, ailé comme le temps :
> Même à jouir s'use la jouissance.
> De deux amants, l'un, plus tôt en balance,
> Perd l'équilibre, et lassé d'être heureux,
> Pour trop brûler. . . . .

NOTA. Ces vers, *cartonnés par Bernard*, rappellent ce passage des *Lettres sur l'Imagination*, de Meister : « N'avez-vous pas aussi remarqué que, dans les liaisons de sentiment les plus intimes, il n'y avait jamais autant d'amour, autant d'abandon, autant de désir d'un côté que de l'autre ? Si vous avez eu le désir de

L'amour content, fatigué d'être heureux,
Pour trop brûler n'a bientôt plus de feux.
Suivez de l'œil ces tendres hirondelles
Qui fendaient l'air en se touchant les ailes ;
Des deux oiseaux, partis du même essor,
L'un est tombé, quand l'autre vole encor.
Peuple amoureux, peux-tu cesser de l'être?
Éveille-toi, c'est la voix de ton maître :
Fuis les dangers qui t'attendent au port ;
Le calme arrive, et le nocher s'endort.
Troublons les airs, suscitons des obstacles ;
Par eux l'Amour opère ses miracles.
Heureux qui craint les soupçons d'un époux,
Les yeux d'un père, et les pas d'un jaloux !
L'amant aimé qu'irrite la contrainte,
Jouit sans goût s'il possède sans crainte ;
Et le stylet, l'escalade et la nuit
Prêtent un charme au péril qui les suit.
L'Envie, Argus, et Junon irritée,
Rendent plus belle Io persécutée.
Le tête-à-tête, au début si charmant,
Passe à la fin du délice au tourment.
On s'est tout dit, et l'amante s'accuse
Près de l'amant, bégayant une excuse.
D'un peu d'absence inquiétez l'amour,
Et vendez-lui le plaisir du retour.
Craignez des nuits la longueur redoutable ;
Il n'est qu'un temps pour la trouver aimable.
Quand du plaisir le trait est émoussé,

vous observer vous-même, n'avez-vous pas encore remarqué que ce n'était pas dans les moments où votre maîtresse et vous paraissiez partager le plus également le même désir, que vous vous êtes trouvé le plus sublime et le plus heureux ? »

Plus d'un athlète, avant l'aube glacé,
Attend le jour, se morfond et se gêne :
Il faut un Dieu pour une nuit d'Alcmène.

Par un utile et dangereux secours,
La jalousie aide encor les Amours ;
Mais n'aimons pas comme on dit qu'on déteste.
Loin de nos cœurs cette rage funeste,
Qui, n'écoutant qu'un soupçon orageux,
Se plaint des ris, s'effarouche des jeux.
Le nom d'amour est du fiel dans sa bouche ;
Sa main flétrit les roses qu'elle touche ;
Tout l'empoisonne, et, malgré sa noirceur,
Du tendre amour elle se dit la sœur.

Ah ! connaissez une autre jalousie,
D'amour, d'espoir et de crainte saisie ;
Qui, retenant le cri de ses douleurs,
Pleure un ingrat, et dévore ses pleurs.
Sans invoquer Médée et sa magie,
Sa douce voix soupire une élégie.
Le prompt oubli succède à son erreur ;
Tendre à l'excès, elle aime avec fureur,
Soupçonne, hésite, accuse, mais pardonne,
Et rend heureux Pâris aux pieds d'Œnone.
Telle n'est point la tempête des airs,
Lorsque Junon, parcourant l'univers,
Met tout en feu pour un époux volage :
Mais telle Iris, au sortir de l'orage,
Perce la nue humide de ses pleurs,
Revoit son astre, et reprend ses couleurs.

Souvent l'humeur d'une maîtresse altière,
Fait d'un reproche une rupture entière.

Je n'ose ainsi prescrire à deux amants,
L'art dangereux des raccommodements.
Pour ranimer un feu que le temps glace,
Paraissez craindre un sort qui vous menace.
Le sentiment faible, éteint à moitié,
Renaît bien vite aux pleurs de la pitié.
Je le redis enfin : que le mystère
Soit à l'amour un rempart salutaire ;
J'y vois ce Dieu, vainqueur de tout effort
S'il s'y retranche, et vaincu s'il en sort.
Qu'à pas couverts le silence vous guide ;
Au bout du monde est le palais d'Armide ;
Et quand l'Amour est aux bras de Psyché,
C'est un désert où l'Amour est caché.

Tel est, Daphné, l'encens que je t'adresse ;
Je dis mon culte, et voile ma déesse.
Sous un nom feint, le tien est adoré,
Et de nos feux l'asile est ignoré.
Pour y tracer la volupté suprême,
Je te peindrai, toi, la volupté même.
Accourez tous, amants faits pour m'ouïr ;
J'ouvre les cieux, et j'enseigne à jouir.

CHANT TROISIÈME

ARGUMENT

Apologie des sens nés de la Volupté. — De l'Art de jouir. — Transition. — Tableaux. — Aglaé et le Faune. — La Bacchante. — Olympe. — Temple de la Jouissance. — Agis et Zélide. — Épilogue.

Vénus, ô toi, déesse d'Épicure [1] !
Ame de tout, qui remplis la nature,
Qui, mariant tant d'atomes divers,
D'un nœud durable enchaînes l'univers ;
C'est toi qui vis dans tout ce qui respire,
Mais c'est dans l'homme où siège ton empire.
Tu descendis au terrestre séjour,

---

[1] Variante :

    Mère d'Amour, ô puissante déesse !
    Toi qu'adoraient Épicure et Lucrèce,
    Qui, mariant tant d'atomes divers,
    D'un nœud durable enchaînes l'univers,
    Feu de tout être, âme de la matière,
    Sublime accord de la nature entière,
    Lève le voile étendu sur mes yeux ;
    Je te suivrai sur la voûte des cieux....
    Mais où m'emporte un élan si rapide !
    Non, c'est à toi, divinité d'Ovide,
    Tendre Cypris, âme des voluptés,

Pour l'animer du sympathique amour.
Il est des sens émanés de ta flamme,
Trésors de l'homme, organes de son âme ;
De sa jeunesse aimables enchanteurs,
Et de l'amour rapides inventeurs [1].

Ces Rois de l'homme en ont un qui les guide,
Et, sur eux tous, c'est l'instinct qui préside.
Sœur de l'instinct, la curiosité,
Devant ses pas fit briller sa clarté,
Leva son voile entr'ouvert à mesure,
Guida ses pas tournés vers la nature,
Et par degrés ménageant ses désirs,
Pour tous les sens trouva tous les plaisirs.
Pour ces plaisirs qu'on blâme et qu'on adore,
L'antique erreur a condamné Pandore,
Lorsqu'apportant le bonheur en son sein,
Des passions elle enfanta l'essaim.
L'homme, avant elle, et sans âme et sans force,
D'aucun penchant ne connaissait l'amorce.
Séché d'ennuis, de langueurs consumé,

    D'offrir ici tes célestes beautés :
    C'est ton pouvoir que tout mortel adore,
    C'est toi qui pris le beau nom de Pandore,
    Lorsqu'apportant le bonheur dans ton sein
    Des passions tu fis naître l'essaim :
    Le Roi des sens, l'Amour en fit usage.
    L'art de jouir augmente d'âge en âge,
    Et par l'esprit, la culture, les mœurs,
    Le temps accrut l'empire des faveurs.

[1] Le commencement de ce troisième Chant est une imitation de ces vers de Lucrèce :

    Tendre Vénus, âme de l'univers,
    Par qui tout naît, tout respire, tout aime,
    Toi dont les feux brûlent au fond des mers,
    Toi qui régis la terre et le ciel même, etc.

Obscur, rampant, vivait inanimé,
Réduit, sans voir, sans jouir, sans connaître,
Au froid plaisir de végéter et d'être :
Par ses trésors que le ciel dispensa,
L'homme eut une âme, il sentit et pensa.

Mais c'est l'amour, source heureuse et féconde,
Qui de ses dons fut le plus cher au monde.
S'il eut alors des succès éclatants,
Si l'art d'aimer fut le même en tout temps,
L'art de jouir augmenta d'âge en âge.
Le goût, les mœurs, la culture, l'usage,
A ses plaisirs prêtèrent mille attraits ;
A Suse, à Rome, on sentit ses progrès :
Quel fut l'amour de Tarquin, de Clélie,
Près d'une nuit d'Octave et de Julie !

Toujours utile aux plaisirs amoureux,
Le luxe a fait le siècle des heureux.
La terre entière, aujourd'hui sa patrie,
A mis son sceptre aux mains de l'industrie.
Dieu des talents, du travail et des arts,
Tout vit par lui, tout brille à ses regards.
Mille vaisseaux élancés des deux mondes,
Sont ses autels qui flottent sur les ondes,
Pour apporter, plus prompts que les désirs,
D'un pôle à l'autre, un tribut aux plaisirs.

Il est le Dieu des fêtes d'Idalie :
Avec l'Amour ce Dieu charmant s'allie,
Dore ses traits, prépare son encens ;
Dans une fête il réveille les sens ;
Sur des coussins il endort la mollesse ;
Son opulence invite à la tendresse ;

Ses dons vainqueurs soumettent la fierté,
Et sa richesse embellit la beauté.

Sans lui pourtant, riche assez de lui-même,
L'amant heureux jouit de ce qu'il aime,
Et j'établis, dans nos tendres désirs,
Le sentiment, base de tous plaisirs.
La volupté, profonde, inaltérable,
Dans l'âme seule a sa source durable.
L'âme, écartant le terrestre bandeau,
De Prométhée allume le flambeau,
Nous ouvre enfin cette route embrasée,
Par où l'Amour mène à son Élysée.

C'était ainsi qu'aux deux tiers de mon cours,
J'allais atteindre au but de mes discours.
Ma voix dictait ces maximes connues,
Quand tout à coup, fendant le sein des nues,
L'Amour lui-même a suspendu mes sons :
Cesse, a-t-il dit, de trop vagues leçons ;
A mes plaisirs prête un autre langage ;
Fuis le précepte, enseigne par image :
Monte, et suis-moi. Son char étincelant
M'a fait voler par un sentier brûlant.

J'ai vu Paphos, Amathonte, Cythère :
Je l'ai suivi dans l'île du mystère.
Viens, m'a-t-il dit ; entends ici ma voix.
Écoute, écris, et peins ce que tu vois ;
Je cède, Amour, au trait dont tu m'enflammes ;
Guide ma voix, Dieu des sens et des âmes :
Je chanterai ces rivages charmants,
Ton Élysée et le ciel des amants.

Dans le séjour d'une éternelle aurore,
Les soins de l'art, les prodiges de Flore,
Ont embelli ces jardins enchantés,
Asile heureux des tendres voluptés.
Dans chaque objet, l'expressive nature
De l'union rend la vive peinture.
Des bois profonds, des portiques ouverts,
Les chants d'amour de mille oiseaux divers,
L'onde et ses jeux, la fraîcheur et l'ombrage
De la mollesse offrent partout l'image,
Et font sentir, aux sujets de l'Amour,
L'esprit de feu qui règne en ce séjour.
Là, figurés par des marbres fidèles,
Les Dieux amants sont offerts pour modèles.
Sous mille aspects leurs couples amoureux,
De la tendresse expriment tous les jeux.
J'y vois Léda sous un cygne étendue,
Neptune au sein d'Amymome éperdue,
Vénus au bras d'Adonis enchanté.
Tout est modèle, et pour être imité,
Fait une loi : tout amant qu'il excite,
Voit et jouit, plein du Dieu qu'il imite,
Et l'on entend, dans les bois d'alentour,
La voix mourante ou le cri de l'Amour ;
Et l'on entend ces concerts qui résonnent :
Hymne aux plaisirs, gloire aux Dieux qui les donnent !
Suivons des lois dont l'empire est si doux,
Adorons-les, ces Dieux faits comme nous.

Viens, dit l'Amour, parcourons ces ombrages ;
Vois du plaisir les mobiles images
Te retracer les plus riants tableaux,
Au fond des bois, sur les prés, dans les eaux.

Partout ici le Dieu de la tendresse,
Renouvelé, multiplié sans cesse,
Se reproduit sous les formes qu'il prend,
Toujours le même et toujours différent.
Loin de ses sœurs, une Grâce timide
Suit dans les bois un Faune qui la guide :
Tendre et farouche, elle veut et défend,
Contient le Faune à demi triomphant.
Sûr de l'attaque, il permet la défense ;
Pour mieux jouir, suspend la jouissance,
Prépare, amène, augmente le désir
Par ces baisers, précurseurs du plaisir.
Vainqueur soudain de l'effort qu'elle oppose,
Il ose tout, et peut tout ce qu'il ose.
O changement ! ô puissance d'amour !
C'est Aglaé, qui, brûlant à son tour,
Ne rougit plus de parler et d'entendre,
S'émeut, arrive au transport le plus tendre ;
Connaît l'Amour, et pardonne à l'amant.
Le possesseur, maître encor du moment,
Nourrit un feu qui se consume en elle :
Écho répond aux soupirs de la belle ;
Sa voix se perd, celle d'Écho s'enfuit,
Et le silence en dit plus que le bruit.

Ces sombres lieux, dit le Dieu du mystère,
Marquent la loi que j'impose à Cythère.
L'amant heureux qui veut l'être longtemps,
Fuit du soleil les rayons éclatants.
Dans un jour doux, ni trop vif, ni trop sombre,
La nudité veut les gazes de l'ombre ;
L'œil qui voit moins, en croit voir plus d'attraits ;
La beauté même a toujours ses secrets.

Du Dieu du jour, Vénus fut adorée,
Mais trop d'éclat effraya Cythérée ;
Et la Déesse, évitant ses regards,
Pour se cacher, prit les tentes de Mars.
Couple amoureux, par cette loi prudente,
Le péril cesse, et le plaisir augmente.
Redoutez donc le coup d'œil hasardeux
D'un examen fatal à tous les deux.

D'un autre Amour, dit mon fidèle guide,
Sur ce gazon, vois le succès rapide.
Près d'un autel, sous ces pampres divins,
Tu vois danser Ménades et Sylvains.
Aux yeux de tous, une folle Bacchante
Paraît en l'air aux bras d'un Corybante ;
De ses amours, par un effort nouveau,
L'amant Alcide enlève le fardeau ;
Et comme un chêne, affermi sur la terre,
Prête ses flancs au lierre qui le serre.
Impatiente, elle ordonne, elle attend,
Et veut l'excès du plaisir d'un instant.
Sa voix l'excite, et sa main chancelante
Presse un raisin sur la bouche brûlante
Du fol amant qu'elle embrase à son tour.
Bacchus reçoit les victimes d'amour,
Et la Thyade, à tous ses Dieux fidèle,
Chante Évohé, danse, boit et chancelle ;
Peint son ivresse aux pas qu'elle décrit,
Et tombe aux pieds de Silène qui rit.

Je l'avoûrai, ce bachique mystère
Blesse mes yeux, et déplaît à ma mère.
Mais, dit l'Amour, dans ces jeux que tu vois,

Souvent la coupe est utile au carquois.
Pour prix d'un bien qui sert à la tendresse,
Ma loi pardonne à Bacchus son ivresse.
J'accuse en vous, possesseurs trop heureux,
Le fol excès du tribut amoureux.
Un Salamandre, en ses premiers vertiges,
Tombe énervé pour compter ses prodiges.
Un sage athlète, au combat plus certain,
Retrouve au soir les forces du matin.
Silène a bu, mais la soif qui lui reste
Surnage encor sur sa coupe céleste.
Aimons ainsi; l'Amour doit avec soin
Laisser grossir le torrent du besoin.
Que le vainqueur, dans les courses d'Élide,
Arrive au but du pas le plus rapide;
L'amant heureux au tournoi de Cypris,
Lent à la course, y remporte le prix.
Avec Psyché, c'est vous que je préfère,
Jeux suspendus, plaisirs que je diffère;
Volupté lente, où, fixant ses désirs,
L'âme s'écoute, en comptant ses plaisirs.

Qu'un calme utile au délire succède;
Que la folie occupe l'intermède :
Mille baisers, donnés, pris et rendus,
Cent petits noms, sans ordre confondus;
Serments, soupirs, jusqu'au silence même,
Tout est divin aux bras de ce qu'on aime.
Rappelez-vous, par des récits charmants,
De vos amours l'attente et les tourments,
Les premiers jeux d'une pudeur timide,
Et cette nuit où l'on fut un Alcide.
Un mot, un geste, un caprice, un désir,

Change soudain l'attaque du plaisir.
On veut, on tente une attaque nouvelle :
Tel Phidias ajustait son modèle.

Prépare-toi, me dit encor l'Amour,
Aux voluptés d'un plus riant séjour;
Vois ce ruisseau, vois ce bois solitaire :
Là, sont les bains consacrés à ma mère.
L'amant qui touche à ces magiques eaux,
Sent naître en lui des feux toujours nouveaux.
Près de ce bord, tapissé de verdure,
Sur un fond pur coule une onde aussi pure.
C'est là qu'Olympe a suivi son amant;
L'aspect du lieu, le danger du moment,
Ont arrêté la bergère craintive :
Iphis l'atteint au penchant de la rive,
L'invite au bain, l'exhorte à détacher
Ses vêtements qu'il tente d'arracher.
Un jeu folâtre ou desserre, ou renoue
Ces vains atours dont le zéphyr se joue.
Sur le gazon les voiles sont épars,
Entre elle et lui plus d'obstacle aux regards
Qu'une main seule, à la pudeur fidèle.
Olympe est nue, Iphis est nu comme elle.
Elle en rougit, elle fuit de ses bras,
Et fait de l'onde un voile à ses appas;
Il suit, l'atteint, et l'onde transparente
Reçoit Iphis aux bras de son amante.
Tous deux unis, sur le sable étendus,
Le flot pressé ne les sépare plus.
Sous les efforts de l'amant qui surnage,
L'eau qui s'agite inonde son rivage,
Et loin de nuire à leurs sens alarmés,

Produit les feux dont ils sont consumés.
Telle n'est point, avec sa cour austère [1],
Diane au bain, tristement solitaire :
Mais telle on voit la source de ces eaux,
Où Salmacis brûlait dans ses roseaux,
Lorsqu'en ses bras la jeune enchanteresse
D'Hermaphrodite excita la tendresse ;
Lorsque tous deux, enivrés, éperdus,
L'amour unit leurs sexes confondus.

Du Dieu des sens je reconnais l'empire,
Dis-je à l'Amour ; oui, c'est là ton délire.
Mais, Dieu charmant, source de tout plaisir,
Je désirais (pardonne à ce désir)
Trouver ici la naïve peinture
D'un autre Amour, enfant de la nature,
Qui, par degrés pénétrant tes secrets,
De tes faveurs sentit mieux les progrès ;
Et qui, brûlant de ta plus pure flamme,
Dût son bonheur aux voluptés de l'âme.

L'objet me rit, il manque à tes tableaux,
Me dit le Dieu ; prends ces crayons nouveaux,
Marque les traits d'une touche plus tendre ;
Viens, vois le temple où mes pas vont se rendre.
Fille du Ciel, compagne de l'Amour,

---

[1] Variante :
    Tel ne fut point, ô Diane sévère,
    Ton antre obscur et ton bain solitaire ;
    Mais tel on vit ce rivage enchanteur,
    Où Salmacis enchaîna son vainqueur ;
    Quand, par l'effort d'une étreinte durable,
    L'Amour unit ce couple inséparable ;
    N'en fit qu'un être, et confondant leurs corps,
    De l'androgyne assembla les trésors.

La jouissance habite en ce séjour.
Descends, pénètre au fond du sanctuaire ;
Ma voix te guide, et mon flambeau t'éclaire.
Sur l'édifice, enfant de tous les arts,
Le front du dôme offrit à mes regards
Ces mots divers, gravés pour tous les âges :
Jouir est tout, les heureux sont les sages.
J'entre, et je vois l'Olympe des Amours ;
La déité sans voile, sans atours,
Dans les parfums s'endort et se réveille,
Aux sons flatteurs qui charment son oreille.
De son pouvoir, le trône solennel
Est une alcôve, un lit est son autel.
Près d'elle assis, dans son apothéose,
Est le Bonheur, le front paré de rose :
L'Espoir brillant, de faveurs entouré,
La Pamoison, l'œil au ciel égaré,
La jeune Audace et la Langueur mourante,
Des doux Baisers la foule renaissante,
La Rapt vainqueur, l'Attentat libertin,
Le Dieu charmant des songes du matin,
Voilà sa cour. La jeune souveraine,
D'un holocauste, à toute heure certaine,
Voit jour et nuit, sur des cœurs palpitants,
Sacrifier des prêtres de vingt ans ;
Et tour à tour, dans ces jeux qu'elle anime,
Elle sourit au cri d'une victime.
Plus loin, mes yeux, par un charme attirés,
Virent encor des groupes séparés :
C'était le Dieu qui préside au mystère,
Qui sait aimer, triompher et se taire ;
C'était l'Esprit, ce durable enchanteur,
Et le Respect, plus sûr adorateur ;

Le Sentiment s'appuyait sur l'Estime ;
Et toi par qui le plaisir se ranime,
Tendre Pudeur, tu parais cette cour.
Je te voyais écartant un Amour
Qui dénouait ton écharpe légère.
Je te cherchais, fugitive, étrangère,
Constance ; hélas ! un caprice des Dieux,
Pour nous punir, t'exila de ces lieux.

Mais quels apprêts ! quelle pompe nouvelle !
C'est, dit l'Amour, ma fête la plus belle :
Tout se prépare au sacrifice heureux
De deux amants liés des premiers nœuds.
Zélide, Agis, partis de Mitylène,
Ont, dès l'enfance, osé porter ma chaîne.
A ses amours par son père enlevé,
Dans cet asile Agis s'était sauvé.
Errant pour lui de rivage en rivage,
Enfin Zélide a fait ici naufrage.
Je préparais ce fortuné moment.
Peins-toi Zélide aux bras de son amant ;
Elle y retrouve et sa vie et sa flamme ;
Elle y jouit, jouissance de l'âme,
De ce bonheur si confus, mais si doux,
Qui les annonce et les surpasse tous.
L'amant heureux partage cette ivresse ;
Possède, embrasse, adore sa maîtresse.
Des feux plus vifs, des désirs plus pressants
Voudraient percer le mystère des sens ;
Stérile épreuve où se perd l'innocence ;
Leurs faibles jeux sont les jeux de l'enfance.
Il cherche en vain, maître de tant d'appas,
Dans son trésor un trésor qu'il n'a pas.

Le bois sacré, qui pare ce rivage,
Les a trois nuits couverts de son ombrage.
Unis sans l'être, ils s'embrasent tous deux.
Je meurs, Zélide, apaise donc mes feux,
Dit-il. En vain il l'excite il la presse;
Elle rougit, soupire et le caresse.
Troublés, confus, leurs sens embarrassés,
En leur parlant, ne parlent point assez.
Enfin, sur eux ma vertu va descendre;
Tu vas jouir d'un spectacle si tendre;
Le prix d'amour en ces lieux les attend,
Et la déesse en a marqué l'instant.

Aux yeux charmés de sa cour immortelle,
Le couple heureux fut conduit devant elle.
L'adolescence, aux brillantes couleurs,
Aux longs cheveux, semait leurs pas de fleurs.
Zélide, au temple, apportait pour offrande
Une colombe, Agis une guirlande.
Zélide encor n'osait lever les yeux;
Lui, tout à coup, comme inspiré des Dieux :
Entends, dit-il, en montrant son amante,
Entends nos vœux, divinité puissante;
Du Dieu des cœurs nous connaissons la loi;
Dignes de lui, rends-nous dignes de toi.
Pour mériter tes chaînes fortunées,
Accrois nos sens, ajoute à nos années;
Aide à l'Amour qui s'épuise en désirs;
Il donne un cœur, tu donnes les plaisirs.
Amants, dit-elle, oui, vous m'allez connaître :
Venez jouir, et commencez à naître.
En les liant de festons amoureux,
De sa main même elle en serre les nœuds.

On les conduit, par son ordre suprême,
Au fond du temple, au lit de l'Amour même;
Lieu de délice, au vulgaire caché,
Où triompha le monstre de Psyché.
Sans la pâleur des flambeaux d'hyménée,
Pour eux s'ouvrit la couche fortunée.
Là, tout à coup, élancés, étendus,
Ils sont unis, éclipsés, confondus;
Leur âme entière et s'égare et se noie
Dans des torrents de délice et de joie.
Pour tant d'amour, tant d'objets, tant d'appas,
Leurs sens unis ne se suffisent pas.
Bientôt Agis en connaît mieux l'usage;
Plus irrité par l'obstacle de l'âge,
Agile et tendre, il presse, il est pressé [1],
Combat, assiège, embrasse, est embrassé;
Hâte, ou suspend un succès trop rapide;
Il soupirait, il nommait sa Zélide :
Zélide enfin, l'appelant à son tour,
Avec son nom part le cri de l'Amour.

Dans le silence, une immobile extase
Rallume, étend le feu qui les embrase.
Sur son amante Agis ouvre les yeux;
Céleste image, objet délicieux !
Comme l'autour dont le vol se déploie,
Pose, balance, ou plane sur sa proie,

---

[1] Variante :

  Il ose, il tente un effort plus heureux;
  Hâte ou suspend de trop rapides feux,
  Triomphe, arrive à l'union suprême.
  O doux présage, on dit qu'à l'instant même,
  Cette colombe, oiseau mystérieux,
  Partit du temple et vola dans les cieux.

Agis ainsi, de retour au combat,
Reprend son vol, fond, s'élève ou s'abat.
A sa défaite elle-même conspire ;
En se pâmant, Zélide encor soupire.
Agis se meurt, et l'Amour étonné,
Deux fois vainqueur, l'a deux fois couronné.
Ivre d'amour, de langueur abattue,
Elle suspend un plaisir qui la tue,
Et dans les bras d'Agis et du sommeil,
Tombe et s'endort dans l'espoir du réveil.

Plus vigilant, plus heureux que Céphale,
Agis s'éveille, et l'aube matinale
Offre, au milieu d'une foule d'appas,
Des voluptés qu'il ne connaissait pas.
Zélide alors, sans crainte, sans alarmes,
A son amant prodiguait tous ses charmes.
L'Amour, un songe et leurs douces chaleurs
Couvraient son teint des plus vives couleurs :
C'est l'abandon, la langueur, la mollesse,
Et ce désordre où le plaisir nous laisse.
D'un de ses bras son front s'est couronné,
Sur son Agis l'autre est abandonné ;
De ses cheveux les boucles étalées
Sont dans les fleurs éparses et mêlées ;
Son sein respire, et, par son mouvement,
Près de son cœur rappelle son amant.
Partout Agis voit, contemple, dévore
Ce qu'il a vu, ce qu'il veut voir encore ;
Sa main avide, au gré de tous ses vœux,
Détache un voile, enlève ses cheveux,
Presse et parcourt le corail et l'albâtre ;
Sur chaque objet, un coup d'œil idolâtre

Y précipite un baiser qui le suit.
Tel un ruisseau qui serpente et qui fuit,
Se repliant sur sa route fleurie,
Baigne l'émail de toute la prairie ;
Tel est Agis : en vainqueur satisfait,
Il s'applaudit des ravages qu'il fait,
Et reconnaît, sur des traces charmantes,
De ses baisers les empreintes brûlantes.
Tu dors, Zélide, et je jouis sans toi ;
Vois mon bonheur, regarde, écoute-moi ;
J'ai cent plaisirs, tu n'as qu'un vain mensonge,
Et je te vois quand tu ne vois qu'un songe.
Il soupira : Zélide l'entendit,
Ouvrit les yeux, soupira, s'étendit ;
Lève sa main : hélas ! sa main timide
N'osait tomber, Agis en fut le guide...
A cette approche, un feu qui les brûla,
De veine en veine aussitôt circula.
Zélide, Agis, sur leur bouche de flamme,
Réunissaient les moitiés de leur âme ;
Et si leur bouche est oisive un moment,
L'organe ajoute à leur emportement,
Mêle et confond ces paroles de joie,
Qu'à son amant une amante renvoie ;
Ces noms, ces cris, ces soupirs agaçants,
Aiguillons sûrs des plaisirs renaissants.

Où suis-je, Amour, et quel feu me dévore ?
Amour, quels traits peux-tu lancer encore ;
De tes fureurs cesse de m'agiter ;
Pour trop sentir, je ne puis plus chanter.
Ici, DAPHNÉ, couronne ton ouvrage ;
De nos plaisirs vois si j'ai peint l'image.

Pour toi, l'Amour, dictant ce que j'écris,
T'en fit l'objet, et le juge, et le prix.
Ouvre les yeux, son flambeau doit te luire;
Vois, connais tout; le charme est de s'instruire.
Suis pas à pas ton instinct curieux;
C'est un bonheur inconnu même aux Dieux,
Ils savent tout : adore ton partage,
Sors doucement des ombres de ton âge.
J'aime une fleur lente à s'épanouir;
C'est par degrés qu'il faut plaire et jouir.
Hélas! mon âme, à l'amour tout entière,
Trop diligente, épuisa la matière.
Je dévorai les secrets de Cypris.
Amour, pourquoi m'en avoir tant appris?
Ou que ne puis-je, ô maître que j'adore,
Oublier tout, pour m'en instruire encore [1]!

Ce vers est imité du *Rajeunissement inutile*, de Moncrif.

Ce que j'eus de beaux jours, du moins, charmante Aurore,
Je les ai passés dans vos bras ;
Rendez-les-moi, grands Dieux, pour les reperdre encore!

FIN DE L'ART D'AIMER

LES AMOURS

ÉLÉGIES EN TROIS PARTIES

PAR LE CHEVALIER DE BERTIN

(1780)

LES AMOURS

LIVRE PREMIER

ÉLÉGIE PREMIÈRE

Je chantais les combats : étranger au Parnasse,
Peut-être ma jeunesse excusait mon audace :
Sur deux lignes rangés, mes vers présomptueux
Déployaient, en deux temps, six pieds majestueux.
    De ces vers nombreux et sublimes
      L'Amour se riant à l'écart,
  Sur mon papier mit la main au hasard,
Retrancha quelques pieds, brouilla toutes les rimes ;
De ce désordre heureux naquit un nouvel art.
« Renonce, me dit-il, aux pénibles ouvrages,
    » Cadence des mètres plus courts :
    » Jeune imprudent, fuis pour toujours
  » Cet Hélicon si fertile en orages :
    » Enfonce-toi sous ces ombrages,
» Prends ce luth paresseux et chante les Amours. »
    Comment voulez-vous que je chante
Des plaisirs ou des maux que je ne connais pas ?
Pour sujet de mes vers, nulle beauté touchante,

Nulle vierge à mes vœux n'offre encor ses appas.
Je me plaignais : soudain d'une main assurée
L'Amour sur son genou courbe son arc vainqueur ;
Choisit dans son carquois une flèche dorée,
L'ajuste, et me perçant de sa pointe acérée,
Tu peux chanter, dit-il, l'ouvrage est dans ton cœur.
Je cède, enfant terrible, à votre ordre suprême !
Hélas ! d'un feu brûlant je me sens consumer.
   Mais de rigueurs n'allez point vous armer :
     Faites que dès ce soir on m'aime ;
Ou si c'est trop, du moins que l'on se laisse aimer.

ÉLÉGIE II

    C'en est fait : et mon âme émue
Ne peut plus oublier ses traits victorieux,
   Dieux ! quel objet ! Non jamais sous les cieux
   Rien de si doux ne s'offrit à ma vue.
    Dans ce jardin si renommé
Où l'Amour vers le soir tient sa cour immortelle,
De cent jeunes Beautés elle était la plus belle,
Elle effaçait l'éclat du couchant enflammé.
Un peuple adorateur que ce spectacle appelle
S'ouvrait à son approche interdit et charmé ;
Elle marchait, traînant tous les cœurs après elle,
Et laissait sur ses pas l'air au loin embaumé.
Je voulus l'aborder : ô funeste présage !
Ma voix, mon cœur, mes yeux parurent se troubler.
La rougeur malgré moi colora mon visage ;
Je sentis fuir mon âme et mes genoux trembler.
Cependant entraîné dans la lice éclatante
Où toutes nos Beautés conduites par l'Amour

De parure et d'attraits disputent tour à tour,
Mes regards dévoraient et sa taille élégante,
Et de son cou poli la blancheur ravissante,
  Et sous la gaze transparente
D'un sein voluptueux la forme et le contour.
Au murmure flatteur de sa robe ondoyante
  Je tressaillais; et l'aile des Zéphirs,
En soulevant l'écharpe à son côté flottante,
Au milieu des parfums m'apportait les désirs.
  Que dis-je? l'Amour, l'Amour même,
  Quel enfant! Oui, j'ai cru le voir
Se mêlant dans la foule à la faveur du soir,
M'exciter, me pousser par un pouvoir suprême,
Remplir mon cœur ému d'un séduisant espoir,
Secouer son flambeau sur la Nymphe qu'il aime,
Et sous l'ombrage épais dans un désordre extrême
A mes côtés enfin la forcer de s'asseoir.
O plaisir! ô transports! ô moment plein de charmes!
  Quel feu tendre animait ses yeux!
Déjà d'un cœur timide étonné de ses feux,
Son silence expliquait les naïves alarmes;
Mais bientôt un soupir me les raconta mieux,
Et je sentis mes doigts humectés de ses larmes.
Quel son de voix alors touchant, délicieux
  Sortit de ses lèvres de rose!
Et quels discours! Zéphir en retint quelque chose,
Et les porta soudain à l'oreille des Dieux.
Depuis ce temps je brûle : aucun pavot n'apaise
Les douleurs d'un poison lent à me dévorer.
La nuit, sur le duvet, je me sens déchirer :
Le plus léger tapis m'importune et me pèse,
Et mes yeux sont hélas! toujours prêts à pleurer.

ÉLÉGIE III

A EUCHARIS

Deux fois j'ai pressé votre sein,
Et vous m'avez deux fois repoussé sans colère.
　　Vous avez rougi du larcin ;
Ne fait-on que rougir lorsqu'il a pu déplaire?
　　Ah! c'est assez : oui, je lis dans vos yeux,
　　Et ma victoire et votre trouble extrême :
Mortel, à vos genoux, je suis égal aux Dieux ;
Vous m'aimez, je le vois, autant que je vous aime.
　　Mais de vos bras laissez-moi m'arracher.
　　Il n'est pas temps de combler mon ivresse :
Unis trop tôt, nos cœurs, ô ma belle Maîtresse !
De leurs liens encor pourraient se détacher.
Faites que mon amour dure autant que ma vie !
Laissez-moi par des soins acheter vos faveurs.
N'écoutez ni soupirs, ni prières, ni pleurs,
　　Combattez ma plus chère envie :
A mon désespoir même, opposez des rigueurs.
　　Les longs hivers font les printemps durables,
　　Les noirs frimas épurent les beaux jours ;
Et l'amant asservi sous vos lois adorables,
Doit espérer longtemps pour vous aimer toujours.

ÉLÉGIE IV

Elle est à moi ! Divinités du Pinde,
De vos lauriers ceignez mon front vainqueur.
Elle est à moi ! que les maîtres de l'Inde
Portent envie au maître de son cœur.

Sous ses rideaux j'ai surpris mon Amante.
Quel fut mon trouble et mon ravissement!
Elle dormait, et sa tête charmante
Sur ses deux mains reposait mollement.
Pendant l'été, vous savez trop comment
Des feux d'amour le feu des nuits s'augmente;
Pour reposer on cherche alors le frais :
La pudeur même aux mouvements discrets
Entre deux draps s'agite, se tourmente,
Et de leur voile affranchit ses attraits.
Sans le savoir, ainsi ma jeune Amie
S'exposait nue aux yeux de son Amant;
Et moi, saisi d'un doux frémissement,
Dans cet état la trouvant endormie,
Je l'avouai, j'oubliai mon serment.
O! qui pourrait, dans ces instants d'ivresse,
Se refuser un si léger larcin?
Quel cœur glacé peut revoir sa Maîtresse
Ou la quitter, sans baiser son beau sein?
Non, je n'ai point ce courage barbare;
L'Amant aimé doit donner des plaisirs;
L'enfer attend ce possesseur avare,
Toujours brûlé d'inutiles désirs.
Puisse souvent la Beauté que j'adore
Nue à mes yeux imprudemment s'offrir!
Je veux encor de baisers la couvrir,
Quand je devrais la réveiller encore.
Dieux! quel réveil! mon cœur bat d'y songer.
Son œil troublé n'avait rien de farouche;
Elle semblait quelquefois s'affliger,
Et le reproche expirait sur sa bouche.
Déjà l'Amour avait su nous unir;
J'essaie encor de me détacher d'elle,

De ses deux bras je me sens retenir ;
On crie, on pleure, on me nomme infidèle :
A ce seul mot, il fallut revenir.
Ah ! qu'as-tu fait? lui dis-je alors, mon âme?
Je meurs d'amour : cruelle, qu'as-tu fait?
De tes beaux yeux, de ces yeux pleins de flamme,
Voilà pourtant l'inévitable effet.
Pourquoi poser ta tête languissante
Contre ce cœur ému de tes accents?
Pourquoi cent fois de ta main caressante,
Au doux plaisir solliciter mes sens?
Un seul baiser, quand ta bouche vermeille
Le poserait avec plus de douceur
Que ne le donne et le frère à la sœur,
Et l'époux tendre à son fils qui sommeille ;
Un seul baiser de ta bouche vermeille
Suffit, hélas! pour troubler ma raison.
Pourquoi mêler à son fatal poison
Ce trait brûlant qui de mes sens dispose,
Les fait renaître et mourir tour à tour,
Ce trait caché dans tes lèvres de rose
Et sur tes dents aiguisé par l'amour?
Oui, je succombe à ma langueur extrême,
Je suis contraint de hâter mon bonheur ;
Mais à tes pieds ton modeste vainqueur
Veut t'obtenir aujourd'hui de toi-même.
Viens, Eucharis, au nom de tous nos Dieux,
A ton amant livre-toi tout entière ;
Dans ton alcôve un jour délicieux
Répand sur nous et l'ombre et la lumière :
Si tu rougis de céder la première,
Dis... ne dis rien, et détourne les yeux.
Elle se tut : ô fortuné présage !

L'Amour survint, la Pudeur s'envola.
Elle se tut; mais son regard parla;
Du sentiment elle perdit l'usage:
Ses yeux mourants s'attachèrent sur moi.
Ah! me dit-elle, en couvrant son visage
De ses deux mains, Eucharis est à toi.

ÉLÉGIE V

A EUCHARIS

Du nom qui pare mes écrits
Ne soyez donc plus alarmée:
C'est vous que je nomme Eucharis,
O vous, des Beautés de Paris
La plus belle et la mieux aimée!
Sous ce voile mystérieux
Cachons nos voluptés secrètes;
Dérobons-nous à tous les yeux,
Vous me ferez trop d'envieux
Si l'on sait jamais qui vous êtes.
C'est vous que sous des noms divers
Mes premiers chants ont célébrée;
Eucharis dans mes derniers vers
Restera seule consacrée.
Ah! puissent nos deux noms tracés
Sur l'agate blanche et polie,
Par Vénus être un jour placés
Sous les ombrages d'Idalie,
Parmi les chiffres enlacés
Et de Tibulle et de Délie!
Dans l'art de plaire et d'être heureux
Ils nous ont servi de modèles:

Soyons encor plus amoureux,
Hélas ! et surtout plus fidèles !

ÉLÉGIE VI

Oui, que des Dieux vengeurs l'implacable courroux
Sur l'infernal rocher, d'un nœud d'airain t'enchaîne,
O toi, qui, le premier, inventas les verroux,
Et fis crier les gonds sous des portes de chêne !
On enferme Eucharis : un injuste pouvoir
Dérobe à mon amour sa beauté gémissante ;
Nuit et jour vainement je demande à la voir :
Lorsque j'entends ses pleurs, on dit qu'elle est absente.
Vous pleurez, Eucharis ; vous attestez les Dieux,
Car les Dieux à l'amante ont permis ce parjure :
Vous pleurez, et peut-être un Époux odieux
Joint l'injure au reproche, et l'outrage à l'injure.
Eh ! qui sait si l'ingrat, de son bras rigoureux
Saisissant la Beauté dont je suis idolâtre,
N'a pas d'un ongle impie arraché ses cheveux,
Ou meurtri son beau sein plus poli que l'albâtre ?
Tombez, coupables murs : Dieux immortels, tonnez !
Vengez-moi, vengez-vous de sa fureur extrême :
Quiconque a pu frapper la Maîtresse que j'aime,
Un jour, n'en doutez pas, à vos yeux étonnés,
Sur vos autels détruits vous détruira vous-même.
O ma chère Eucharis, ces Dieux veillent sur nous.
Ta beauté sur la terre est leur plus digne ouvrage.
Songe, songe du moins à tromper les jaloux ;
Il faut oser : Vénus seconde le courage.
Vénus instruit l'amante, au milieu de la nuit,
A descendre en secret de sa couche paisible :

Vénus enseigne encor l'art de poser sans bruit
Sur d'inconstants parquets un pied sûr et flexible.
Te souvient-il d'un soir, où dans des flots de vin
Tu pris soin d'endormir ta vigilante escorte?
La Déesse en sourit; et son pouvoir divin
Entr'ouvrit tout à coup un battant de la porte
Que ma juste colère injuriait en vain.
Tu parus, Eucharis, le front couvert d'un voile.
En long habit de lin, noué négligemment;
Mais plus belle à mes yeux sous la modeste toile,
Que sous l'éclat trompeur du plus riche ornement.
Eh! qui, sous cet habit, ne t'aurait méconnue?
Il semblait étranger à nos tristes climats;
De mon bras amoureux tu marchais soutenue,
Et la terre fuyait sous tes pieds délicats.
O toit rustique et pauvre, atelier solitaire,
Par les plus vils travaux longtemps déshonoré,
A des travaux plus doux aujourd'hui consacré,
Tu couvris nos plaisirs des ombres du mystère!
Est-il d'horribles lieux pour le cœur d'un Amant?
Un lit étroit et dur, théâtre de ma gloire,
De ce temple nouveau formait l'ameublement.
Eh bien! j'étais encor dans ton boudoir charmant,
Sous tes plafonds dorés et tes rideaux de moire.
Un feu pâle et tremblant, mourant à nos côtés,
Par intervalle à peine éclaircissait les ombres :
Eh! que m'importe à moi, si les nuits les plus sombres
Invitent tous mes sens aux molles voluptés?
Je craignais, tu le sais, ô ma belle Maîtresse!
Que ce lit rigoureux ne blessât tes attraits :
J'oubliais que l'Amour, propice à ma tendresse,
De ses heureuses mains l'aplatit tout exprès.
O combien, croyez-moi, sur ces lits favorables

L'Amant ingénieux invente de combats!
Là naissent les fureurs, les plaintes, les débats,
Les doux enlacements et les plaisirs durables.
Eucharis par moi-même instruite à m'enflammer,
Pour la première fois semblait encor se rendre;
Affectait des rigueurs pour mieux se faire aimer,
Et disait toujours non, sans vouloir se défendre.
Le crépuscule seul interrompit nos jeux.
Le marteau sur l'airain avait frappé trois heures,
Il fallut tristement regagner nos demeures :
La foudre alors grondait sous un ciel orageux.
Loin de moi ces Amants que Jupiter arrête,
Et qui courbent leurs fronts sous ses coups redoublés!
D'un œil audacieux défiant la tempête,
Je menais fièrement ma superbe conquête,
Et j'aurais bravé seul tous les Dieux assemblés.
J'avançais cependant sous cet immense ombrage
Qui couronne en jardins nos remparts orgueilleux;
La maison d'Eucharis frappa bientôt mes yeux.
Cet aspect, je l'avoue, abattit mon courage :
Eh! qui peut se résoudre à ces derniers adieux?
Vingt fois je m'éloignai saisi d'un trouble extrême,
Et vingt fois à ses pieds je revins malgré moi :
Je lui disais sans cesse : O moitié de moi-même,
Je veux mourir, avant de cesser d'être à toi.
Après mille baisers la matineuse aurore
Nous surprit sous les murs de ce fatal séjour,
Mes baisers, sur le seuil, la retenaient encore,
Et je ne la rendis qu'aux premiers feux du jour.

ÉLÉGIE VII

A EUCHARIS

Ne crains pas qu'à mes côtés
Une autre affaisse ta couche,
Ni que ma coupable bouche
Caresse d'autres Beautés.
Tu me plais seule, ô mon âme !
Oui, j'en atteste les Dieux,
Ce Paris si glorieux,
Après toi, n'a plus de femme
Qui puisse tenter ma flamme
Et qui soit belle à mes yeux.
La foule en tous lieux te presse
Et murmure autour de toi ;
Chacun brigue ta tendresse
Et veut me ravir ta foi :
Plût au ciel que ma Maîtresse
Ne parût belle qu'à moi !
Pour moi seul ta tresse blonde
Devrait parer ces trésors
Qu'elle embrasse de son onde :
Déplais au reste du monde,
Je serai tranquille alors.
Eh ! que m'importe, ô ma vie,
Le vulgaire et ses discours?
Ai-je besoin qu'il m'envie
Des plaisirs déjà trop courts?
Que fait au bonheur suprême
La gloire et son vain éclat?
Heureux l'Amant délicat
Qui le savoure en lui-même !

Dans un désert avec toi
Mes jours couleraient paisibles ;
Je dormirais sans effroi
Sur des rocs inaccessibles.
Eucharis dans mes ennuis
Est le repos que j'implore ;
Eucharis est mon aurore
Dans la sombre horreur des nuits :
Même dans la solitude
Où libres d'inquiétude,
Entre l'Amour et l'étude
Nous vivons seuls avec nous,
Occupés du soin si doux
De nous aimer, de nous plaire,
Eucharis sur mes genoux
Est pour moi toute la terre.

ÉLÉGIE VIII

PORTRAIT D'EUCHARIS

Regardez Eucharis, vous qui craignez d'aimer,
Et vous voudrez mourir du feu qui me dévore ;
Vous dont le cœur éteint ne peut plus s'enflammer,
Regardez Eucharis, vous aimerez encore.
 Il faut brûler, quand de ses flots mouvants
La plume ombrage, en dais, sa tête enorgueillie ;
 Il faut brûler, quand l'haleine des vents
Disperse ses cheveux sur sa gorge embellie.
Un air de négligence, un air de volupté,
Le sourire ingénu, la pudeur rougissante,
Les diamants, les fleurs, l'hermine éblouissante,
Et la pourpre et l'azur, tout sied à sa beauté.

Que j'aime à la presser, quand sa taille légère
Emprunte du sérail les magiques atours ;
Ou qu'à mes sens ravis sa tunique étrangère
D'un sein voluptueux dessine les contours !
L'Amour même a poli sa main enchanteresse
Ses bras semblent formés pour enlacer les dieux :
 Soit qu'elle ferme ou qu'elle ouvre les yeux,
 Il faut mourir de langueur ou d'ivresse.
 Il faut mourir, lorsqu'au milieu de nous,
Eucharis vers le soir, nouvelle Terpsichore,
Danse, ou prenant sa harpe entre ses beaux genoux
Mêle à ce doux concert sa voix plus douce encore.
Que de légèreté dans ses doigts délicats !
Tout l'instrument frémit sous ses deux mains errantes ;
Et le voile incertain des cordes transparentes,
Même en les dérobant, embellit ses appas.
Tel brille un astre pur dans le mobile ombrage ;
Telle est Diane aux bains, ou telle on peint Cypris
 Dans Amathonte à ses peuples chéris
 Se laissant voir à travers un nuage.
  O vous qui disputez le prix,
 Le prix divin des talents et des charmes,
  Je n'ai qu'à montrer Eucharis,
Vous rougirez, et vous rendrez les armes.
On parle de Théone ; on vante tour à tour
Euphrosine et Zulmé, ces deux sœurs de l'Amour
Aglaure, Issé, Corine et Glicère et Julie,
Et mille autres Beautés, ornements de la Cour ;
Eucharis est plus belle et cent fois plus jolie.
 Lorsqu'elle parut l'autre soir,
 Dans le temple de Melpomène,
On lui battit des mains, on la prit pour la Reine,
Et tout Paris charmé se leva pour la voir.

L'aimer, lui plaire enfin est mon unique envie;
A posséder son cœur je borne tous mes vœux :
Et qui voudrait donner un seul de ses cheveux
    Pour tous les trésors de l'Asie?

ÉLÉGIE IX

L'ABSENCE

L'astre brillant des nuits a fini sa carrière.
Je n'entends plus de chars ni de sourdes clameurs;
Le calme règne au loin dans la nature entière :
Tout dort; le jaloux même a fermé sa paupière,
Et moi, je veille, et moi, je verse encor des pleurs.
Voici l'heure paisible où l'esclave fidèle,
Au chevet d'Eucharis me guidait par la main;
Voici l'heure où trompant un époux inhumain,
J'entr'ouvrais ses rideaux et me glissais près d'elle.
En y songeant encor, immobile et tremblant
J'écoute : un rien accroît ma frayeur attentive;
Et pressant dans mes bras un oreiller brûlant,
Je crois encor presser mon Amante craintive.
Fantômes amoureux, pourquoi me trompez-vous?
Eucharis est absente, Eucharis m'est ravie;
Eucharis loin de moi vers un ciel en courroux
Lève un front suppliant et déteste la vie.
On dit qu'en s'éloignant, ses yeux pleins de langueur
Redemandaient aux Dieux l'objet de sa tendresse :
Périsse le premier dont l'injuste rigueur
A séparé l'Amant de sa jeune Maîtresse!
L'onde caresse en paix ses rivages chéris;
Le lierre croît et meurt sur l'écorce du chêne :
L'ormeau ne quitte point la vigne qui l'enchaîne;

Pourquoi faut-il toujours qu'on m'enlève Eucharis?
Cher et cruel objet de plaisirs et d'alarmes,
Toi, qu'un père autrefois me défendit d'aimer,
Rappelle-toi combien tu m'as coûté de larmes!
Ah! garde-moi ton cœur; conserve-moi ces charmes
Que l'amour pour moi seul se plaisait à former,
Et qu'un barbare hélas! retient en sa puissance.
L'art d'écrire est, dit-on, l'art de tromper l'absence :
Écris-moi; tu le peux, à la faveur des nuits.
Peins-moi ton désespoir et tes mortels ennuis;
Par le plus tendre amour que tes lignes tracées,
Arrêtent mes regards, de tes pleurs effacées.
Crains d'oublier surtout, en pliant le feuillet,
Ce cercle ingénieux qu'inventa ma tendresse,
Ce cercle, où mille fois ta bouche enchanteresse
Déposa des baisers, qu'avec bien plus d'adresse
Tout entiers, loin de toi, la mienne recueillait.
Un jour peut-être, un jour, ô ma tant douce Amie!
Quand la fidèle Œnone ouvrira tes volets,
Et qu'un songe amoureux te présentant mes traits
Fera couler l'espoir dans ton âme attendrie,
J'entrerai tout d'un coup sans me faire annoncer :
Je paraîtrai tomber du céleste empyrée.
Du lit alors, pieds nus, légère à t'élancer,
Si, les cheveux épars, incertaine, égarée,
Tu cours les bras tendus, à mon cou t'enlacer;
Mes vers du monde entier t'assurent les hommages
Vénus aura perdu ses honneurs immortels;
Et les Amants en foule embrassant tes autels
De lilas et de fleurs orneront tes images.

ÉLÉGIE X

A EUCHARIS

Il fut un temps où vos lettres fidèles
Adoucissaient mon exil amoureux :
Ce temps n'est plus; un destin rigoureux,
Dix jours entiers, m'a déjà privé d'elles.
Épargnez-vous des détours superflus
Pour abuser ma crédule tendresse ;
Je le vois trop, je n'ai plus de Maîtresse ;
Vous m'oubliez, et vous ne m'aimez plus.
Sans doute, hélas ! un autre a su vous plaire.
En m'arrachant l'objet de mes désirs,
L'ingrat jouit de ma triste colère;
Mon désespoir augmente ses plaisirs.

O bains de Spa, source impure et funeste,
Puissent les vents et la flamme céleste
Vous engloutir sous vos marbres rompus!
Aux tendres cœurs vous causez trop d'alarmes.
Que d'amours vrais et de pudiques charmes,
Dans leur saison, vos eaux ont corrompus!
Sans vous, hélas! ma colombe timide,
Mon Eucharis n'eût point trahi sa foi :
Elle a touché votre rive perfide,
Ah ! c'en est fait : elle n'est plus à moi.

ÉLÉGIE XI

Ainsi, lorsque plongé dans ma douleur mortelle
Hier en soupirant j'appelais Eucharis,
Elle parut soudain; la voici, me dit-elle,

LIVRE PREMIER

Qui cherche son Amant dans les murs de Paris.
O Dieux! qu'à son aspect mon âme fut ravie!
Je courus me jeter dans ses bras amoureux;
J'y demeurai longtemps, et plein d'un trouble heureux
Je la nommai mon tout, ma lumière, ma vie.
Je ne me lassais point de contempler ses yeux.

Les ombres cependant enveloppaient les cieux;
Eucharis dans son char me conduisit chez elle.
O char propice, et toi, réduit délicieux,
Vous savez si son cœur alors paya mon zèle!
L'œil humide de joie et d'amour enivrés,
Tête à tête à la fin tous les deux nous soupâmes;
Je tenais ses genoux entre les miens serrés,
Ce doux rapprochement semblait unir nos âmes.

Ciel! que le moment fuit! que les plaisirs sont courts!
Déjà la lune errante, aux deux tiers de son cours,
Sous des nuages noirs se perdait éclipsée:
L'airain sonnait minuit, il fallut nous quitter.
Il fut un temps hélas! plus cher à ma pensée,
Où fascinant les yeux d'une foule insensée
Je pouvais jusqu'au jour impunément rester.
Aujourd'hui tout s'oppose à mon doux stratagème:
Un beau-père inquiet, prêt à rentrer soudain,
De mes nouveaux argus la vigilance extrême,
Et ce portier rôdant de la cour au jardin.

Mais qui peut arrêter l'impétueuse ivresse
D'un cœur brûlant d'amour et que le plaisir presse
Trop certain des périls contre moi rassemblés
Je balançais encor, et mes regards troublés
Attendaient mon arrêt des yeux de mon Amante.

Trois fois, d'un long baiser marquetant ses appas
Je m'éloignai ; trois fois je revins sur mes pas.
Enfin les yeux remplis d'une fureur charmante,
La divine Eucharis, un mouchoir à la main,
Dans l'alcôve en riant me poursuit et m'arrête,
Et du bandeau nocturne environnant ma tête,
« Le sort en est jeté, me dit-elle, et demain
» Nous verrons quels détours Vénus que je réclame
» Saura nous inspirer pour sortir d'embarras.
» Aujourd'hui, cher Amant, je te tiens dans mes bras,
» Je n'examine rien, je suis toute à ma flamme.
» Je brave et mes tyrans et leur affreux pouvoir ;
» J'ai trop longtemps langui dans mon lit solitaire :
» Le ciel après trois mois me permet de te voir,
» Que l'on découvre ou non ce fortuné mystère,
» Tu resteras. » — O Dieux, que j'aimais son courroux !
Elle vole à la porte, et ferme les verroux,
A me déshabiller m'enhardit la première,
Laisse tomber sa jupe, et souffle la lumière.

Cependant le vieillard arrive à petit bruit :
De ma visite étrange aussitôt on l'instruit ;
Il monte suffoqué de colère et de rage.
A ce moment fatal, rappelant mon courage,
J'invoquai tous les Dieux en pareil cas surpris.
Il vient, il heurte, il frappe, il appelle Eucharis.
Eucharis dans mes bras feignait d'être endormie
Et n'osait respirer, et ne répondait rien :
Pour moi, je l'avoûrai, je goûtais quelque bien
A sentir battre ainsi le cœur de mon Amie.
Sans doute le barbare à ma perte obstiné,
Feignant de prendre alors le parti le plus sage,
N'en défendit que mieux l'escalier détourné,

Et crut plus sûrement me saisir au passage.
Il se trompait ; l'Amour veillait sur mon destin.

Quand la belle Eucharis, un peu vers le matin,
De l'excès des plaisirs eut lassé ma tendresse,
Je lui dis : Lève-toi, mon aimable Maîtresse,
Si l'on me voit sortir, ton malheur est certain.
Lève-toi, l'heure fuit, et le jour va renaître ;
Il faut tromper ton Père et sauver ton Amant :
L'ombre nous sert encor, profitons du moment.
Seconde mon audace. Alors tout doucement
De mes discrètes mains j'entr'ouvre la fenêtre.
Deux draps encor brûlants de leur lit arrachés,
Doux voiles réservés à des jeux plus paisibles,
L'un à l'autre liés par des nœuds invincibles,
Pendent le long du mur, au balcon attachés.
Eucharis inquiète, en proie à ses alarmes,
Refusait à ce prix de se justifier,
A ces liens douteux n'osait me confier,
Et les cousant encor les trempait de ses larmes.
Enfin, le front couvert, un fer nu sous le bras,
Rassurant mille fois mon Amante éperdue,
Je m'élance d'un saut, glisse le long des draps,
Le pavé retentit ; et je suis dans la rue.

Amour, seul inventeur de ces heureux larcins,
Tu dérobas ma fuite aux voleurs assassins,
Aux passants indiscrets, à la garde sévère !
Non, l'Amant, quel qu'il soit, n'a rien à redouter
Nul mortel à ses jours n'oserait attenter
C'est un Dieu, qu'à genoux le monde entier révère.

ÉLÉGIE XII

A EUCHARIS

Que peut demander aux Dieux
L'Amant qui baise tes yeux
Et qui t'a donné sa vie?
Il ne voit rien sous les cieux
Qu'il regrette ou qu'il envie.
Qu'un autre amasse en paix les épis jaunissants
Que la Beauce nourrit dans ses fertiles plaines,
Qu'il range sous ses lois vingt troupeaux mugissants,
Que la pourpre de Tyr abreuve encor ses laines;
Longtemps avant l'aube du jour
Que l'avide marchand s'éveille,
Et quitte sans pitié le maternel séjour,
Amoureux des travaux qu'il détestait la veille :
Qu'il brave et les sables brûlants,
Et les glaces hyperborées;
Qu'il fatigue les mers, qu'il enchaîne les vents,
Pour boire le tokai dans des coupes dorées.
J'aime mieux du soleil éviter les chaleurs
Sous l'humble coudrier soumis à ma puissance.
Périssent les trésors, plutôt que mon absence,
O ma chère Eucharis, fasse couler tes pleurs !
Que me faut-il à moi? des routes incertaines
Sous un ombrage frais, de limpides fontaines,
Un gazon toujours vert, des parfums et des fleurs.
Oui, ma divine Maîtresse,
Pourvu que sur mon cœur je presse tes appas,
Qu'importe que la gloire accusant ma paresse
Agite le laurier qui m'attend sur ses pas?
Loin du tumulte et des alarmes,

Je vivrais avec toi dans le fond des forêts :
Ce bras n'a jusqu'ici manié que des armes ;
Mais disciple, avec toi, de la blonde Cérès,
Je ne rougirais pas de dételer moi-même
    Des bœufs fumants sous l'aiguillon,
De reprendre, le soir, un pénible sillon,
Et de suivre, à pas lents, le soc de Triptolème.
Je ne rougirais pas sous mes doigts écumants,
De presser avec toi le nectar des abeilles,
D'écarter les voleurs et les oiseaux gourmands,
Ou de compter les fruits qui rompent tes corbeilles.
    Avec toi, d'un front plus riant
    J'accueillerais une aimable indigence,
Que si des Dieux, sans toi, la barbare indulgence
Mettait à mes genoux l'Europe et l'Orient.
Que m'importe l'Euphrate et son luxe superbe?
Que m'importe Paris et son art dangereux ;
Si tous deux enfoncés dans l'épaisseur de l'herbe
Ou dans ces blés flottants dont l'or sur tes cheveux,
Ornement importun, vient se courber en gerbe,
Je te trouve plus belle, et moi plus amoureux?
Ah! loin des faux plaisirs dont la richesse abonde,
Crois-moi, l'Amant heureux qui seul au fond du bois
Te caresse au doux bruit et des vents et de l'onde,
Est au-dessus des Rois qui gouvernent le monde,
Est au-dessus des Dieux qui gouvernent les Rois.

ÉLÉGIE XIII

A EUCHARIS

Si les vents, la pluie et la foudre,
La nuit, sous un ciel orageux,

Menacent de réduire en poudre
Nos toits ébranlés dans leurs jeux,
Tu te rapproches, tu me presses;
Je sens tes membres agités :
Et triste au sein des voluptés
De nos innombrables caresses
Les Dieux, dis-tu, sont irrités.
Eh! qu'importe à ces Dieux paisibles
Nourris d'encens sur leurs autels,
L'amour de deux faibles mortels
Qu'eux-même ils ont créés sensibles?
Quel mal leur fait ce doux plaisir,
Chef-d'œuvre heureux de leur puissance,
Cet éclair de la jouissance
Que l'on peut à peine saisir?
Les Dieux ne sont point en colère;
Va, cesse enfin de t'alarmer :
Rejette une erreur populaire,
Crois-moi, dans la saison de plaire
Le ciel ne défend point d'aimer.
Aimons, ô ma belle Maîtresse,
Buvons nos vins délicieux;
Et que dans cette double ivresse,
La mort au sein de la paresse
Vienne demain fermer nos yeux:
L'Amour, par une pente aisée,
La tête ceinte encor de fleurs,
Loin du triste séjour des pleurs,
Te conduira dans l'Élysée.
Là, sous des berceaux toujours verts,
Au murmure de cent fontaines,
On voit les ombres incertaines
Danser, former des pas divers;

Et l'écho des roches lointaines
Redit les plus aimables vers.
C'est là que vont régner les Belles
Qui n'ont point trahi leurs serments ;
C'est là qu'on place à côté d'elles
Le nombre élu des vrais Amants :
L'enfer est pour les infidèles
Et pour les cœurs indifférents.

ÉLÉGIE XIV

A UN AMI

Ah ! c'en est trop : crois-moi, l'affreuse envie
Se hâte en vain de nommer mon vainqueur :
Le doux objet qui m'a repris son cœur,
Me l'a rendu ; c'est pour toute la vie !
Je défierais et les Rois et les Dieux
De m'enlever désormais sa tendresse ;
L'éclat des rangs importune ses yeux,
L'Olympe entier n'a rien qui l'intéresse :
Mon Eucharis aux titres orgueilleux
Préfère encor le nom de ma Maîtresse.
Elle aime mieux, quand la rigueur du froid,
Durant la nuit, attriste la nature,
S'arranger même au bord d'un lit étroit
Et partager mon humble couverture,
Que de régner sur cent peuples divers ;
Ou d'étaler aux rives de la Seine
Plus de Palais et de Jardins ouverts
Que n'en eut Rhode et Corinthe et Mycène.
Son cœur enfin ne saurait me tromper.
C'est pour moi seul qu'elle veut être belle,

C'est toujours moi que l'on garde à souper.
Mes fiers rivaux alors ont beau frapper,
Heurter, gémir et la nommer cruelle ;
On n'ouvre point : je suis seul avec elle,
Mourant d'amour et d'orgueil enivré.

O mes Amis, dans son temple sacré
Courons en foule adorer la Déesse
Qui des Amants me décerne le prix !
Oui, c'en est fait ; ma dernière vieillesse
S'écoulera dans le sein d'Eucharis.
Mon Eucharis est à moi dès l'aurore,
Elle est à moi lorsque le jour s'enfuit :
Au crépuscule et dans la vaste nuit
Mon Eucharis est à moi seul encore.

ÉLÉGIE XV

A EUCHARIS

Qui ? moi ! j'ai pu d'un air farouche
Te repousser dans mon emportement ?
J'ai pu meurtrir tes bras, noircir ton cou charmant,
Et blesser sans pitié les roses de ta bouche ?
Punis ces dents qui font couler tes pleurs,
Je m'offre, sans défense, à ta juste colère ;
N'épargne pas mes yeux, imite mes fureurs :
Je conduirai tes coups si ta main délibère.
Mais pourquoi donc ce rival odieux
Rôde-t-il sans cesse à ta porte ?
Pourquoi ces billets qu'on t'apporte
Avec un soin mystérieux ?
Que veut cette foule idolâtre

De papillons dorés, d'insectes orgueilleux
Qui bourdonne à ta suite et t'annonce en tous lieux ?
Que fais-tu la dernière au sortir du théâtre ?
Que fais-tu la première au temple de nos Dieux ?
  Pardonne, ô ma jeune Maîtresse,
  Mon cœur s'inquiète aisément.
 Je l'avoûrai, dans ma fougueuse ivresse,
 Je ne sais point aimer paisiblement.
L'oiseau qui dans ton sein repose mollement
Et de son bec saisit ta langue enchanteresse,
D'un enfant au berceau l'innocente caresse,
Un baiser de ta sœur alarme ma tendresse,
  Et désespère ton Amant.
 Je suis jaloux de l'ouvrier habile
  Qui de ton corps mesure les contours ;
 Je suis jaloux de ce marbre immobile
  Qui tous les soirs te voit changer d'atours :
 Je suis jaloux de toute la nature ;
  Et malheureux, jour et nuit tourmenté,
Je crois voir un rival caché dans ta ceinture
Et sous le tissu fin qui voile ta beauté.
Revenez, revenez, doux enfants de Cythère,
Ramenez-nous la paix et les aimables jeux ;
Cachez à mes rivaux mon crime involontaire,
Couvrez ces vils combats des ombres du mystère :
Eucharis me sourit ; ma grâce est dans ses yeux.

ÉLÉGIE XVI

 Pourquoi reprocher à ma lyre
De préluder toujours sur des tons amoureux ?
Je ne saurais former dans mon faible délire

De plus mâles accords ni des chants plus heureux.
    Laissons, laissons d'un vol agile
L'ambitieux vaisseau fendre les flots amers ;
D'un timide aviron ma nacelle fragile
Doit raser humblement le rivage des mers.
Dans nos jours trop féconds en discordes rebelles,
Qu'un autre en vers pompeux célèbre les combats :
Qu'il chante les héros ; moi je chante les Belles
De plus tendres fureurs et de plus doux ébats.
    Enfant gâté de la paresse ;
C'est assez que Vénus me couronne de fleurs ;
C'est assez que l'Amant me lise à sa Maîtresse,
Qu'ils m'accordent ensemble un sourire ou des pleurs

Ah ! si d'un tendre amour la fille un jour éprise
Me consulte, en secret, sur son trouble naissant,
Et vingt fois en sursaut par sa mère surprise,
Dans son sein entr'ouvert me cache en rougissant,
        Je ne veux point d'autre gloire ;
        Chez nos neveux indulgents
        On chérira ma mémoire ;
        Dieu fêté des jeunes gens,
        Dans mes amours négligents,
        Ils trouveront leur histoire ;
    Et si l'Europe aux immortels écrits
    Ne mêle point mes chansons périssables.
    On daignera peut-être dans Paris
    Me mettre au rang des Poètes aimables.

LIVRE SECOND

ÉLÉGIE PREMIÈRE

Quand je perdais les plus beaux de mes jours
Si doucement, aux pieds de ma Maîtresse,
J'imaginais, dans ma crédule ivresse,
Qu'un tel bonheur devait durer toujours.
Qu'importe, hélas! me disais-je à moi-même,
Que le temps vole? Il doit peu m'alarmer.
Après mille ans peut-on cesser d'aimer
Ce qu'une fois éperdument on aime?
Quand j'aurai vu, moins bouillant dans mes vœux,
S'évanouir les erreurs du bel âge ;
Et que mon front dégarni de cheveux
M'avertira qu'il est temps d'être sage :
Rendu pour lors à mes premiers penchants
J'irai, j'irai loin d'un monde volage
De mes aïeux cultiver l'héritage,
Tondre ma vigne et labourer mes champs.
Dans mon foyer, ma compagne fidèle,
Mon Eucharis viendra donner des lois :
Le doux ramier reconnaîtra sa voix
Et mes agneaux bondiront autour d'elle.
Elle saura, dans la saison nouvelle,
Porter des fleurs au jeune Dieu des bois;
Elle saura, puissant fils de Sémèle,

T'offrir les dons du plus riche des mois,
Et surcharger ta couronne immortelle
D'un raisin mûr qui rougira ses doigts.
Mon Eucharis fermera ma paupière.
Oui, je mourrai dans ses embrassements ;
Et là, sans pompe, un jour, la même pierre
Sous des cyprès unira deux Amants.

Je le disais : quelle erreur insensée !
Quel fol espoir enivrait ma pensée !
Les vents, hélas ! en tourbillons fougueux
Sur l'Océan ont emporté mes vœux.
Mon Eucharis est trompeuse et parjure.
Qu'ai-je donc fait ? Et quelle est son injure ?
Ai-je un seul jour, négligeant ses attraits,
A ses beaux yeux coûté de tristes larmes ?
Ai-je, la nuit, dans des festins secrets,
Par mes clameurs ou mes chants indiscrets,
En l'éveillant, excité ses alarmes ?
Dans mon malheur, si j'ai pu l'offenser,
Je cours m'offrir à sa main vengeresse :
De tout mon sang je suis prêt d'effacer
Les pleurs jaloux qu'a versés sa tendresse.
Mais tremble, ô toi qui ris de mon tourment !
Tremble ; l'Amour t'en réserve un terrible :
Censeur malin, crains cet arc invincible
Qui d'un seul coup frappe et venge un amant.
Pour avoir ri des maux de la jeunesse,
A ses chagrins pour avoir insulté,
Que d'imprudents j'ai vus dans leur vieillesse
Tendre leurs mains aux fers de la beauté,
Balbutier un aveu ridicule,
Se parfumer, parer leurs cheveux blancs,

Et tout transis au pied d'un vestibule
De leur martyre amuser les passants!

Ah! si je puis, revoyant l'inhumaine,
Seule un instant du moins l'entretenir :
A ses genoux si le sort me ramène,
Peut-être hélas! mes tourments vont finir.
Mon Eucharis connaîtra ma tendresse,
Elle craindra de me désespérer :
Heureux l'Amant quitté de sa Maîtresse,
Qui la rencontre, et qu'elle voit pleurer!

ÉLÉGIE II

Je n'ai plus d'Eucharis; que m'importe la vie?
O nuit, viens dans ton ombre ensevelir mes yeux!
Je n'ai plus d'Eucharis; après sa perfidie,
Je ne veux plus revoir la lumière des cieux.
Moi, qui près d'elle assis dans son char radieux
Marchais environné de la publique envie,
Moi, qui, paisible Roi, dans son âme asservie
Éclipsais l'univers, effaçais tous les Dieux;
De sa haine aujourd'hui monument déplorable,
Dans la foule importune, esclave confondu,
Triste, et mouillant de pleurs sa porte inexorable,
Hélas! j'exhale en vain ma plainte misérable,
Au milieu des frimas sur la pierre étendu.
Le voilà donc le prix de ma longue tendresse!
Qui croira désormais à ses attraits menteurs?
Après sept ans entiers de bonheur et d'ivresse
Il faut me détacher de ses bras enchanteurs.
Je vais donc maintenant, tel qu'un ramier sauvage

Qui sur le rocher nu lamente ses ennuis,
Seul dans un lit désert, déplorant mon veuvage,
Mesurer tristement le cercle entier des nuits ?
Du moins, l'Amant trahi d'une Beauté cruelle,
Qui ne pouvant fléchir ses injustes mépris
Se venge en l'imitant, forme une amour nouvelle,
D'un regret moins amer voit ses beaux jours flétris :
Mon sort à moi, mon sort en perdant Eucharis
Est de ne pouvoir plus aimer une autre qu'elle.
Employez l'artifice, étalez mille amours ;
Non, vous ne m'aurez point, orgueilleuses Maîtresses !
Eucharis a reçu mes premières caresses,
Eucharis obtiendra mes dernières amours.

ÉLÉGIE III

A EUCHARIS

Oui, tout Paris sait ta noirceur,
Tout Paris sait ta perfidie :
Va chercher maintenant, impie,
Quelque stupide adorateur
Pour exercer ta dure tyrannie !
Je romps mes fers ; ingrate, je t'oublie,
Le désespoir t'arrache de mon cœur.
Une autre au rang de ma Maîtresse
Va monter, le front ceint d'un immortel feston :
Une autre jouira du glorieux renom
Que t'avait promis ma tendresse.
Pour elle sur des tons divers
Montant ma voix, dans mon juste délire
Je veux des cordes de ma lyre

Tirer les plus aimables airs,
Et la célébrer dans des vers
Si doux, qu'après soixante hivers
L'Amant se plaise à les relire.
Pour tracer son portrait brillant,
Je suivrai, s'il le faut, ma douce fantaisie :
L'aurore au bord de l'Orient
Aura paru moins belle aux peuples de l'Asie ;
Tu pâliras en le voyant
De fureur et de jalousie.
Pardonne, pardonne, Eucharis ;
N'en crois pas mes dédains, n'en crois pas ma colère :
Nulle autre n'entrera dans mon lit solitaire,
Nulle autre ne vivra dans mes derniers écrits.
Avant que ta beauté sorte de ma mémoire,
On verra l'eau suspendre et rebrousser son cours ;
Le soleil oubliera de dispenser les jours,
Et le peuple Français de voler à la gloire.
Sois plus coupable encor, je t'aimerai toujours.
Je t'aimerai : voilà ma destinée.
Oui, malgré ton crime odieux,
Je ne saurais haïr tes yeux,
Ces yeux encor si chers à mon âme étonnée,
Ces yeux, mes souverains, mes astres et mes Dieux.
Cent fois par eux, il m'en souvient, cruelle !
Tu m'as juré de me garder ta foi ;
Jusqu'au tombeau d'être toujours à moi,
Et de mourir amoureuse et fidèle.
Tu voulais que ces yeux charmants
Tout d'un coup détachés de leur double paupière
Punissent ton erreur, si jamais la première
On te voyait changer et trahir tes serments.
Et tu peux les lever encore

Vers ce ciel outragé qu'indignent tes rigueurs?
Et tu ne frémis pas d'armer ces Dieux vengeurs
Que ton impunité trop longtemps déshonore?
Dis-moi, qui te forçait d'imiter la pâleur,
Et de meurtrir ton sein de tes ongles barbares?
Dis-moi qui te forçait, dans ta feinte douleur,
De répandre à regret quelques larmes avares?
  Fiez-vous donc, tristes Amants,
Aux soupirs, aux faveurs, aux transports de vos Belles!
 Ah! croyez-moi, saisissez les instants
  Qui vous sont accordés par elles :
  Il n'est point d'amours éternelles,
  Il n'est point de plaisirs constants

―

ÉLÉGIE IV

A LA MÊME

Que me sert aujourd'hui dans des nuits plus heureuses
D'avoir su te former aux combats de Vénus?
Que me sert, en pressant tes lèvres amoureuses,
De t'avoir révélé des secrets inconnus?
Je suis victime hélas! de ma propre science;
Moi-même, à me trahir, j'instruisis ta beauté :
Que je dois regretter ton aimable ignorance,
Ta craintive pudeur et ta simplicité!
Quand ton cœur autrefois couronna ma tendresse,
Tes mains savaient à peine agiter des verroux;
Je t'appris, le premier, par quelle heureuse adresse
On peut, en les tournant, échapper aux jaloux ·
Je t'appris l'art si cher à la jeune Maîtresse
D'écarter de son lit un odieux époux.

Malheureux! en un mot, je t'appris comme on aime!
Ton orgueil s'enrichit de mes rares secrets.
Du suc brillant des fleurs j'embellis tes attraits,
Et remis dans tes mains le fard de Vénus même.
Nulle Amante bientôt ne sut mieux effacer
Le bleuâtre sillon que sur un cou d'albâtre,
Imprime de ses dents un Amant idolâtre
Et ces doux souvenirs qu'on se plaît à tracer.
Quel prix de tant de soins a donc reçu ton Maître?
Un autre impunément jouit de mes leçons.
Le laboureur du moins recueille ses moissons,
Et goûte en paix les fruits que ses mains ont fait naître.
Un autre, un autre, ô ciel! conçois-tu mes soupçons?
Conçois-tu les fureurs de mon âme offensée?
Oui, je te vois, ingrate; et ma triste pensée
Se figure déjà de combien de façons
Le barbare te tient, sans pudeur, embrassée.
Peux-tu me préférer ce rival orgueilleux,
Vil suivant de Plutus que l'intérêt dévore,
Et dont l'instinct grossier préfère à tes beaux yeux
Ces trésors criminels qu'aux bornes de l'aurore
A cachés vainement la prudence des Dieux?
Oses-tu bien presser de tes mains caressantes
Ce cœur inexorable aux travaux endurci,
Qui trois et quatre fois, sous un ciel obscurci,
N'a pas craint d'affronter les deux mers frémissantes,
Et des chiens de Scylla les clameurs gémissantes,
Et ces gouffres profonds tournoyants sous ses pas?
Penses-tu qu'amoureux de son doux esclavage,
Désormais il renonce à quitter le rivage?
On dit que l'inhumain, méprisant tes appas,
Déjà prêt à partir sur la foi d'une étoile,
Redemande des vents. fait déployer la voile,

Et de ton lit oiseux veut courir au trépas.
Que je plains ta douleur, Amante infortunée!
Combien tu pleureras ton fol égarement!
Malgré ton crime, hélas! de plaisirs couronnée,
Puisses-tu ne jamais connaître le tourment
D'aimer, comme je t'aime, et d'être abandonnée!

ÉLÉGIE V

Je vous revois, ombrage solitaire,
Lit de verdure impénétrable au jour,
De mes plaisirs discret dépositaire,
Temple charmant où j'ai connu l'Amour.
O souvenir trop cher à ma tendresse!
J'entends l'écho des rochers d'alentour
Redire encor le nom de ma Maîtresse;
Je vous revois, délicieux séjour!
Mais ces moments de bonheur et d'ivresse,
Ces doux moments sont perdus sans retour.
C'est là, c'est là qu'au printemps de ma vie,
En la voyant je me sentis brûler
D'un feu soudain : je ne pus lui parler;
Et la lumière à mes yeux fut ravie.
C'est là qu'un soir j'osai prendre sa main
Et la baiser d'un air timide et sage :
C'est là qu'un soir j'osai bien davantage;
Rapidement je fis battre son sein,
Et la rougeur colora son visage.
C'est là qu'un soir je la surpris au bain.
Je vois plus loin la grotte fortunée,
Où dans mes bras soumise, abandonnée,
Les nœuds défaits et les cheveux épars,

De son vainqueur évitant les regards,
Mon Eucharis heureuse et confondue
Pleura longtemps sa liberté perdue.
Le lendemain, de ses doigts délicats
Elle pinçait les cordes de sa lyre ;
Et l'œil en feu, dans son nouveau délire,
Elle chantait l'amour et ses combats.
A ses genoux, j'accompagnais tout bas
Ces airs touchants que l'amour même inspire,
Que malgré soi l'on se plaît à redire
L'instant d'après. Alors plus enflammé
Je m'écriais : non, Corinne et Thémire,
Céphise, Aglaure et la brune Zulmé
Qu'on vante tant, ne sont rien auprès d'elle !
Mon Eucharis est surtout plus fidèle,
Je suis bien sûr d'être toujours aimé !
La nuit survint ; asile humble et champêtre,
Long corridor interdit aux jaloux,
Tu protégeas mes larcins les plus doux.
Combien de fois j'entrai par la fenêtre
Quand sa pudeur m'opposait des verroux !
Combien de fois dans l'enceinte profonde
De ces ruisseaux en fuyant retenus,
Au jour baissant, je vis ses charmes nus
En se plongeant embrassés de leur onde,
Et sur les flots quelque temps soutenus !
Je croyais voir ou Diane, ou Vénus
Sortant des mers pour embellir le monde !
Combien de fois, au sein même des eaux
Qu'elle entr'ouvrait, me plongeant après elle,
Et la pressant sur un lit de roseaux,
Je découvris une source nouvelle
De voluptés, dans ces antres nouveaux !

O voluptés, délices du bel âge,
Plaisirs, Amours, qu'êtes-vous devenus?
Je crois errer sur des bords inconnus
Et ne retrouve ici que votre image.
Dans ce bois sombre en cyprès transformé
Je n'entends plus qu'un triste et long murmure,
Ce vallon frais par les monts renfermé
N'offre à mes yeux qu'une aride verdure;
L'oiseau se tait, l'air est moins parfumé,
Et ce ruisseau roule une onde moins pure :
Tout est changé pour moi dans la nature :
Tout m'y déplait; je ne suis plus aimé.

ÉLÉGIE VI

A UN RIVAL

Tu ris dans ta barbare ivresse
Des maux qu'endure mon amour :
Objet des caprices d'un jour,
Triomphe, insulte à ma détresse,
Triomphe, crois-moi, le temps presse.
Demain ta crédule tendresse
Gémira peut-être à son tour.
Crois-tu déjà que l'infidèle
Pour toi parfume ses cheveux ?
On sait quel jeune ambitieux
Est en secret préféré d'elle :
Tu n'es plus rien; c'est à ses yeux
Que l'ingrate veut être belle.
Tu ne connais pas les dédains
De cette amante impérieuse,
Et sa colère impétueuse

Et ses caprices inhumains.
La paille errante et passagère
Qui dans l'air tourne en s'élevant,
La laine éparse au gré du vent,
La feuille du tremble mouvant
Est moins inconstante et légère.
Cent fois plus terrible en ses jeux
Que la cascade vagabonde
Qui des Appennins orageux
Se précipite, écume, gronde,
Et roule dans les champs fangeux;
Ou que la mer Adriatique,
Quand des bords d'Europe et d'Afrique
Deux vents déchaînés dans les airs,
Jusques dans le sein de Venise
Sur le dos de Neptune assise
Font bouillonner les flots amers.

ÉLÉGIE VII

A EUCHARIS

Qui t'aimera jamais comme je t'aime ?
Dans tes yeux seuls qui mettra son bonheur ?
 Reviens, ô mon bien suprême,
Entre mes bras abjure ton erreur.
 Reviens, crois-moi, mon visage
  N'est point si changé du temps :
Vois sur mon front ces cheveux bruns, flottants,
De la vieillesse ont-ils senti l'outrage ?
 Ne rougis point de mon âge ;
Je compte à peine un lustre après vingt ans.

Je suis cher à Vénus, cher au Dieu de la Thrace ;
Au milieu des festins je bois le vin mousseux ·
Émule de Chapelle et disciple d'Horace,
      Parfois son luth avec grâce
  A retenti sous mes doigts paresseux.
Qui sait mieux, à pas lents, dans une nuit obscure
Chercher furtivement l'objet de ses désirs,
Déposer des baisers sans le moindre murmure
Et varier, suspendre, ou hâter les plaisirs !
Tu pleureras un jour ta rigueur imprudente ;
De mon amour trop tard tu connaitras le prix :
Dès demain, dès ce soir, mon âme indépendante
    Peut châtier tes superbes mépris.
    Déjà, déjà vingt Beautés dans Paris
    M'offrent leur cœur, et briguent ma tendresse.
    J'en sais même une, ô ma belle Maîtresse,
Qui se vante tout haut d'être mon Eucharis.
    Reviens, avant qu'une étrangère
Près de moi, vers minuit, se glisse entre deux draps,
Et sur mon lit défait, en chemise légère,
Le lendemain matin repose dans mes bras.
Oui, reviens, à ce prix, ma Compagne adorable,
Ton Ami se soumet à la plus dure loi :
    Et si jamais il ose devant toi
Louer, regarder même un seul objet aimable,
Puissent, le jour entier, dans tes yeux menaçants
Ses yeux chercher en vain le pardon qu'il implore
Et ta porte insensible à ses cris gémissants
      Ne point s'ouvrir avant l'aurore !
    Songes-y bien ; la coupable Beauté
    Que nul Amant n'a pu trouver constante,
    Dans son automne expiant sa fierté
    Seule en un coin, plaintive et gémissante,

A la lueur d'une lampe mourante
Conduit l'aiguille, ou d'une main tremblante
Tourne un fuseau de ses pleurs humecté.
En la voyant, la maligne jeunesse
   Triomphe, et rit de sa douleur.
   L'Amour armé d'un fouet vengeur
De désirs impuissants tourmente sa vieillesse :
Elle implore Vénus ; mais la fière Déesse
Détourne ses regards, et lui répond sans cesse
   Qu'elle a mérité son malheur.

ÉLÉGIE VIII

A M. LE COMTE DE P.

Tout s'anime dans la nature,
Doux Avril, tu descends des airs :
Vénus détache sa ceinture ;
Les fleurs émaillent la verdure,
Et l'oiseau reprend ses concerts.
Quittez le brouillard de la ville
Et ses embarras indiscrets ;
Paisible habitant du Marais,
Courez dans ce vallon fertile
Qu'ont embelli Flore et Cérès,
De la campagne renaissante
Respirer les douces odeurs,
Et sur l'épine blanchissante
Cueillir ses premières faveurs.
Aux champs le printemps vous appelle ;
Ah ! profitez de ses beaux jours.
Heureux favori des Amours,
C'est pour vous qu'il se renouvelle :

Pour moi la peine est éternelle,
Et l'hiver durera toujours.

ÉLÉGIE IX

A M. LE CHEVALIER DE P.[1]

Je perds la moitié de moi-même,
Et tu me défends de pleurer !
Ami, qui pourrait endurer
Mon infortune et ma douleur extrême?
Un autre, ô ciel! de plaisir éperdu
Contre son cœur pressera l'infidèle?
Un autre dormira près d'elle
Jusqu'au milieu du jour, à ma place étendu !
Et moi, pour prix de mes ardeurs sincères,
Trahi, quitté dans l'âge des amours,
Hélas! je verrai pour toujours,
Comme des ombres mensongères,
S'évanouir mes heures les plus chères,
Les plaisirs séduisants, les voluptés légères,
Sans verser des larmes amères
Et sans tourner les yeux vers mes premiers beaux jours?
Non, de ce courage suprême
Mon cœur est bien loin de s'armer ;
Quiconque en perdant ce qu'il aime
Peut se résoudre à vivre, est indigne d'aimer.
Ne me reproche plus ma honteuse faiblesse;
Tibulle a tant pleuré sa chère Neœra !
Nous savons tous par cœur ces vers plein de mollesse
Que loin de ses amours Pétrarque soupira.

---

[1] De Parny.

Toi-même enfin, quand ta belle Maîtresse,
Celle que tu chéris cent fois plus que tes yeux,
Premier objet de ta vive tendresse,
T'exila sans pitié de son lit amoureux;
Souillé d'une indigne poussière
Tremblant, égaré, furieux,
De tes deux mains arrachant tes cheveux,
Je t'ai vu dans mes bras abhorrer la lumière,
Et te plaindre à la fois des mortels et des Dieux.
Eh! qui dans l'univers ignore tes alarmes?
Quel cœur à tes chagrins n'a point donné de larmes?
Du Pinde et de Paphos tous les antres émus
Ont retenti cent fois du nom d'Éléonore;
Dans les vallons d'Hybla, sur le sommet d'Hémus
Les rochers attendris le répètent encore.

ÉLÉGIE X

A EUCHARIS

Le Ciel, hélas! veut venger mes injures;
Le Ciel punit ton infidélité :
Tu perds déjà ta fraîcheur, ta beauté,
Ton doux éclat, et ces cheveux parjures
Dont l'or superbe enivrait ta fierté.
Combien de fois je t'avais prévenue?
« Mon Eucharis, fuis les jeunes Amants :
» Sois dans tes mœurs discrète, retenue;
» Ne perds jamais ta pudeur ingénue,
» Et garde-toi d'oublier tes serments!
» Il est des Dieux : si tu trahis ma flamme,
» A leurs regards ne crois pas échapper;
» Il est des Dieux qu'on ne saurait tromper :

» Tremble, Eucharis ; ils lisent dans ton âme,
» Et puniront d'un éternel regret
» Le seul transport d'un désir indiscret ».

Je te l'ai dit : et je me souviens même
Qu'en le disant, les yeux de pleurs noyés,
Je te serrais dans mon désordre extrême
Les deux genoux, et baisais tes deux pieds.

Alors, alors tu jurais, ô ma vie,
Que nul Amant ne tenterait ta foi ;
Et qu'à moi seul ta jeunesse asservie
Refuserait même le cœur d'un Roi,
Quand son amour aux deux bords de la Loire,
De vingt châteaux doterait tes appas ;
Quand te couvrant des rayons de sa gloire,
Du lit au trône il conduirait tes pas.

Avec ces mots, dans la nuit la plus noire
Ton art divin me ferait voir les cieux.
Bien plus ; des pleurs s'échappant de tes yeux
Mouillaient ta joue, et parcouraient tes charmes.
Que je rougis de ma simplicité !
Oui, tu pleurais ; et moi tout agité,
Contre moi-même en secret irrité,
Je m'en voulais de causer tes alarmes,
Crédule, hélas ! et j'essuyais tes larmes.

C'en est donc fait : ta main brise nos fers ;
En me quittant tu ris encor, traîtresse ?
Songe du moins aux maux que j'ai soufferts
Pour retenir ta volage tendresse.
Tu le sais bien ; ton esclave amoureux
N'a redouté ni les vents ni la pluie,

Ni le soleil, ni le froid rigoureux,
Ni les torrents roulant des rocs affreux,
Ni Jupiter sous un ciel en furie.
Et qui, dis-moi, célébra ta beauté?
Paris encore est plein de mon délire ;
Sept ans entiers j'ai chanté sur ma lyre
Et ta constance et ma félicité.
En te voyant, si la foule soupire,
Si tous les cœurs te décernent l'empire
Des Déités, reines de l'univers,
Ingrate, hélas! tu le dois à mes vers.
Oui, je voudrais dans la flamme rapide
Anéantir ces vers adulateurs :
Oui, je voudrais que l'Océan avide
Eût englouti mes écrits imposteurs.
On connaîtra malgré moi l'infidèle ;
Vainqueur du temps, son nom vivra toujours :
On oubliera qu'elle a troublé mes jours,
Et les Amants ne parleront que d'elle.

ÉLÉGIE XI

A MESSIEURS DE P.

J'ai souvent essayé de noyer dans le vin
    Ma peine et mes tristes alarmes :
    O Bacchus, ton nectar divin
S'aigrissait sur mon cœur, et se tournait en larmes.
J'ai souvent essayé, dans la longueur des nuits,
D'accorder sous mes doigts la lyre de Chapelle ;
    Les vers n'ont pu distraire mes ennuis,
    Et malgré moi, je chantais l'infidèle.

Enfin, je l'avoûrai, dans mes bras amoureux,
J'ai tenu quelquefois une autre enchanteresse :
   Mais tout d'un coup, au fort de mon ivresse,
   Quand je touchais au moment d'être heureux,
     Le souvenir de ma Maîtresse
Venait saisir mon cœur et glacer ma tendresse,
   Et je sentais expirer tous mes feux.
Que n'ai-je point tenté? Dieux! qu'il est difficile
D'abjurer promptement de si longues amours!
Tant que le même mur nous servira d'asile,
Tant que le même ciel éclairera nos jours,
Hélas! je le sens bien, je l'aimerai toujours.
    Si vous voulez que je l'oublie,
O mes amis, partons, ôtez-moi de ses yeux :
Pour de lointains climats abandonnons ces lieux,
Courons interroger les champs de l'Italie,
Et lui redemander ses Héros et ses Dieux!
Fuyons. Adieu remparts, superbe promenade,
Dont les ormes touffus environnent Paris;
Adieu, bronze adoré du plus grand des Henris :
Adieu, Louvre immortel, pompeuse colonnade;
Adieu, surtout, adieu, trop ingrate Eucharis!
   Je le verrai ce beau ciel de Provence,
Ces vallons odorants tout peuplés d'orangers,
Où l'on dit qu'autrefois des Poètes bergers
Les premiers dans leurs vers marquèrent la cadence.
    Je verrai ce paisible port,
Et les antiques tours de la riche Marseilles.
Nos vaisseaux sont-ils prêts? Poussez-nous loin du bord,
Compagnons, courbez-vous sur des rames pareilles,
Fendez légèrement le dos des flots amers,
Abandonnez la voile au souffle qui l'entraîne.
    Le Zéphir règne dans les airs,

Et mollement porté sur la mer de Tyrrhène,
Je découvre déjà la ville des Césars,
Rome, en guerriers fameux autrefois si féconde,
Rome, encore aujourd'hui l'empire des Beaux-Arts,
L'oracle de vingt Rois et le temple du monde.
Voilà donc les foyers des fils de Scipion,
Et des fiers descendants du demi-dieu du Tibre?
Voilà ce Capitole, et ce beau Panthéon
Où semble encore errer l'ombre d'un peuple libre?
O qui me nommera tous ces marbres épars,
Et ces grands monuments dont mon âme est frappée!
Montons au Vatican, courons au Champ de Mars,
Au Portique d'Auguste, à celui de Pompée.
Sont-ce là les jardins où Catulle autrefois
Se promenait le soir à côté d'Hypsipyle?
Citoyens, s'il en est que réveille ma voix,
Montrez-moi la maison d'Horace et de Virgile!

 Avec quel doux saisissement
 Ton livre en main, voluptueux Horace,
Je parcourrai ces bois et ce côteau charmant
Que ta Muse a décrits dans des vers pleins de grâce,
De ton goût délicat éternel monument!
 J'irai dans tes champs de Sabine,
 Sous l'abri frais de ces longs peupliers
  Qui couvrent encor la ruine
De tes modestes bains, de tes humbles celliers :
  J'irai chercher d'un œil avide
De leurs débris sacrés un reste enseveli,
  Et dans ce désert embelli
Par l'Anio grondant dans sa chute rapide,
  Respirer la poussière humide
  Des cascades de Tivoli.
 Puissé-je, hélas! au doux bruit de leur onde

Finir mes jours, ainsi que mes revers !
  Ce petit coin de l'univers
Rit plus à mes regards que le reste du monde.
L'olive, le citron, la noix chère à Palès
Y rompent de leur poids les branches gémissantes;
Et sur le mont voisin les grappes mûrissantes
Ne portent point envie aux raisins de Calès.
Là, le printemps est long et l'hiver sans froidure;
Là, croissent des gazons d'éternelle verdure :
Là peut-être, l'étude et l'absence et le temps
  Pourront bannir de ma mémoire
Un amour insensé qui ternit trop ma gloire,
Et dont le vain délire abrégea mes instants.

ÉLÉGIE XII

Oui, c'en est fait, je demeure en ces lieux ;
Je borne ici ma course vagabonde :
De ces longs pins le deuil religieux
Convient, hélas! à ma douleur profonde ;
Tranquille, au loin, je n'entends sous les cieux
Que le bruit sourd de l'Océan qui gronde.
Je puis donc seul verser enfin des pleurs,
Et dans les airs exhaler mon martyre ?
Si quelque Nymphe apprenant mes malheurs
Aux rocs émus ne court point les redire,
Je puis donc seul de lamentables cris
Lasser en paix ces vastes solitudes ?
D'où reprendrai-je, inhumaine Eucharis,
Tes désirs vains, tes injustes mépris,
Et tes noirceurs et tes ingratitudes ?

Ils sont passés ces jours délicieux
Où tout rempli de ma première ivresse,
Sans nul soupçon, sans reproche odieux,
Sûr d'être aimé de ma belle Maîtresse,
Par mon bonheur je surpassais les Dieux.
Depuis longtemps sa fatale colère
D'ennuis amers a trop su me nourrir;
Je perds son cœur, je cesse de lui plaire,
De ma douleur je n'ai plus qu'à mourir.
Oui, j'en mourrai; voilà mon espérance.
Je vois déjà mon étoile pâlir;
Lassé du jour, lassé de ma souffrance,
Dans le Cocyte, avec indifférence,
Comme un torrent, je cours m'ensevelir.
Approchez-vous pour fermer ma paupière,
Approchez-vous, peuple cher à Vénus !
Votre ami touche à son heure dernière ;
Bientôt, hélas ! Mysis ne sera plus.

O ! qui pourra me voir ainsi descendre
Dans le cercueil, à la fleur de mes jours ?
Qui ne voudra toucher au moins la cendre
Du paresseux qui chanta les amours ?
Là, je le sais, nul orateur célèbre
N'étalera d'éloquentes douleurs.
Mais sur ma tombe on sèmera des fleurs ;
Mais nul amant de la pompe funèbre
Ne reviendra, sans répandre des pleurs.

A la pitié, toi seule inaccessible,
Toi seule, ingrate et coupable Beauté,
Contempleras d'un œil sec et paisible
La place encor où ce cœur trop sensible

Déplorera ton infidélité.
O mes amis! pour consoler mon ombre,
Transportez-moi sous les riants berceaux
De Feuillancour, dans ce bois frais et sombre
Entrecoupé de mobiles ruisseaux :
Dans ce Tibur solitaire et champêtre
Aux jeux, aux ris, aux plaisirs consacré ;
Dans ce vallon tant de fois célébré,
Où maintenant vous m'appelez peut-être !
Là, mes amis, au pied d'un jeune hêtre,
D'une onde pure en tout temps abreuvé,
Que mon tombeau soit sans pompe élevé ;
Et que vos mains y prennent soin d'écrire
Ces vers, qu'un jour du haut du grand chemin
Le voyageur qui monte à Saint-Germain
Tout en courant s'empressera de lire :
« Ci gît, hélas! un Amant trop épris
» Des doux attraits d'une Beauté cruelle ;
» Tout son destin fut d'aimer Eucharis,
» Et de mourir abandonné par elle. »

ÉLÉGIE XIII

Brisons cette lyre inutile,
Eucharis n'entend plus mes airs :
Quittons les bois de Lucrétile
Et l'empire du Dieu des vers.
Cherchez désormais qui vous chante,
O mère des tendres Amours :
Je perds l'illusion touchante
Qui seule embellissait mes jours.

Doux plaisirs, voluptés légères,
Et vous, Maîtresses mensongères,
Je vous dis adieu pour toujours.

Mon vaisseau battu par l'orage
A fui sous les flots écumants ;
Par le péril rendu plus sage,
J'abjure mes égarements ;
Je gagne le port à la nage,
Et sur le sable du rivage
Je dépose mes vêtements,
Pour instruire de mon naufrage
Le peuple insensé des Amants.

LIVRE TROISIÈME

ÉLÉGIE PREMIÈRE

A MA MUSE

Amour le veut; retournons à Cythère:
Muse, renonce à tes sages loisirs.
Ce dur enfant, sur mon luth tributaire,
M'ordonne encor de vanter ses plaisirs.
N'irritons pas son humeur volontaire,
Obéissons, quels que soient ses projets :
Ma Muse, un jour, tranquille et solitaire,
Tu traiteras de plus nobles sujets.
Tu chanteras nos forces renaissantes,
D'un règne heureux monuments immortels,
Nos bords couverts d'enseignes menaçantes,
Sous nos vaisseaux les deux mers blanchissantes,
Et l'Amérique embrassant nos autels.
Tu nous peindras de son triple tonnerre
Louis armé pour maintenir ses droits,
Donnant la paix au reste de la terre,
Humiliant la superbe Angleterre,
Et de son joug affranchissant vingt Rois.
Dis maintenant les faveurs des Bergères,
Et les larcins des fortunés Amants,
Leurs démêlés, leurs fureurs passagères,
Et leurs transports et même leurs tourments.

Je reprendrai les molles Élégies :
Courez, mes vers, sur des pieds inégaux,
Et ramenez au milieu des Orgies
Tous les Amours en triomphe à Paphos.
Applaudissez, ô Nymphes du Permesse !
Tressez des fleurs pour votre nourrisson :
Entourez-moi, tendre et belle jeunesse ;
Je tiens pour vous école de sagesse,
Écoutez bien ma dernière leçon.
Heureux, cent fois heureux l'objet aimable
Dont le doux nom couronnera mes vers !
Mes vers seront un monument durable
De sa beauté qu'encensa l'univers.
Thèbes n'est plus : tout ce vaste rivage
N'est qu'un amas de tombeaux éclatants.
Sparte, Ilion, Babylone et Carthage
Ont disparu sous les efforts du temps.
Le temps, un jour, détruira nos murailles
Et ces jardins par la Seine embellis ;
Le temps, un jour, aux plaines de Versailles,
Sous la charrue écrasera les lis.
Ne craignez rien de sa rigueur extrême,
O charme heureux de mes derniers beaux jours !
Regardez-vous, et songez qui vous aime ;
Du ciel le temps a chassé les Dieux même,
Ils sont tombés ; mais vous vivrez toujours.

ÉLÉGIE II

A CATILIE

Va, ne crains pas que je l'oublie
Ce jour, ce fortuné moment.

Où pleins d'amour et de folie,
Tous les deux, sans savoir comment,
Dans un rapide emportement,
Nous fîmes le tendre serment
De nous aimer toute la vie.
Tu n'avais pas encor seize ans :
Les jeux seuls occupaient ta naïve ignorance,
Tes plaisirs étaient purs et tes goûts innocents ;
L'œil baissé, tu voyais avec indifférence
S'arrondir de ton sein les trésors ravissants.
De ces dons précieux je t'enseignai l'usage,
Je sentis sous mes doigts le marbre s'animer ;
La pudeur colora les lis de ton visage,
Ton tendre cœur s'ouvrit au doux besoin d'aimer.
Te souvient-il de ces belles soirées
Où dans le bois touffu nous respirions le frais ?
Entre ta sœur et ta mère égarées
Mes mains savaient toujours rencontrer tes attraits.
De mon bras gauche étendu par derrière,
Je te serrais mollement sur mon cœur ;
A leurs côtés je baisais ta paupière,
Et ce péril augmentait mon bonheur.
Enfin je l'ai cueilli ce prix de ma tendresse
Que tes cris refusaient à mon juste désir ;
Tu sais avec combien d'adresse,
Malgré toi, par degrés, il fallut le saisir.
Tu frémis de douleur ; tu répandis des larmes :
Mais un Dieu qui survint dissipa tes alarmes,
Et le plaisir guérit l'ouvrage du plaisir.
Prémices de l'amour, délicieuse ivresse,
Ah ! que ne durez-vous toujours ?
Plaisirs dont l'enfance intéresse,
Ne fuyez pas si vite, arrêtez ; qui vous presse ?

Votre aurore vaut seule un siècle de beaux jours !
Eh ! qui peut remplacer l'erreur enchanteresse
Où s'abandonne alors un Amant éperdu ?
Le breuvage divin qu'a goûté sa Maîtresse,
 Le fruit que sa bouche a mordu,
Son baiser du matin, sa première caresse,
L'attente d'un bonheur mille fois suspendu,
Et ce mot si touchant, ce seul mot : *je vous aime*,
Est peut-être aussi doux que la volupté même.
 O ma Divinité suprême,
Prolongeons, s'il se peut, des moments aussi courts !
Laissons-là la vieillesse et tous ses vains discours.
Je foule aux pieds ces biens que le vulgaire envie
Dans tes bras amoureux j'achèverais ma vie,
Loin du bruit des cités, et du faste des cours.
 Transportez-moi sous le pôle du monde,
Dans ces déserts glacés où tout couvert de peaux,
Seul, errant tristement dans une nuit profonde,
Le Lapon emporté sur de légers traîneaux
Promène incessamment sa hutte vagabonde.
 Transportez-moi sous l'ardent Équateur,
Dans les sables mouvants de l'inculte Lybie ;
Oui, j'aimerai toujours les yeux de Catilie,
Oui, j'aimerai toujours son sourire enchanteur.

ÉLÉGIE III

A LA MÊME

Songes-y bien, ma Bergère,
Une heure après le lever
De l'étoile de ta mère,
Dans ton réduit solitaire,

Ce soir j'irai te trouver.
La nuit de crêpes couverte
Protégera nos plaisirs ;
Laisse ta porte entr'ouverte
Au tendre essaim des désirs.
Écarte de mon passage
Tout fer, ou marbre inhumain ;
Et d'un pied discret et sage
Interrogeant le chemin,
Si mon doux péril te touche,
Fais qu'au signal de ma bouche
Je rencontre encor ta main
Pour me guider vers ta couche.
Ciel! que ce temps si léger
Paraît long, quand on espère !
Le soleil sous l'hémisphère
Ne veut donc pas se plonger?
Accourez, humides heures
Qui présidez à la nuit :
Répandez sur nos demeures
Ce calme heureux qui vous suit.
O fleurs, pressez-vous d'éclore
Pour mes desseins les plus doux :
Et toi, sommeil que j'implore,
Jusqu'au retour de l'aurore
Assoupis l'œil des jaloux !

ÉLÉGIE IV

LA VEILLÉE

J'avais signalé ma tendresse ;
L'Amour applaudissait, j'étais égal aux Dieux.

Accablé de langueurs, de fatigue et d'ivresse,
  Entre les bras de ma Maîtresse
 Le doux sommeil avait fermé mes yeux.
  Elle qui n'est plus écolière
Dans l'art qu'elle a, sous moi, naguères commencé,
De sa bouche amoureuse entr'ouvrit ma paupière,
Et d'un son de voix doux à l'oreille adressé :
  Tu dors, paresseux, me dit-elle.
  Regarde, il n'est pas encor jour.
  Tu dors à l'heure la plus belle
Que le cercle des nuits ramène pour l'amour.
  Laissons, laissons la diligente Aurore
S'arracher, sans pitié, du lit de son Amant ;
Jouissons, nous mortels, profitons du moment :
Qui sait, hélas ! demain si nous serons encore ?
Viens, je brûle ; écartons ces voiles indiscrets !
Prends-moi : contre ton sein que je meure enchaînée !
Recommençons nos jeux ; invoquons Dionée ;
  Veillons, tu dormiras après,
  Si tu veux, toute la journée.

ÉLÉGIE V

LA MOISSON

Ma Maîtresse retourne à sa maison des champs.
Quel cœur barbare et dur peut rester à la ville ?
Fuyons, dérobons-nous à sa pompe servile,
A ses frivolités, à ses discours méchants.
Loin des remparts poudreux qu'arrose en vain la Seine,
Courons des fruits vermeils admirer les couleurs,

Et sous le frais abri des forêts de Vincenne
Du Lion dévorant éviter les chaleurs.
Viens, l'autel est paré ; viens, la victime est prête :
Descends du haut des Cieux, bienfaisante Cérès !
Prends ta faucille en main, et couronne ta tête
De bluets et d'épis, trésors de tes guérets.
O mes Lares, ce jour doit être un jour de fête,
Des plus riants festons j'ornerai vos portraits.
Écartez loin de nous et la pluie et l'orage,
D'un jour tranquille et pur éclairez nos moissons.
Voyez-vous ces vieillards, ces filles, ces garçons,
Tout un peuple courbé qui s'empresse à l'ouvrage,
Et détonne gaîment de rustiques chansons ?
Ils vont de rang en rang : sous leur main diligente
Déjà ces longs tuyaux d'énormes grains chargés
Tombent sur les sillons, en faisceaux partagés.
Le van chasse dans l'air une paille indigente ;
La terre au loin gémit sous l'effort des batteurs.
Vers le soir, au château la troupe cantonnée
Se délasse en riant du poids de la journée,
Et le plaisir succède à ces soins enchanteurs.
Amis, qu'attendez-vous ? Mêlons-nous à la danse
De ces pâtres joyeux, folâtrant sous l'ormeau :
Le flageolet aigu marque assez la cadence ;
Conduisons tour à tour les Belles du hameau.
Qu'on tire cent flacons de la glace pilée,
Versez-moi d'un vin frais qui ternit le cristal :
Je ne rougirai point, ce soir, dans la vallée
De vous suivre en tremblant et d'un pas inégal.
Tout sied en ce beau jour. Buvons à Catilie,
Buvons à Nivernais, buvons à Maillebois !
Et vous, soutien du trône, espoir de la Patrie,
Mon Protecteur, mon Maître, auguste Fils des Rois,

Encouragez ma Muse et soutenez ma voix.
Je chante les jardins et le Dieu des campagnes,
Pan, qui jadis enfla des roseaux sous ses doigts,
Et modulant des airs au penchant des montagnes
Rassembla les mortels dispersés dans les bois.
C'est lui qui, le premier, au gland tombé des chênes
Fit succéder l'olive et les dons des vergers :
La feuille alors couvrit l'asile des bergers ;
Et le sol altéré but les sources prochaines.
Alors on maria la vigne au peuplier ;
Sous les pressoirs rougis des flots de vin coulèrent :
Le taureau sous le joug apprit à se plier,
Et sur un double essieu les chars pesants roulèrent.
Qui n'aimerait les champs ? aux champs règne la paix.
On y trouve un ciel pur, des ombrages épais.
De moissons dans l'été, de fruits mûrs dans l'automne,
De bouquets au printemps l'humble pré se couronne.
Les vrais plaisirs aux champs ont fixé leur séjour :
On y craint plus les Dieux, on y fait mieux l'amour.
L'Amour même, entouré de coursiers indociles,
De troupeaux mugissants, dans un bocage est né,
De myrte et de jasmin son berceau fut orné.
Le pressant dans leurs bras, les Nymphes trop faciles,
N'osaient point corriger un enfant obstiné
Qui déjà nuit et jour s'abreuvait de ses larmes.
C'est là qu'en grandissant, il essaya ses armes.
Ses premiers traits, dit-on, se perdaient au hasard ;
Son arc et son carquois accablaient sa faiblesse.
Ciel ! qu'Amour a depuis profité dans cet art !
Je l'ai bien éprouvé. Malheur à ceux qu'il blesse !
Malheur même aux Amants qu'il daignerait flatter !
C'est quand l'Amour sourit qu'il est à redouter :
N'importe ; saisissons ses faveurs passagères,

Hâtons-nous de jouir, caressons nos Bergères,
Livrons-nous à leur foi, mais sans trop y compter.

ÉLÉGIE VI

LES BAISERS

   Dieux ! que ta bouche est parfumée !
   Donne-moi donc vite un baiser,
   Encore un, ô ma Bien-aimée.
De quel feu dévorant je me sens embraser !
   Prends ! sois heureux : en voilà vingt, Bathile,
   En voilà trente, en voilà cent en sus.
   Est-ce assez ? — Non. — Je t'en donne encor mille.
   Es-tu content ? — Las ! je brûle encor plus !
Et combien donc, ingrat, pour apaiser ta flamme
Te faut-il aujourd'hui de baisers amoureux ?
   Autant, répondis-je, ô mon âme,
Que Septembre mûrit sur les côteaux pierreux
De Pomar ou d'Arbois, de raisins savoureux :
Autant qu'on voit d'épis jaunissants dans la plaine,
Ou de grains entassés dans le sable des mers ;
Autant qu'on voit briller dans une nuit sereine
D'étoiles, de soleils et de mondes divers.
Quand tu m'en donnerais dès la naissante aurore,
Quand tu m'en donnerais jusqu'au déclin du jour,
Plus altéré, le soir, le soir, mourant d'amour
   Je t'en demanderais encore.

ÉLÉGIE VII

A CATILIE

    Quand ton ami se désespère,
Ingrate, au lit oiseux qui peut te retenir?
Il est minuit, tout dort; je n'entends plus ta mère :
Tous les feux sont éteints; qu'attends-tu pour venir?
    Sous tes doigts ma porte docile
    Est prête à s'ouvrir mollement;
J'ai pris soin d'affranchir ce loquet difficile
Que ton amour déteste et qui fait mon tourment.
    Est-ce ainsi qu'on tient sa promesse?
Est-ce ainsi qu'on abuse un malheureux Amant?
    Perfide, hélas! en ce moment,
    Tranquille au sein de la mollesse,
    Tu dors peut-être impunément.
Et moi, je veille, et moi, je sèche dans l'attente :
Inquiet, agité, consumé de désirs,
Je me roule aux deux bords de ma couche brûlante,
Et poursuis tristement l'image des plaisirs.
    Quelquefois ma tendresse active
S'imagine te voir au milieu de la nuit
Suspendant sur l'orteil une jambe craintive,
Tes deux mains en avant, chercher le mur qui fuit :
J'écoute alors, j'écoute, et si le moindre bruit
    Frappe mon oreille attentive,
    Je crois sous tes pieds délicats
Entendre à mon côté le parquet qui résonne.
Soudain mon cœur palpite, et tout mon corps frissonne
Crédule, je m'élance, en étendant les bras :
Je te cherche dans l'ombre, et te nomme tout bas.
Vaines illusions! déjà la nuit s'avance,

Et l'astre du matin blanchit l'azur des cieux.
C'en est fait, le jour croît; je n'ai plus d'espérance :
Les esclaves en foule ont inondé ces lieux.
  Et tu ne crains pas ma vengeance?
  Que diras-tu pour ta défense
  Demain en t'offrant à mes yeux?
Est-ce ainsi, réponds-moi, Beauté vaine et frivole,
Qu'on outrage l'Amour, qu'on insulte à Cypris?
  De ce temps, hélas! qui s'envole
  Un jour tu connaîtras le prix.
Lorsque le printemps passe, et qu'on n'est plus jolie,
Que de regrets cuisants, de repentirs amers!
Combien tu pleureras ton orgueil, ta folie!
  Que tu voudras, ô Catilie,
Racheter chèrement cette nuit que tu perds!

ÉLÉGIE VIII

A LA MÊME

Me voici dans le froid séjour
De l'artifice et de la haine,
Occupé de mon seul amour,
Et sur le papier, nuit et jour,
Tristement déposant ma peine.
Depuis nos funestes adieux
J'ai vu quarante jours éclore :
Combien s'écouleront encore
Avant qu'on te rende à mes yeux!
Tu me demandes à toute heure
Ce que fait ton fidèle Amant?
Tu le devines aisément :

Il soupire, il gémit, il pleure,
Il te rappelle incessamment.
Unique objet de mon hommage,
De mon encens et de mes vœux,
Cent fois j'adore ton image,
Cent fois je baise tes cheveux :
Et dans ce palais fastueux,
Tandis que la foule importune
Fatigue l'aveugle fortune
De mille cris ambitieux,
Moi, sans désir et sans envie,
Libre de soins, content des cieux,
Et presque étranger dans ces lieux,
Hélas! je ne demande aux Dieux
Que d'être aimé de Catilie.
Mais toi, comptes-tu les moments
Que je traîne dans les alarmes?
As-tu ressenti mes tourments,
Et loin de moi, tes yeux charmants
Ont-ils répandu quelques larmes?
L'air triste, et les regards baissés,
Vas-tu, rêveuse et solitaire,
Sous ces tilleuls entrelacés
Dont l'ombre invite au doux mystère.
Ou dans ce bois dépositaire
De nos plaisirs trop tôt passés,
Loin d'une mère vigilante
Relire encore mes écrits,
Et sur la poussière inconstante
Tracer le nom que tu chéris?
O! de mon pénible esclavage
Quand pourrai-je à la fin sortir?
Quand verrai-je le doux rivage

Où dans la fleur du plus bel âge
J'ai reçu ton premier soupir?
Qu'il est cruel dans sa folie
L'amant de faveurs enivré,
Qui libre de passer sa vie
Aux pieds d'un objet adoré,
Trop épris de l'éclat frivole
Des biens, des honneurs et des rangs,
Court sous des lambris transparents
Où resplendit l'or du Pactole,
Du vulgaire encenser l'Idole
Et ramper à la cour des Grands !

ELEGIE IX

A L'AMOUR

Si j'ai su quelquefois dans mes vers séducteurs
Instruire à tes larcins la timide ignorance,
Si j'ai chanté la crainte, et la douce espérance,
Tes combats, tes plaisirs, et tes soins enchanteurs;
Si dans tes jours sacrés, aux autels de ta mère
J'ai porté, jeune encor, mon encens et mes vœux,
  Et couronné tes beaux cheveux
  De la guirlande qui t'est chère :
Amour, saisis ton arc, à tes pieds détendu,
Descends du mont Éryx, abandonne Cythère,
Viens, vole, je t'attends; va dire à ma Bergère
Que ce jour doit me rendre à son cœur éperdu!
  Tu pares même une infidèle
  Aux yeux d'un Amant irrité;
Amour, donne à ses traits une grâce nouvelle

A tous ses mouvements un air de volupté :
De ton haleine pure, ou du vent de ton aile
Rafraîchis cet éclat dont brille sa beauté.
D'un regard languissant, d'un séduisant caprice,
D'un refus enchanteur montre-lui le pouvoir ;
Dis ce qu'on peut donner, ce qu'il faut qu'on ravisse,
Ce que tu veux qu'on cache, ou qu'on laisse entrevoir :
D'une aimable rougeur que son front s'embellisse,
Et que je croie encor surmonter son devoir !

    Vois-tu la vigne tortueuse
Embrasser les ormeaux, et ramper autour d'eux ?
Que plus tendre, ce soir, ou plus voluptueuse
Catilie, à l'instant qui nous joindra tous deux,
M'enlace de ses bras, m'entoure de leurs nœuds,
Et de sa dent légère, en redoublant mes feux,
Imprime sur ma bouche une marque amoureuse.

ÉLÉGIE X

EUCHARIS

    Est-ce bien vous qui m'écrivez,
    Vous, qui seule avez fait ma peine :
Et dont mes tristes yeux de larmes abreuvés
N'ont pu longtemps fléchir ni désarmer la haine ?
    Dieux ! quels funestes souvenirs
Ces traits jadis si chers réveillent dans mon âme !
O douce illusion de ma première flamme !
O tendre emportement de mes premiers plaisirs !
    Et quelle est donc votre espérance ?
    Vous semblez revenir à moi :
Après quatre ans entiers d'erreurs et d'inconstance,

Vous qui m'avez trahi, vous réclamez ma foi !
 Il n'est plus temps : une autre a ma tendresse,
Et m'a fait oublier votre injuste rigueur.
Aussi belle que vous, incapable d'adresse,
Son modeste maintien, ses yeux pleins de douceur,
Son cœur simple et naïf, sa docile jeunesse,
Tout promet à mes feux un retour moins trompeur.
C'en est fait, Eucharis ; je ne peux plus vous suivre :
L'Amour ne renaît point ; il est mort entre nous.
Mais le nœud qui nous reste est encore assez doux ;
A l'amour qui n'est plus l'amitié doit survivre.
 L'amitié vous rendra toujours
 Présente et chère à ma mémoire ;
 Et quand de ces instants si courts
Remplis par mon bonheur, mais perdus pour ma gloire,
 La mort viendra trancher le cours ;
Quand mes plus chers amis environnant ma couche
Pour me cacher leurs pleurs détourneront leurs yeux,
Et retenant mon âme errante sur ma bouche
 Recevront mes derniers adieux :
Alors peut-être, alors la tendre Catilie
 En proie au plus cruel chagrin,
Ses longs cheveux épars, d'un froid mortel saisie,
Pour la dernière fois permettra sans envie
Que votre main tremblante aidant sa faible main
Soutienne sur son cœur ma tête appesantie.
Mes yeux prêts à la perdre, hélas ! et sans retour,
Chercheront pour la voir un reste de lumière ;
Et sa main que j'aimais, au doux éclat du jour,
Sa main seule, Eucharis, fermera ma paupière :
 Vous fûtes ma première Amour,
 Mais elle sera la dernière.

ÉLEGIE XI

A M. LE VICOMTE DE B. B.

Tandis qu'au séjour du tonnerre
Dressant ton vol audacieux,
Loin des limites de la terre
Tu chantes la paix et la guerre,
Assis à la table des Dieux ;
Moi, dans les bosquets d'Amathonte
Malgré moi ramené toujours,
Hélas ! à célébrer ma honte
Je perds les plus beaux de mes jours !
Souvent j'ai dit à ma Maîtresse :
« C'est trop languir dans la paresse,
» J'en rougis.... tiens, séparons-nous,
» Va-t'en ». Soudain l'enchanteresse
Vient se placer sur mes genoux,
Des deux mains à mon cou s'enlace,
Et me donne, en versant des pleurs,
Mille baisers pleins de douceurs,
De ma constance déjà lasse
Trop sûrs, trop aimables vainqueurs.
Je cède ; et reprenant ma lyre
Qu'elle court me chercher soudain,
Je chante son regard divin,
Son doux parler, son doux sourire,
Les jeux, les Amours et le vin.

ÉLÉGIE XII

SUR LE MARIAGE DE CATILIE

O jour affreux! ô fatal hyménée!
Pleurez, Vénus; pleurez, tendres Amours.
Celle que j'aime à l'autel entraînée,
Court en tremblant, victime couronnée,
Sous d'autres lois s'enchaîner pour toujours.
C'en est donc fait, ma chère Catilie?
Quand j'ai ton cœur, un autre aura ta foi!
Ce nouveau nœud romp le nœud qui nous lie:
C'en est donc fait, et tu n'es plus à moi.
Pour ton ami désormais étrangère,
Tes yeux si doux de rigueur vont s'armer;
En te parlant, du nom de ma Bergère
Je ne dois plus tendrement te nommer.
Il faut cesser de te voir à toute heure,
De te chercher, de te suivre en tous lieux;
Et séparés par cent murs odieux,
Jamais, hélas! dans la même demeure
Le doux sommeil ne fermera nos yeux.
Qu'est devenu ce temps, cet heureux âge
Où les mortels n'ayant reçu des cieux
Qu'un champ fertile, un corps laborieux,
Des fruits, des fleurs et des bois en partage,
Près d'une eau pure, exempts de tristes soins,
A peu de frais contentaient leurs besoins;
Et deux à deux sous des toits de feuillage
Goûtaient en paix de fortunés loisirs,
Pauvres d'argent, et riches de plaisirs?
Dans ces beaux jours, hélas! dignes d'envie,
Ta voix d'un père eût fléchi les rigueurs;

Amant comblé des plus douces faveurs,
A tes genoux j'aurais passé ma vie ;
Et la mort seule eût désuni nos cœurs
L'or aujourd'hui règne en Dieu sur la terre·
Il faut un char, de superbes atours :
L'or aux plaisirs a déclaré la guerre,
Et foule aux pieds les plus tendres amours.
L'or t'a livrée à l'objet de ta haine :
D'un riche époux tu vas suivre les lois ;
Et moi, réduit pour distraire ma peine
A la chanter d'une mourante voix,
Je traine, hélas ! ma fortune incertaine
Aux champs de Mars et dans la cour des Rois.
Oublions-nous quand le ciel nous sépare !
Le ciel lui-même a reçu tes serments :
Il punirait..... pardonne, je m'égare ;
Non, non, crois-moi, le ciel n'est point barbare,
Il permet tout aux malheureux Amants.
Il a voulu que l'Amante éplorée
Qu'un sort impie ou qu'une injuste loi
Force à donner sa main désespérée,
Et qu'à l'autel on traîne malgré soi,
Pût oublier impunément la foi
Que sa faiblesse ou sa crainte a jurée.
C'est moi, c'est moi qui d'un soin enchanteur
Dès ton aurore ai su remplir ton âme ;
Je suis l'objet de ta première flamme,
Dans l'art d'aimer ton premier précepteur.
Ton cœur sensible est mon heureux ouvrage ;
Tu m'appartiens : c'est moi seul qu'on outrage,
Et ton époux est un usurpateur.
Quoi ! je verrai son insolente ivresse !
Quoi ! j'ornerai son triomphe odieux !

Ah! s'il est vrai que ta vive tendresse
Me redemande aux pieds mêmes des Dieux ;
Si mon amour à ce point t'intéresse,
S'il t'est plus cher que la clarté des cieux.
Ne souffre point, ô ma belle maîtresse,
Que devant moi le barbare te presse
Contre son cœur et t'embrasse à mes yeux !
Je me connais : à mes yeux s'il t'embrasse,
S'il cueille un prix qui n'est dû qu'à ma foi,
Je me déclare ; entre sa bouche et toi
J'étends la main, je préviens ma disgrâce,
Et je lui dis : ces baisers sont à moi.
La nuit, hélas! de ses plaisirs coupables
Viendra trop tôt annoncer le moment ;
Que les faveurs, les caresses aimables,
Le jour entier, soient du moins pour l'Amant !
Regarde-moi ; que ces yeux que j'adore
Sur moi fixés expriment tes douleurs :
En se baissant qu'ils me cherchent encore,
Et quelquefois se remplissent de pleurs.
Si tu me joins au milieu de la danse,
Sois prompte alors à me serrer la main ;
Si tu me fuis, sans rompre la cadence,
Dis-moi tout bas : nous nous verrons demain.
Mais, ô douleur! ô contrainte funeste!
Quand sous un dais de guirlandes paré,
Nouvelle épouse, au banquet préparé
Tu marcheras d'un air triste et modeste ;
De tes côtés exilé sans pitié,
Je me croirai par ton cœur oublié.
Pour consoler ma jalouse tendresse,
Donne à ton front un secret démenti ;
Et que mon pied deux fois avec adresse

Soit par ton pied doucement averti.
Ah! près de toi, malgré la loi sévère
Je me tiendrai du moins pour te servir:
Des plus doux vins je remplirai ton verre,
C'est un bonheur qu'on ne peut me ravir.
Seul, après toi, que ton ami l'obtienne :
Dans ce cristal m'enivrant de plaisir,
Ma bouche avide aura soin de choisir
Les bords heureux qu'aura pressés la tienne.
Infortuné! que sert de te dicter
Des soins, hélas! tout à l'heure inutiles?
Avant minuit, il faudra nous quitter
Et regagner nos demeures tranquilles.
Avant minuit, un odieux époux
Au lit fatal entraînera tes charmes :
Moi, jusqu'au seuil où veille un Dieu jaloux
Je te suivrai, les yeux baignés de larmes;
Et j'entendrai, pour dernières alarmes,
Sur toi soudain se fermer les verroux.
Alors, alors tu deviendras sa proie ;
Il ravira cent baisers amoureux.
Que dis-je? hélas ! dans ces moments affreux,
Des baisers seuls combleront-ils sa joie?
Combats du moins dans ce pressant danger ;
Pleures, gémis, et détourne la bouche :
N'accorde rien, fuis au bord de ta couche
Et vends-lui cher un bonheur mensonger.
Ah! si le ciel, ce ciel qui m'abandonne
Entend mes vœux, il ne souffrira pas
Que l'inhumain profanant tant d'appas
Ait du plaisir... ou du moins qu'il t'en donne.
Mais quel que soit pour mon cœur éperdu
L'indigne arrêt du destin qui m'opprime,

Songe demain à me nier ton crime
Et soutiens-moi que je n'ai rien perdu.

ÉLÉGIE XIII

A CATILIE

Dans la contrainte et les alarmes
Je vois s'envoler nos beaux jours :
La douleur a flétri vos charmes,
Et mes yeux à verser des larmes
Semblent condamnés pour toujours.
O la plus belle des maîtresses,
Mon bonheur s'est évanoui :
Je perds vos touchantes caresses;
Hélas, et de ces biens dont j'ai trop peu joui
Il ne me reste que ma flamme,
Vos lettres, mes regrets, mes désirs superflus,
Et la triste douceur de nourrir dans mon âme
L'éternel souvenir d'un bonheur qui n'est plus.
Tout brûle autour de moi, tout aime;
Tout s'enivre de voluptés :
Deux à deux, vers le bien suprême
Je vois tous les cœurs emportés.
Sans crainte à la ville, au village,
On forme des liens charmants ;
Et l'univers n'est qu'un bocage
Peuplé de fortunés Amants.
L'Amour, d'une douce folie
Prend soin de remplir leurs moments;
Nous seuls, ma chère Catilie,
Nous seuls éprouvons ses tourments.

Sans témoins, une loi sévère
Me défend de vous approcher;
A l'œil d'un époux ou d'un père
Toujours soigneux de me cacher,
Depuis une semaine entière,
Je n'ai pu seulement toucher
La main et si douce et si chère,
Où sans exciter leur colère,
Du mortel le moins téméraire
La bouche a droit de s'attacher.
A table, aux jeux, on nous sépare;
Nos argus veillent en tous lieux :
Et recherchant d'un œil avare
Les pleurs qui roulent dans vos yeux,
Ils se font un plaisir barbare
De troubler jusqu'à nos adieux.
Mais ne craignez point, ô mon âme,
Que leur inflexible rigueur
Éteigne ou lasse mon ardeur!
Mes chagrins même et leur fureur
Vous rendent plus chère à ma flamme.
Ah ! si, malgré leurs soins jaloux,
Mon cœur se fait entendre au vôtre,
Mon sort est encore assez doux!
J'aime mieux souffrir avec vous,
Que d'être heureux avec une autre.

ÉLÉGIE XIV

A LA MÊME

Du fracas de la ville et des jeux du théâtre,
Lorsqu'aux champs tout mûrit, c'est assez t'occuper

Aux vœux d'une foule idolâtre,
Ta corbeille à la main, il est temps d'échapper.
    Déjà secouant sa crinière
Le lion enflammé s'élance dans les cieux ;
Et le soleil rapide au haut de sa carrière
    Nageant dans des flots de lumière
Retourne à l'Équateur d'un pas victorieux.
Déjà le cou penché, sans force et sans courage,
    Et le pasteur et les troupeaux
Des bois silencieux cherchent le doux ombrage,
Et le zéphir plus rare, et la fraîcheur des eaux.
    Viens, conduis sous mes toits rustiques
Ces demi-dieux enfants qui ne te quittent plus :
Je n'ai point à t'offrir de superbes portiques,
Ni de marbres vivants, ni ces lacs magnifiques
Qui creusent les jardins des nouveaux Lucullus.
Mais, ô touchant objet de ma dernière flamme,
(Car nulle autre après toi ne charmera mes yeux)
Je te promets des jours aussi purs que ton âme,
Et des bois à midi sombres, délicieux.
Je te promets, le soir, des grottes solitaires,
Un bain rafraîchissant dans des eaux salutaires,
Les fruits que tu chéris, un vin pur et vermeil,
Des essaims bourdonnants dans le creux des vieux chên
Et le concert flatteur de vingt sources prochaines
Dont le murmure invite aux douceurs du sommeil,
Là, cachés prudemment dans mon enclos fertile
Nous passerons en paix la saison des chaleurs ;
Là, mollement couchés sous un tremble mobile,
J'ornerai tes cheveux de guirlandes de fleurs :
Et de ce prix divin dont ta bouche est avare
Payant mes tendres soins, le cou penché sur moi
Sans craindre désormais que la nuit nous sépare,

Tu chanteras sur ta guitare
Nos plaisirs et les vers que j'aurai faits pour toi.

ÉLÉGIE XV

LA MÉRIDIENNE

A LA MÊME

Dieux ! que l'air est calme et pesant !
Dieux ! qu'il fait chaud ! sur quels rivages,
Sous quels favorables ombrages
Veux-tu reposer à présent ?
Le ciel se couvre de nuages,
Neptune agite son trident ;
J'ai vu briller à l'occident
L'éclair, précurseur des orages.
Viens, ce temps est fait pour l'amour :
Viens, ô ma tendre et douce Amie,
Au fond de mon humble séjour,
Sur la natte fraîche et polie
Du soir attendre le retour !
Fermons sur nous à double tour
La porte du verrou munie,
Et qu'une épaisse jalousie
Nous dérobe aux clartés du jour.
Eh ! quoi, ta pudeur alarmée
M'oppose encore un vêtement !
As-tu peur, ô ma bien Aimée,
D'être trop près de ton Amant ?
Lorsqu'il te presse, qu'il t'embrasse,
Peux-tu rougir de son bonheur ?
Ote ce lin qui m'embarrasse,

Ou des deux mains, sûr de ma grâce,
Je le déchire avec fureur.
De ton beau corps que j'idolâtre
Mes yeux parcourront tous les traits ;
De tes trésors les plus secrets
Mes baisers rougiront l'albâtre.
Couvre-toi de fleurs, si tu veux :
Que ce soit ta seule imposture !
Laisse une fois à l'aventure
Flotter tes superbes cheveux :
Et de cette conque azurée
Cuite dans Sèvre, et décorée
Avec un soin industrieux,
Parmi cent parfums précieux
Tirons ce nard délicieux
Dont l'odeur seule fait qu'on aime,
Qui prête un charme à Vénus même
Et l'annonce au banquet des Dieux.

ÉLÉGIE XVI

AUX MANES D'EUCHARIS

Depuis que tu n'es plus, depuis que je te pleure,
Le Soleil a fini, recommencé son tour :
   Je puis enfin vers ta demeure
Tourner mes tristes yeux lassés de voir le jour.
O toi, jadis l'objet du plus ardent amour,
Toi, que j'aimais encor d'une amitié si tendre,
   Eucharis, si tu peux m'entendre,
Des bords du fleuve affreux qu'on passe sans retour,

Reçois ces derniers vers que j'adresse a ta cendre !
Lorsque du sort, si jeune, éprouvant la rigueur,
Tu périssais, hélas ! d'un mal lent et funeste;
Moi-même, tu le sais, consumé de langueur,
Je voyais de mes jours s'évanouir le reste.
Tu mourus : à ce coup, j'en atteste les Dieux,
Je demandai la mort ; j'étais prêt à te suivre :
A mes plus chers amis j'avais fait mes adieux.
Catilie à l'instant vint s'offrir à mes yeux,
Me serra sur son cœur; et je promis de vivre.
  Trop heureux sous sa douce loi,
Elle-même aujourd'hui permet que je t'écrive
Tout ce qui te connut te regrette avec moi,
Et cherche à consoler ton ombre fugitive.
  Déjà, les yeux mouillés de pleurs,
Et brisant son beau luth qui résonnait encore,
  Le doux chantre d'Éléonore
Sur tes restes chéris a répandu des fleurs.
Il t'élève un tombeau; c'est assez pour ta gloire.
  Moi, plus timide, tout auprès
  Je choisis un jeune cyprès,
  Et là, je grave notre histoire.
A ce mot, Eucharis, ne va point t'alarmer.
Loin de moi tous ces noms dont un amant accable
  L'objet qu'il cesse de charmer !
  Le temps a dû me désarmer,
  Et ton cœur n'est point si coupable.
Pour un autre que moi s'il a pu s'enflammer,
  Sans doute il était plus aimable...
  Hélas ! savait-il mieux aimer ?
N'importe ! dors en paix, ombre toujours chérie ;
D'un reproche jaloux ne crains plus la rigueur.
  Ma haine s'est évanouie.

Tu fis, sept ans entiers, le bonheur de ma vie ;
C'est le seul souvenir qui reste dans mon cœur.

ÉLÉGIE XVII

LA VENDANGE

A CATILIE

Quels cris dans les airs retentissent !
Quels chants sur ces coteaux d'un ciel ardent brûlés !
    Déjà, le thyrse en main, s'unissent
    Les Faunes aux Sylvains mêlés :
    Les fougueux Égipans bondissent,
    Et sous leurs pas au loin gémissent
    La terre et les bois ébranlés.
Le front chargé des fruits d'une heureuse vendange,
La bouche teinte encor des raisins qu'il a bus,
Et penché sur son char, le dieu vainqueur du Gange
Du plus riche des mois nous verse les tributs.
Je naquis dans ce mois : voici le jour que j'aime ;
Daigne encor l'embellir, doux objet de mes vœux !
De pampres et de fleurs viens orner mes cheveux :
De pampres et de fleurs je t'ornerai moi-même.
    Que l'acier brille dans tes mains ;
    Qu'à ton bras pende une corbeille :
    Et comme on voit la diligente abeille
De leurs plus doux parfums dépouiller les jardins,
    En te jouant détache ces raisins.
De sillons en sillons, cours, poursuis ton ouvrage ;
Anime d'un souris ces pasteurs empressés,
    Qui dans la vigne dispersés
A peine de leurs fronts surmontent son feuillage.

On chante : dans l'osier tombent de toutes parts
Ces raisins abondants qu'un sombre azur colore,
Ceux dont l'émail pâlit, mais que le soleil dore ;
Et bientôt avec pompe étalés sur des chars,
D'un peuple avide au loin ils frappent les regards,
Encor tout rayonnants des larmes de l'aurore.
O soins délicieux ! ô fortunés travaux
Dont les fatigues même enchantent la paresse !
    Cependant du sein des hameaux
Il s'élève un long cri : la troupe avec vitesse
De leurs derniers présents dégarnit les rameaux :
Le vieillard en triomphe apporte sa richesse,
Tandis qu'un doux muscat retardant la jeunesse,
Pour un seul prix offert anime vingt rivaux.
Succédez à ces soins, repas simple et rustique !
Repas cent fois plus doux que les festins des Dieux !
Sur l'herbe assis en cercle autour d'un vase antique,
Sur ce mets odorant qui parfume les cieux
Chacun porte à la fois et la main et les yeux.
Le palais chatouillé, d'abord la soif s'allume ;
Soudain paraît un broc qui tout couvert d'écume,
Et rempli d'un vin doux dans la ferme apprêté,
Par les plus prompts buveurs est longtemps disputé.
Il circule : avec lui circulent la gaîté,
Les bons mots et l'erreur, l'audace et la folie.
Lucas cueille un baiser sur le sein d'Égérie
Qui toujours s'en offense et s'apaise toujours.
Mais sa rougeur lui reste et la rend plus jolie.
Ce baiser, ces combats, ma chère Catilie,
Le tumulte, les ris, les folâtres discours
D'un convive animé qui doucement s'oublie,
Tout protège, encourage, ou nous peint nos amours:
Tout prête à mon bonheur un charme qui l'augmente.

Heureux qui dans ce jour conduisant son amante,
Le plaisir dans les yeux, de cercle en cercle errant,
Lui porte un doux tribut dans l'argile fumante ;
Et d'un mets effleuré par sa lèvre charmante
Savoure, avec lenteur, le baume restaurant !
Mais déjà l'ombre croît : la feuille qui murmure
Annonce un vent plus frais, humide enfant du soir.
Réservant pour tes jeux la grappe la plus mûre,
Tout ton peuple à l'envi te demande au pressoir
Cède à ses cris joyeux et remplis son espoir.
  Rends un moment à la nature
Ces pieds si délicats que blesse leur chaussure ;
Monte : tout est tranquille et tout va s'émouvoir.
Le signal est donné : tous les yeux étincellent,
Tous les pieds vont pressant, tous les grains sont ouverts
De riches flots de pourpre au même instant ruissellent,
Et l'ambre le plus pur s'exhale dans les airs.
   Chantons, célébrons l'automne ;
   Enfants, répétez mes vers !
   J'entends déjà dans la tonne
   Le doux nectar qui bouillonne
   Et qui veut rompre ses fers.
   Enseveli sous le sable
   Et réservé pour la table
   Ce vin doit porter un jour
   Des bons mots à la jeunesse,
   Des erreurs à la sagesse,
   Des feux même à la vieillesse,
   Et des désirs à l'amour.

ÉLÉGIE XVIII

LE DÉPART

A LA MÊME

Non, jamais peut-être à mes yeux
Tu n'avais paru si charmante ;
Jamais de ta grâce piquante
Mon cœur ne fut plus amoureux :
Et cependant, ô ma Maîtresse,
Il faut m'exiler de tes bras !
Malgré l'excès de ma tendresse,
Et le pouvoir de tes appas,
Il faut quitter ce doux rivage,
Ce clair ruisseau, ce frais bocage
Cent fois témoins de notre ardeur ;
Il faut laisser tout mon bonheur
Et n'emporter que son image.
Sous de funestes étendards
Un devoir importun m'appelle :
Soldat poudreux, aux champs de Mars
Je cours, animé d'un beau zèle,
Dans l'art des Guesclins, des Bayards
Et des Bourbons et des Césars
Rejoindre et suivre mon modèle.
Oui, dans huit jours, sous d'autres cieux,
En proie aux tourments de l'absence,
Triste et pensif, à tous les dieux
Je demanderai ta présence.
Mais toi, de cent jeunes Amants
Hélas ! à toute heure entourée,
De vœux et d'encens enivrée,

Dis-moi, tiendras-tu tes serments ?
Ô peine ! ô mortelles alarmes !
O triste et rigoureuse loi !
Périssent la gloire et les armes
Qui font toujours couler tes larmes
Et qui me séparent de toi !

ÉLÉGIE XIX

LES JARDINS DU PETIT TRIANON

J'ai vu ce désert enchanté
  Dont le goût même a tracé la peinture ;
  J'ai vu ce jardin si vanté
Où l'art, en l'imitant, surpasse la nature.
  O Trianon, puissiez-vous des hivers
Ne ressentir jamais les glaces rigoureuses !
Aimable Trianon, que de transports divers
  Vous inspirez aux âmes amoureuses !
J'ai cru voir, en entrant sous vos ombrages verts,
  Le séjour des ombres heureuses.
Quel magique pouvoir, de sites gracieux
A décoré soudain ces fertiles campagnes ;
Et dans un cadre étroit, pour le plaisir des yeux,
A creusé des vallons, élevé des montagnes,
Et fait naître un palais de leur front sourcilleux ?
  Disparaissez, fabuleuses retraites
  D'Alcinoüs et de Sémiramis,
  Prodiges nés du cerveau des Poètes,
Et dans leurs vers menteurs jusques à nous transmis !
  Disparaissez, monuments du génie,
Parcs, jardins immortels que Le Nôtre a plantés !

De vos dehors pompeux l'exacte symétrie
Étonne vainement mes regards attristés.
  J'aime bien mieux ce désordre bizarre
Et la variété de ces riches tableaux
Que disperse l'Anglais d'une main moins avare
Du haut du belvéder mon œil au loin s'égare.
Et découvre les bois, la verdure et les flots.
Là, parmi des rochers d'inégale structure
Que Neptune a produits d'un coup de son trident,
Un torrent écumeux tombe et roule en grondant,
Et forme aux pieds des monts un lac en miniature.
Ce lac, ces monts sacrés sont au Dieu de Délos.
Voici le frais Hémus, et le riant Ménale ;
De ce nouveau Tempé le tortueux dédale
Sert d'asile à l'enfant qui règne dans Paphos.
    O vous qui craignez son empire,
Fuyez, fuyez ; l'Amour anime ces beaux lieux :
    Dans ce vallon délicieux
    C'est lui qu'avec l'air on respire.
De ces sentiers étroits la douce obscurité,
Ces trônes de gazon, cet antre solitaire,
Ces bosquets odorants qu'habite le mystère,
Tout parle de l'Amour, tout peint la volupté.
    Sous des lilas dont la tige penchée
    Du midi même amortit les chaleurs,
    Du haut des monts une source cachée
    Tombe en cascade, et fuit parmi les fleurs.
J'approche : quels objets ! l'herbe à demi couchée
Des débris d'un bouquet était encor jonchée ;
Et deux chiffres, plus loin, sur le sable enlacés,
Par le souffle des vents n'étaient point effacés.
A cet aspect soudain, au murmure de l'onde
Qui seul de ces déserts trouble la paix profonde,

      Je me sentis tout d'un coup pénétré
         D'une douce mélancolie ;
         Le souvenir de Catilie
Vint resserrer mon cœur de plaisirs enivré.
    Ah ! que ne puis-je, ô ma jeune Maîtresse,
Parcourir avec toi ce fortuné séjour,
Et dans ces bois touffus, au gré de ma tendresse,
T'égarer doucement sur le soir d'un beau jour !
Dans les bois, dans les airs, sur le bord du rivage,
Les oiseaux, deux à deux, se baisent devant moi :
Seul, ici, je languis dans un triste veuvage.
Faut-il sans toi fouler cette mousse sauvage ?
Dans ces détours secrets faut-il errer sans toi ?
      Vois ce ruisseau qui dans sa pente
Mollement entraîné murmure à petit bruit,
Se tait, murmure encor, se replie et serpente,
Va, revient, disparaît, plus loin brille et s'enfuit ;
      Et se jouant dans la prairie
      Parmi le Trèfle et les roseaux,
Sépare à chaque instant ces bouquets d'arbrisseaux
Qu'un pont officieux à chaque instant marie.
Quel art a rassemblé tous ces hôtes divers,
Nourrissons transplantés des bouts de l'univers ?
      La Persicaire rembrunie
      En grappes suspendant ses fleurs,
      Le Tulipier de Virginie
Étalant dans les airs les plus riches couleurs ;
Le Catappas de l'Inde, orgueilleux de son ombre,
L'Érable précieux, et le Mélèze sombre
      Qui nourrit les tendres douleurs ?
De cent buissons fleuris, chaque route bordée,
Conduit obliquement à des bosquets nouveaux :
L'écorce où pend la cire, et l'arbre de Judée,

Le Cèdre même y croît au milieu des ormeaux ;
Le Cytise fragile y boit une onde pure,
Et le Chêne étranger sur des lits de verdure
Ploie en dais arrondi ses flexibles rameaux.
O champs aimés de Flore, ô douce promenade,
Que vous flattez mon cœur, mon esprit et mes yeux !
O champs aimés de Flore, ô douce promenade,
Oui, vous êtes l'asile et l'ouvrage des Dieux !
 Mais à travers ces bois religieux
  Quelle élégante colonnade
En marbre blanchissant s'élève dans les cieux ?
C'est le temple d'Amour : c'est l'enceinte sacrée
Que réserve à son fils la Reine de ces lieux.
Deux Saules chevelus en défendent l'entrée
  A tout mortel audacieux.
De l'enfant sur l'autel respire la statue.
C'est lui-même ; on le voit foulant un bouclier
Et le casque d'Alcide et la lance rompue,
Courber en arc poli sa noueuse massue,
Et d'un souris malin déjà nous défier.
  A l'approche du sanctuaire,
  Saisi d'un tremblement heureux,
Trois fois du marbre saint j'ai baisé la poussière,
Et fait fumer trois fois un encens précieux :
  Puis couronnant ses beaux cheveux
  D'un feston de myrte et de lierre,
Aux pieds du Dieu charmant j'ai déposé mes vœux,
  Et fait tout bas cette prière :
 « Amour, Amour, éternise mes feux,
 » Conserve-moi le cœur de Catilie :
 » Fais qu'elle soit toujours belle à mes yeux.
 » Et que je meure avant que je l'oublie » !

ELÉGIE XX

ADIEUX A UNE TERRE
QU'ON ÉTAIT SUR LE POINT DE VENDRE

L'aimable et doux printemps ouvre aujourd'hui les cie
O mes champs, avec vous je veux encor renaître !
Champs toujours plus aimés, jardins délicieux,
Vénérables ormeaux qu'ont plantés mes aïeux,
Pour la dernière fois recevez votre maître.
Prodiguez-moi vos fruits, vos parfums et vos fleurs ;
Cachez-moi tout entier dans votre enceinte sombre :
O bois hospitaliers, mes rêveuses douleurs
N'ont pas longtemps, hélas ! à jouir de votre ombre.
Témoins de mes plaisirs dans des temps plus heureux,
Vous passerez bientôt en des mains étrangères :
Beaux lieux, il faut vous perdre ; un destin rigoureux
Me condamne à céder des retraites si chères.
Que sert d'avoir vingt fois, dans mes travaux constants,
Le fer en main, conduit une vigne indocile,
Retourné mes guérets, et d'un rameau fertile
Enrichi ces pommiers, la gloire du printemps ?
Un autre, en se jouant, de leur branche pendante
Détachera ces fruits qu'attendaient mes paniers,
De ces riches moissons remplira ses greniers,
Et rougira ses pieds d'une grappe abondante.
Je ne vous verrai plus, ô rivages fleuris,
Source pure, antres frais, lieux pour moi pleins de charm(
Je ne vous verrai plus, mes pénates chéris,
Vous qui me consoliez du fracas de Paris,
Du service des Cours, du tumulte des armes !
Oui, dès demain, peut-être avant la fin du jour,
Il le faudra quitter ce fortuné séjour,

En retournant vers vous des yeux mouillés de larmes.
D'un pied profane et dur, un ingrat successeur,
Foulera ces gazons, lits chers à ma tendresse ;
Et mutilant l'écorce où croissait mon ardeur
Effacera ces noms qu'un soir, ô ma Maîtresse,
Les sens encor troublés de plaisir et d'ivresse,
Tu m'aidas à graver de ta tremblante main.
Qui sait même, qui sait si le fer inhumain
Retentissant au loin dans la forêt profonde,
N'abattra point ces pins, ces ormes vieillissants,
Ces chênes, dont nos pieds outragent les présents,
Immortels bienfaiteurs de l'enfance du monde ?
Crédule, j'espérais sous leur abri sacré
Qu'un jour, las des erreurs dont je fus enivré,
Tout entier à l'objet dont mon âme est ravie,
Tranquille, à ses genoux j'achèverais ma vie,
Riche de ses attraits, fier de ses seuls regards,
Tantôt comblé des soins de sa main caressante,
Tantôt prêtant l'oreille à sa voix séduisante,
Et cultivant l'amour, la nature et les arts.
La fortune a détruit ma plus chère espérance.
A mes Dieux protecteurs il me faut recourir ;
Je n'ai plus, désormais étranger dans la France,
De retraite où chanter, ni d'asile où mourir.
O tristesse ! ô regrets ! ô jours de mon enfance !
Hélas ! un sort plus doux m'était alors promis.
Né dans ces beaux climats et sous les cieux amis
Qu'au sein des mers de l'Inde embrasse le tropique,
Élevé dans l'orgueil du luxe asiatique,
La pourpre, le satin, ces cotons précieux
Que lave aux bords du Gange un peuple industrieux,
Cet émail si brillant que la Chine colore,
Ces tapis dont la Perse est plus jalouse encore

Sous mes pieds étendus, insultés dans mes jeux,
De leur richesse à peine avaient frappé mes yeux.
Je croissais, jeune roi de ces rives fécondes ;
Le roseau savoureux, fragile amant des ondes,
Le manguier parfumé, le dattier nourrissant,
L'arbre heureux où mûrit le café rougissant,
Des cocotiers enfin la race antique et fière
Montrant au-dessus d'eux sa tête tout entière,
Comme autant de sujets attentifs à mes goûts,
Me portaient à l'envi les tributs les plus doux.
Pour moi, d'épais troupeaux blanchissaient les campagnes
Mille chevreaux erraient suspendus aux montagnes :
Et l'Océan au loin se perdant sous les cieux
Semblait offrir encor, pour amuser mes yeux,
Dans leur cours différent cent barques passagères
Qu'emportaient ou la rame ou les voiles légères.
Que fallait-il de plus ? Dociles à ma voix
Cent esclaves choisis entouraient ma jeunesse ;
Et mon père, éprouvé par trente ans de sagesse,
Au Créole orgueilleux dictant de justes lois,
Chargé de maintenir l'autorité des Rois,
Semblait dans ces beaux lieux égaler leur richesse.
Tout s'est évanoui. Trésors, gloire, splendeur,
Tout a fui, tel qu'un songe à l'aspect de l'aurore,
Ou qu'un brouillard léger qui dans l'air s'évapore.
A cet éclat d'un jour succède un long malheur.
Mais les Dieux attendris, pour charmer ma douleur,
Ont daigné me laisser le cœur de Catilie.
Ah ! je sens à ce nom qu'il existe un bonheur.
Ce nom seul de ma peine adoucit la rigueur,
Il répare mes maux, il m'attache à la vie :
Je suis aimé ; mon sort est trop digne d'envie,
Et la paix doit rentrer dans mon cœur éperdu.

Cessez, tristes regrets ; cessez, plainte importune !
Revivez, luth heureux trop longtemps suspendu !
J'ai vu périr mes biens, mes honneurs, ma fortune ;
Mais son amour me reste, et je n'ai rien perdu.

ÉLÉGIE XXI

   Mes pleurs ne coulaient plus ; mes yeux
   Étaient enfin las d'en répandre :
   Je n'ai fait que nommer les Dieux,
   Et soudain je les vis des cieux
   Sans cortège à ma voix descendre.
   C'est trop, ont-ils dit, l'éprouver.
Eh ! qui du sort injuste a plus senti l'outrage ?
   Empressons-nous de relever
   Ce roseau courbé par l'orage.
   Pour prix de ses tendres chansons,
   Rendons-lui ses grottes chéries,
   Son lac, ses riantes prairies,
   Ses bois, ses vignes, ses moissons.
   Ah ! qu'il aime, qu'il aime encore,
Puisque ce sentiment est l'âme de ses jours ;
   Et qu'il chante encor ses amours
   Aux lieux qui les virent éclore.

ÉLÉGIE XXII

ÉLOGE DE LA CAMPAGNE

A CATILIE

Laissons, ô mon aimable Amie,
L'habitant des cités, en proie à ses désirs,

S'agiter tristement et tourmenter sa vie,
Pour se faire à grands frais d'insipides plaisirs.
Les champs du vrai bonheur sont le riant asile ;
L'œil y voit sans regrets naître et mourir le jour
Leur silence convient à la vertu tranquille,
Au noble esprit qui pense, et surtout à l'amour.
   Dis-moi, quand sous l'épais ombrage
Tous deux assis, mon bras autour de toi passé,
Nous entendons du ciel soudain fondre un nuage
Et la pluie à grand bruit inonder le feuillage
Qui garantit ton front vainement menacé ;
Quand sous un antre frais que tapisse le lierre
D'un soleil accablant évitant la chaleur,
Faible, les yeux remplis d'une tendre langueur,
Sans vouloir sommeiller tu fermes ta paupière
Et viens nonchalamment reposer sur mon cœur :
Conçois-tu des moments plus heureux pour ma flamme,
   Et de plus douces voluptés ?
   Regretterons-nous, ô mon âme,
Le fracas, l'air impur et l'ennui des cités ?
Soit qu'errant le matin dans ce verger fertile
Dont les arbres touffus embarrassent tes pas,
J'élève sur ta tête une branche indocile
Ou qu'en la ramenant, à tes doigts délicats
J'offre, esclave attentif, un prix doux et facile :
Soit que, le jour tombant, à nos travaux chéris
   La cornemuse nous rappelle ;
Que dispersant les grains que ta robe recèle,
Ta voix se fasse entendre aux oiseaux de Cypris ;
Ou que sur l'herbe enfin, plus touchante et plus belle,
Rangeant autour de toi tes sujets favoris,
Un lait pur à grands flots entre tes doigts ruisselle.
Heureux qui peut dormir à l'ombre des forêts,

Et sentir près de soi l'objet de sa tendresse !
Heureux qui, vers midi, par des détours secrets,
Peut sur le bord des eaux égarer sa Maîtresse !
Si le ruisseau roulant sur un lit de gravier,
Présente à son amour au milieu du bocage
Un endroit où le frêne et le souple alisier
Se plaisent à mêler leur fraternel ombrage,
  Quels vœux peut-il encor former ?
  Qu'il regarde ; il est seul au monde.
Tout l'invite à jouir ; tout le presse d'aimer ;
Le silence des bois, le murmure de l'onde,
La fraîcheur des gazons qui couronnent ses bords :
Et le seul rossignol témoin de ses transports
Par ses chants redoublés lui-même les seconde.
O dieux ! ô donnez-moi souvent un tel bonheur,
Et portez, j'y consens, des trésors à l'avare,
A l'esclave des Cours une longue faveur,
Aux cœurs ambitieux le Sceptre ou la Tiare !
Mais quels éclats joyeux ! quel tumulte au hameau !
J'entends déjà crier le violon champêtre :
Le vin coule ; on se mêle, on danse sous l'ormeau :
Les travaux ont cessé ; tous les jeux vont renaître.
Vois-tu dans ces prés verts que la faux a tondu,
  En pyramides jaunissantes,
S'élever jusqu'aux cieux ces herbes odorantes,
Et ces foins au soleil par trois fois étendus ?
Vois-tu, sous la richesse à leur zèle promise
  Mes taureaux contents de plier,
Vers la grange apporter d'une tête soumise
Ces dons qu'un bras soigneux en faisceaux doit lier ?
Tout le char disparaît sous la moisson traînante,
Et suivant à pas lents des sentiers mal tracés,
  Laisse dans sa marche tremblante

De sa dépouille au loin les arbres hérissés.
  Viens, descendons dans la prairie;
Ces meulons orgueilleux sont dressés pour l'amour,
L'ombre croît; hâtons-nous : donnons à la folie,
Aux plaisirs innocents ce reste d'un beau jour.
Qu'il est doux de gravir ces montagnes mobiles,
De forcer dans nos jeux leurs flancs à s'écrouler,
Et vainqueurs, arrivés aux sommets difficiles,
Sur la verdure au loin de se laisser rouler!
Doux jeux, plaisirs touchants, délicieuse ivresse,
Et vous, Grâces, Amours, charme de l'univers,
Tandis qu'il en est temps, entourez-moi sans cesse,
Embellissez mes jours, dictez mes derniers vers.
La douce illusion ne sied qu'à la jeunesse;
  Et déjà l'austère sagesse
Vient tout bas m'avertir que j'ai vu trente hivers.

ÉLÉGIE XXIII

ET DERNIÈRE

  C'est assez d'une faible lyre
  Tirer de timides accords,
  C'est assez du Dieu qui m'inspire
Dans de frivoles jeux dissiper les trésors.
  Rentrez sous vos riants ombrages,
Doux enfants de la paix, voluptueux Amours :
Cachez-vous; la Discorde a troublé nos rivages,
Le soldat jusqu'aux cieux pousse des cris sauvages,
  Et j'entends battre les tambours.
Quel demi-Dieu, chéri des Filles de Mémoire,
Arraché tout sanglant aux assauts meurtriers,

S'avance au bruit pompeux des instruments guerriers?
C'est Achille, ou d'Estaing qui courbé sous sa gloire
Descend à pas tardifs de son char de victoire,
Et pare un jeune Roi de ses doubles lauriers!
Levons-nous, il est temps : qu'on apporte mes armes;
D'un large bouclier chargez mon faible bras!
Oui, j'abjure, ô Vénus, tes honteuses alarmes ;
Amour, perfide Amour, je renonce à tes charmes.
C'en est fait; l'honneur parle et je vole aux combats.

FIN DES AMOURS

LE TEMPLE DE GNIDE

POÈME EN QUATRE CHANTS

PAR LÉONARD

(1772)

AUX MANES

DU MARQUIS

DE CHAUVELIN

Toi qui des ombres fortunées
Habites les bois toujours verts!
Je t'ai vu sourire à ces vers
Tracés dans mes jeunes années.
C'est en vain qu'en l'honneur du dieu
Qui m'apprit à trouver la rime,
Sur mon ouvrage, en plus d'un lieu,
Je viens de repasser la lime ;
Ses défauts resteront toujours.
Montesquieu peignit une belle
Simple, naïve, sans atours :
J'ornai sa beauté naturelle ;
J'en demande grâce aux Amours.
Quand je rimais par fantaisie
Cet écrit d'un heureux génie,
Tu sais qu'à charmer mon loisir
Je bornai ma lyre timide,
Et qu'un simple habitant de Gnide
D'une gloire souvent perfide
N'a jamais connu le désir.

Ma muse n'est qu'une mortelle,
Et n'attend rien de l'avenir;
Mais je revois avec plaisir
Sa poétique bagatelle,
Comme on voit un lieu qui rappelle
Un agréable souvenir.
O Gnide! ô campagnes si chères!
Bois consacrés aux doux mystères!
Que j'aimais vos jeunes bergères
Dont l'innocence est le trésor,
Et ces jeux, ces danses légères,
Ces cœurs purs, ces amours sincères,
Ces mœurs dignes de l'âge d'or!
Tous ces biens sont imaginaires;
Mais j'ai joui de leurs chimères,
Et j'en voudrais jouir encor.

LE TEMPLE DE GNIDE

CHANT PREMIER

Vénus à Gnide aime à fixer sa cour ;
Elle n'a point de plus riant séjour :
Jamais son char ne quitte l'Empyrée
Sans aborder à ce rivage heureux.
Fiers de la voir se confondre avec eux,
Les Gnidiens, à sa vue adorée,
N'éprouvent plus cette frayeur sacrée
Que fait sentir la présence des dieux :
Si d'un nuage elle marche entourée,
On reconnaît l'aimable Cythérée
Au seul parfum qu'exhalent ses cheveux.
   Gnide s'élève au sein d'une contrée
Où la nature a versé ses bienfaits :
Le doux printemps l'embellit à jamais.
Une chaleur égale et tempérée
Y fait tout naître, et prévient nos souhaits.
Vous n'entendez que le bruit des fontaines
Et le concert des oiseaux amoureux :

Les bois émus semblent harmonieux :
Mille troupeaux bondissent dans les plaines :
L'esprit des fleurs, par les vents emporté,
De toutes parts embaume leurs haleines;
L'air s'y respire avec la volupté.
Près de la ville, habite l'immortelle :
Vulcain bâtit son palais somptueux,
Pour réparer l'affront qu'à l'infidèle
Il fit jadis, en présence des dieux.

Il n'appartient qu'aux Grâces de décrire
Tous les attraits de ces lieux enchantés ;
L'or, les rubis, l'agate et le porphyre
En font le luxe, et non pas les beautés.

Dans les vergers, partout on voit éclore
Les dons brillants de Pomone et de Flore;
Sur les rameaux la fleur succède au fruit ;
Le bouton sort du bouquet qui s'effeuille;
Le fruit renaît sous la main qui le cueille :
Les Gnidiens que Vénus y conduit
Foulent en vain l'émail de la verdure.
Par un pouvoir, rival de la nature,
Le frais gazon soudain se reproduit.

Vénus permet à ses nymphes légères
De se mêler aux danses des bergères :
Là, quelquefois assise à leur côté,
Se dépouillant de sa grandeur suprême,
Elle contemple et partage elle-même
De ces cœurs purs l'innocente gaîté.
On voit de loin une vaste campagne
Qui fait briller les plus vives couleurs :

Le jeune amant y mène sa compagne.
Fait-elle choix de la moindre des fleurs?
Pour son berger c'est toujours la plus belle :
Il croit que Flore exprès la fit pour elle.

L'eau du Céphée y fait mille détours :
Elle y retient les belles fugitives :
Il faut payer, quand on est sur ses rives,
Le doux baiser qu'on promit aux amours.
　Au seul abord de quelque nymphe agile,
Le fleuve épris est fixé dans son cours :
Le flot qui fuit trouve un flot immobile.
Se baigne-t-elle? amant de sa beauté,
Il l'environne, il lui forme une chaîne ;
Vous le voyez, bouillant de volupté,
Qui se soulève, et l'embrasse, et l'entraîne :
La nymphe tremble, et pour la rassurer
Il la soutient sur sa liquide plaine,
Avec orgueil lentement la promène;
Et vous diriez, près de s'en séparer,
Qu'en sons plaintifs il exhale sa peine.

Dans la campagne, un bois de myrte frais
Offre aux amants l'abri de son feuillage :
L'amour forma ces asiles discrets
Pour égarer le couple qu'il engage,
Toujours guidé vers des lieux plus secrets,
Toujours couvert d'un plus épais ombrage.

Non loin de là, des chênes sourcilleux,
De noirs sapins dont la voûte touffue
S'entr'ouvre à peine à la clarté des cieux,
Percent la terre, et cachent dans la nue

Leur vieux sommet qui se dérobe aux yeux
D'un saint effroi l'âme y ressent l'atteinte ;
Des immortels on croit voir le séjour :
Ils ont sans doute habité cette enceinte,
Quand l'homme encor n'avait point vu le jour.

Hors de ces bois, et sur une colline,
S'élève un temple à Vénus consacré..
Il fut bâti par une main divine ;
L'art l'enrichit, les Grâces l'ont paré.

Bel Adonis ! Vénus, dans ce lieu même,
A ton aspect brûla d'un nouveau feu.
Peuples, dit-elle, adorez ce que j'aime !
Dans mon empire il n'est plus d'autre dieu.

Vénus encor, lorsque deux immortelles
De la beauté lui disputaient le prix,
Y consulta ses compagnes fidèles.
Comment s'offrir aux regards de Pâris ?
Déjà sur elle on répand l'ambroisie ;
Elle a caché sous l'or de ses cheveux
Cette ceinture où folâtrent les jeux ;
Son char l'emporte, elle arrive en Phrygie.
L'heureux berger balançait dans son choix ;
Mais il la voit, soudain son cœur la nomme :
Il veut parler, rougit, reste sans voix,
Et de ses mains laisse échapper la pomme.

Jeune Psyché ! l'Amour, sous ces lambris,
Par tes regards fut lui-même surpris.
Quoi ! disait-il, est-ce ainsi que je blesse ?
Mes traits, mon arc, tout pèse à ma faiblesse !

Et dans l'ardeur de ses premiers soupirs,
Il s'écriait au sein de sa maîtresse :
Ah! c'est à moi de donner les plaisirs!

Ce temple auguste excite, dès l'entrée,
Un doux transport qui remplit tous les sens :
On est saisi de ces ravissements
Que les dieux seuls goûtent dans l'Empyrée.
Là, le génie enflammant ses pinceaux,
Créa partout des peintures vivantes :
On voit Vénus quittant le sein des eaux,
Les dieux ravis de ses grâces naissantes,
Son embarras né de sa nudité,
Et sa pudeur, la première beauté.

On y voit Mars fier et même terrible .
Du haut d'un char, dans sa course invincible,
Le dieu s'élance au milieu des combats;
Dans son œil noir un feu guerrier s'allume ;
La Renommée a volé sur ses pas,
Et ses chevaux poudreux, couverts d'écume,
Ont devancé la Peur et le Trépas.
Plus loin, couché sur un lit de verdure,
A Cythérée il sourit mollement :
Ce n'est plus Mars ; on cherche vainement
Son front altier qu'adoucit la peinture;
Avec des fleurs l'amour les a liés :
Le couple amant se regarde, soupire,
Et ne voit point, dans cet heureux délire,
L'enfant malin qui badine à ses pieds.

Des lieux secrets offrent une autre scène :
Vous y voyez les noces de Vulcain.

L'Olympe assiste à ce bizarre hymen ;
Du dieu rêveur vous remarquez la gêne :
Vénus, par grâce, abandonne une main
Qui semble fuir de la main qui l'entraîne :
Sur cet époux son regard porte à peine,
Et vers l'Amour se détourne soudain.

On voit Junon, dans une autre peinture,
De leur hymen former les tristes nœuds.
La coupe en main, Vénus devant les dieux
Donne sa foi ; le ciel rit du parjure ;
Vulcain l'écoute avec un front joyeux.

Au lit d'hymen l'époux veut la conduire :
Elle résiste ; et si l'œil qui l'admire
Se méprenait à l'éclat de ses traits,
On croirait voir la fille de Cérès
Que va ravir le dieu du sombre empire.

Il la saisit ; les dieux suivent leurs pas :
Vénus en pleurs s'agite dans ses bras ;
Sa robe tombe ; elle est à demi nue :
De sa pudeur il sauve l'embarras,
Plus attentif à couvrir tant d'appas,
Qu'impatient de jouir de leur vue.

Au fond du temple il paraît sans témoin ;
L'épouse touche au fatal sacrifice :
Dans ses rideaux il l'enferme avec soin :
Chaque déesse en rit avec malice.
On voit les dieux qui vont gémir au loin ;
Mais ce moment pour Mars est un supplice.

Vénus créa, dans ce temple enchanté,
Des jeux sacrés, et le culte qu'elle aime :

Toujours présente, elle en est elle-même
Et le pontife et la divinité.

   De toutes parts on lui rend, dans les villes,
Un culte impur qui blesse la pudeur :
Il est un temple où des beautés faciles
Vont s'enrichir des fruits du déshonneur :
Il est un temple où l'épouse adultère
A son amant s'abandonne une fois,
Et va jeter au fond du sanctuaire
L'or criminel dont il paya son choix.
Ailleurs encore, on voit des courtisanes
A ses autels porter leurs dons profanes,
Plus honorés que ceux de la vertu ;
On voit enfin, sous l'habit de prêtresse,
Des hommes vils, offrir à la déesse
Le vain regret de leur sexe perdu.

   Les Gnidiens rendent à l'immortelle
Des honneurs purs, qu'elle change en plaisirs.
Pour sacrifice, on offre des soupirs,
Et pour hommage, un cœur tendre et fidèle.
Partout, à Gnide, on adore une belle ;
Comme Vénus elle est fille des cieux :
A son amante on adresse des vœux,
Et c'est Vénus qui les reçoit pour elle.

D'heureux amants, remplis de leur ardeur,
Vont embrasser l'autel de la Constance ;
Ceux qu'une ingrate accable de rigueur
Y vont chercher la flatteuse Espérance.
Loin les cœurs froids qui n'ont jamais aimé !
Le sanctuaire à leurs vœux est fermé.
Ces malheureux conjurent l'immortelle
De leur ouvrir la source des plaisirs,

De les sauver de cette paix cruelle
Que laisse en eux l'absence des désirs.

Vénus inspire aux bergères de Gnide
La modestie et sa grâce timide,
Qui, sous le voile, ajoute à la beauté ;
Mais leur front pur, où la candeur réside,
Ne rougit point d'un aveu mérité.

Dans ces beaux lieux, le cœur fixe lui-même
L'instant charmant de se rendre à ses feux :
Il est si doux de céder quand on aime!
Mais, sans aimer... est-ce faire un heureux ?
 L'Amour choisit les traits dont il nous blesse.
Les uns, trempés dans les eaux du Léthé,
Sont pour l'amant qui fuit une maîtresse :
Armés de feux, d'autres volent sans cesse
Sur deux cœurs neufs et pleins de volupté
Il a laissé ces traits faits pour la guerre,
Qui déchiraient Ariane et sa sœur,
Et dont ses bras s'armaient dans sa fureur
Comme le ciel s'arme de son tonnerre.
 Quand l'art d'aimer est donné par l'Amour,
Vénus y joint l'art séduisant de plaire.
A son autel les filles, chaque jour,
Vont adresser leur naïve prière.
L'une disait, avec un doux souris :
Reine des cœurs ! renferme dans mon âme,
Pour quelque temps, le secret de ma flamme,
Et mes aveux en auront plus de prix.
L'autre disait : Divinité suprême!
Tu sais qu'Hylas ne m'intéresse plus :
Ne me rends point les feux que j'ai perdus ;

Fais seulement, fais que Myrtile m'aime.
Aucun plaisir ne saurait me charmer,
Disait une autre; en secret je soupire :
J'aime peut-être !... Ah ! si je puis aimer,
Le jeune Atys a pu seul me séduire.

A Gnide, alors, il était deux enfants
Simples, naïfs, d'une candeur si pure,
Qu'ils paraissaient, après quinze printemps,
Sortir encor des mains de la nature.
Se regarder, se serrer dans leurs bras
Satisfaisait leur paisible innocence :
Heureux par elle, ils ne soupçonnaient pas
Qu'il fût au monde une autre jouissance !
Mais une abeille, aux lèvres du berger
Fit une plaie; et pour le soulager,
Philis pressa, de sa bouche vermeille,
L'endroit blessé par le dard de l'abeille.
Qu'arrive-t-il? Un tourment plus fâcheux,
Depuis ce jour, les a surpris tous deux :
Daphnis s'émeut dès que Philis le touche;
Il ne fait plus que songer au baiser :
Toute la nuit, soupirant sur sa couche,
Il se désole et ne peut reposer.
Daphnis enfin consulta la déesse,
Pour obtenir un remède à ses feux :
Vénus lui dit le moyen d'être heureux,
Et le berger l'apprit à sa maîtresse.

Dans les beaux jours, une aimable jeunesse.
Près de Vénus va réciter des vers;
Et ces amants, dans leurs tendres concerts,
Chantent sa gloire en chantant leur faiblesse.

Dirai-je, amis, tout ce qui m'a charmé?
J'étais à Gnide au printemps de mon âge;
J'y vis Thémire, aussitôt je l'aimai ;
Je la revis, et l'aimai davantage.
Je suis à Gnide, et j'y passe mes jours,
Le luth en main, soupirant mes amours.
Thémire et moi, guidés du même zèle,
Nous entrerons dans le temple, et jamais
On n'y verra de couple aussi fidèle;
Et nous irons visiter le palais,
Et je croirai que Thémire est chez elle;
Et je veux joindre aux roses de son sein
Quelques bouquets cueillis au champ voisin;
Et si je puis l'égarer au bocage,
Dont les détours trompent l'œil incertain....
Mais, paix ! l'Amour, maître de mon destin,
Me punirait d'en dire davantage.

CHANT SECOND

A Gnide il est un antre aux nymphes consacré ;
L'amant sur ses destins en revient éclairé ;
On n'y voit point trembler la terre mugissante,
Sur le front pâlissant se dresser les cheveux,
Et sur le trépied d'or la prêtresse écumante
S'agiter en fureur à la voix de ses dieux.
Vénus prête aux humains une oreille indulgente,
Sans tromper de leurs cœurs les soupçons ou les vœux.

Une fille de Crète aborda l'immortelle :
Des flots d'adorateurs s'empressaient autour d'elle :
A l'oreille de l'un elle parlait tout bas ;
Elle accordait à l'autre un souris plein de charmes
Sur un troisième encore elle appuyait son bras.
O ciel ! que dans la foule elle causa d'alarmes !
Combien elle était belle et parée avec art !
Sa voix était perfide, ainsi que son regard :
D'une divinité la démarche est moins fière....
Mais Vénus lui cria : Sors de mon sanctuaire ;
Oses-tu bien porter ton manége imposteur
Jusqu'aux lieux où l'amour règne avec la candeur ?
Je veux qu'à ta beauté ce même orgueil survive.
Je te laisse ton cœur et détruis tes appas ;

Les hommes te fuiront comme une ombre plaintive;
Et le mépris vengeur, attaché sur tes pas,
Poursuivra, chez les morts, ton âme fugitive.
Fléau de ses amants, riche de leurs débris,
Des murs de Nocrétis vint une courtisane.
Quel faste était le sien ! de sa flamme profane,
Avec un front superbe, elle étalait le prix.
Crois-tu, dit la déesse, honorer ma puissance?
Ton cœur ressemble au fer : dans ton indifférence,
Mon fils même, oui, mon fils ne saurait t'enchaîner
Au lâche qui t'appelle et va t'abandonner.
D'un charme séducteur tu montres l'apparence :
Ta beauté, dont tu vends la froide jouissance,
Promet bien le plaisir, mais ne peut le donner...
Fuis, porte loin de moi ton culte qui m'offense.
Un homme riche et fier vint, quelque temps après;
Il levait des tributs pour le roi de Lydie,
Et s'était chargé d'or, espérant qu'à grands frais
Il pourrait s'enflammer une fois dans sa vie.
J'ai bien, lui dit Vénus, la vertu de charmer,
Mais je ne puis répondre à ce que tu souhaites :
Tu prétends acheter la beauté pour l'aimer;
Mais tu ne l'aimes point, puisqu'enfin tu l'achètes
Ton or ne va servir qu'à t'ôter pour jamais
Le goût délicieux des plus charmants objets.

Aristée arriva des champs de la Doride.
Il avait vu Camille aux campagnes de Gnide;
Il en était épris, et, tout brûlant de feux,
Il venait demander de l'aimer encor mieux.
La déesse lui dit : Je connais bien ton âme :
Tu sais aimer; Camille est digne de ta flamme :
J'aurais pu la placer sur le trône d'un roi,

Mais un simple berger mérite mieux sa foi.

Je vins aussi, tenant la main de ma Thémire.
La déesse nous dit : Jamais, dans mon empire,
Je n'ai vu deux mortels plus soumis à ma loi.
Mais que pourrais-je faire ? En vain je voudrais rendre
Thémire plus charmante, et son ami plus tendre. —
Ah ! lui dis-je, j'attends mille grâces de toi.
Fais que dans chaque objet mon image tracée,
De Thémire sans cesse amuse la pensée ;
Qu'elle dorme et s'éveille en ne pensant qu'à moi ;
Qu'absent elle m'espère, et, présent, craigne encore
Le douloureux moment qui doit nous séparer :
Fais que Thémire, enfin, du soir jusqu'à l'aurore,
S'occupe de me voir ou de me désirer.

Gnide alors célébrait des fêtes solennelles,
Dont le spectacle attire une foule de belles :
Ce peuple ambitieux accourt de toutes parts,
Pour disputer le prix et fixer les regards.
A leur cercle élégant la déesse préside,
Et son choix, d'un coup d'œil, entre elles se décide.

Des remparts de Corinthe il vint trente beautés,
Dont les cheveux tombaient en boucles ondoyantes :
Dix autres, qui n'avaient que des grâces naissantes,
Venaient de Salamine, et comptaient treize étés.
Les filles de Lesbos se disaient l'une à l'autre :
Mon cœur est tout ému, depuis que je vous voi :
Vénus, si votre aspect l'enchante autant que moi,
Parmi tant de beautés, doit couronner la vôtre.

Milet avait fourni les plus rares trésors ;
Cinquante objets, plus frais qu'une rose nouvelle,

De la perfection présentaient le modèle.
Mais les dieux, ne cherchant qu'à former de beaux corps
Manquèrent d'y placer la grâce encor plus belle.

Chypre avait envoyé cent femmes au concours.
Elles disaient : Vénus a reçu nos prémices ;
Au pied de ses autels nous passons nos beaux jours,
Et d'un scrupule vain, qui s'alarme toujours,
Nos charmes, sans rougir, lui font des sacrifices.

Celles que l'Eurotas vit naître sur ses bords,
Dans leurs libres atours bravaient la modestie,
Et, prétendant complaire aux lois de leur patrie,
De l'austère pudeur se jouaient sans remords.

Et toi, mer orageuse, en naufrages féconde !
Tu sais nous conserver de précieux dépôts.
Jadis tu t'apaisas, quand de jeunes héros
Portaient la toison d'or sur ta plaine profonde ;
Et cinquante beautés, qui sortaient de Colchos,
Sous leur fardeau chéri firent courber ton onde.

Dans un essaim nombreux de légers courtisans,
Oriane parut, telle qu'une déesse :
Les beautés de Lydie entouraient leur princesse ;
Cent filles à Vénus apportaient ses présents.
Distingué par son rang, moins que par sa tendresse,
Candaule, jour et nuit, la dévorait des yeux ;
Sur ses jeunes attraits sa vue errait sans cesse :
Mon bonheur, disait-il, n'est connu que des dieux ;
Il serait bien plus grand s'il donnait de l'envie.
Belle reine, quittez cette toile ennemie ;
Présentez-vous sans voile aux regards des mortels,
C'est peu du prix qu'on offre. il vous faut des autels.

CHANT SECOND

Près de là paraissaient vingt Babyloniennes :
La pourpre de Sidon, l'or et les diamants,
Sans augmenter leur prix, chargeaient leurs vêtements.
Comme un signe d'attraits, d'autres encor plus vaines,
Osaient bien étaler les dons de leurs amants.

Cent brunes, qui du Nil habitent le rivage,
Avaient à leurs côtés leurs dociles époux.
Si les lois, disaient-ils, vous font régner sur nous,
Votre beauté vous donne un plus grand avantage :
Nos cœurs, après les dieux, ne chérissent que vous ;
Il n'est point sous le ciel de plus doux esclavage.
Le devoir vous répond de nos engagements ;
Mais l'amour peut lui seul garantir vos serments.
Aux honneurs de ces lieux montrez-vous moins sensibles
Qu'au plaisir délicat de nous garder vos cœurs,
De recueillir chez vous des hommages flatteurs,
Et d'embellir le joug de vos maris paisibles.

D'autres vinrent d'un port qui, sur toutes les mers,
Déploie avec orgueil ses flottes opulentes :
Il semblait qu'en ce jour leur parure brillante
Avait de tout son luxe épuisé l'univers.

Il vint de l'orient dix filles de l'Aurore :
Ses nymphes, pour la voir, devançaient son réveil,
Et de son prompt départ se plaignaient au Soleil ·
Elles voyaient leur mère, et se plaignaient encore
Que le monde jouît de son éclat vermeil.

Du fond de l'Inde, il vint une reine charmante :
Ses enfants déjà beaux folâtraient dans sa tente :
Des hommes la servaient en détournant les yeux :
Esclaves mutilés, honteux de leur bassesse,

Depuis qu'ils respiraient l'air brûlant de ces lieux,
Ils sentaient redoubler leur affreuse tristesse.

Les femmes de Cadix se montraient sur les rangs.
Les belles ont partout des hommages fidèles :
Mais dans tous les climats, les honneurs les plus grands
Peuvent seuls apaiser l'ambition des belles.

Les bergères de Gnide attiraient tous les yeux :
Quel doux frémissement s'élevait sur leurs traces !
Au lieu d'or et de pourpre, elles avaient des grâces;
Les seuls présents de Flore entouraient leurs cheveux :
Leurs guirlandes couvraient une gorge naissante
Qui, pour fuir sa prison, s'agitait vainement ;
Et leur robe de lin, dans leur simple agrément,
Dessinait les contours d'une taille élégante.

On ne vit point Camille à ces fameux débats :
Que m'importe le prix, cher amant ? lui dit-elle;
C'est pour toi, pour toi seul que je veux être belle :
Le reste est pour mon cœur comme s'il n'était pas.

Diane dédaignait une gloire profane;
Mais on voyait briller ses charmes ingénus :
Tandis qu'elle était seule, on la prit pour Vénus ;
Diane avec Vénus n'était plus que Diane.

Gnide, pendant ces jeux, présentait l'univers :
On eût dit que l'Amour, pour un jour de conquête
Rassemblait des attraits de cent climats divers ;
Jamais on n'avait vu de si pompeuse fête.
La nature aux humains partage la beauté,
Comme elle est assortie à chaque déité.
Partout on retrouvait, d'espaces en espaces,

Ou Pallas, ou Thétis, la grandeur de Junon,
Ou la simplicité de la sœur d'Apollon,
Le souris de Vénus, ou le charme des Grâces.
La Pudeur, dans son air, variait tour à tour,
Et semblait se jouer de ce peuple folâtre :
Ici, l'œil s'arrêtait sur deux globes d'albâtre ;
Et plus loin, sur un pied façonné par l'amour.

Mais les dieux immortels, ravis de ma Thémire
En voyant leur ouvrage, aiment à lui sourire ;
Vénus avec plaisir contemple ses appas :
C'est l'unique beauté, dans le céleste empire,
Que d'un jaloux dépit les dieux ne raillent pas.

Comme parmi les fleurs qui se cachent dans l'herbe
La rose avec éclat lève son front superbe,
On vit sur tant d'attraits mon amante régner.
Ses rivales à peine eurent le temps de l'être :
Leur foule était vaincue avant de la connaître.
Grâces, dit la déesse, allez la couronner ;
De mille objets charmants que le cirque rassemble,
Voilà, dans sa beauté, le seul qui vous ressemble.

Tandis qu'avec ses sœurs, aux autels de Vénus,
Thémire triomphante est encore arrêtée,
Je trouve dans un bois le sensible Aristée,
Je l'avais vu dans l'antre, et je le reconnus.
Nous fûmes attirés par un charme rapide :
Car Vénus, à l'aspect d'un habitant de Gnide,
Fait goûter en secret les doux ravissements
De deux amis rendus à leurs embrassements.

Je sentis que mon cœur se donnait à sa vue ;
Vers les mêmes liens nous étions emportés :

Il semblait que du ciel l'Amitié descendue
Venait dans ce bosquet s'asseoir à nos côtés.

Je lui fis de ma vie une histoire fidèle.
Mon père, qui servait notre auguste immortelle,
M'a fait naître, lui dis-je, au sein de Sybaris.
Quelle cité ! Ses goûts sont des besoins pour elle :
A qui peut en trouver d'une espèce nouvelle,
Des trésors de l'État on y donne des prix.

Ces lâches habitants ont banni de leur ville
Tous les arts dont le bruit trouble un sommeil tranquille
Ils pleurent des bouffons quand ils les ont perdus.
Et laissent dans l'oubli le héros qui n'est plus.
Ils prodiguent sans fruit l'éternelle richesse
Qu'entretient dans leurs murs un terroir opulent ;
Et les faveurs des dieux sur ce peuple indolent,
Ne servent qu'à nourrir le luxe et la mollesse.

Les hommes sont si doux, parés avec tant d'art,
Occupés si longtemps à consulter leurs glaces,
A corriger un geste, un sourire, un regard,
A moduler leur voix, à composer leurs grâces,
Qu'ils ne paraissent point former un sexe à part.

Une femme se livre avant même qu'elle aime :
Que dis-je ? connaît-elle un mutuel amour ?
Sa gloire est d'enchaîner ; jouir est son système;
Chaque jour voit finir les vœux de chaque jour :
Mais ces riens, où le cœur trouve tant d'importance,
Mais ces soins attentifs, mais ces regards chéris,
Tous ces petits objets qui sont d'un si grand prix,
Tant de moments heureux avant la jouissance,
Ces sources de bonheur manquent à Sybaris.

Si du moins sur leur front on voyait se répandre
Cette faible pudeur, ombre de la vertu !
Mais, hélas ! c'est un fard qui leur est inconnu :
L'œil est fait à tout voir, l'oreille à tout entendre.

Loin que la volupté les rende délicats,
A distinguer leurs goûts ils ne parviennent pas.
Dans une gaîté fausse, ils s'occupent de vivre,
Usés par l'inconstance, ils se lassent de tout ;
Ils laissent un plaisir qui cause leur dégoût,
Pour s'ennuyer encor du plaisir qui va suivre.
L'âme froide au bonheur est de feu pour les maux ;
La plus légère peine et l'éveille et l'agite.
Une rose pliée au lit d'un Sybarite,
Pendant toute une nuit le priva du repos.

Le poids de leur parure accable leur paresse :
Le mouvement d'un char les fait évanouir :
Leur cœur est si flétri, qu'il ne peut plus jouir,
Et que dans les festins il leur manque sans cesse.

Sur des lits de duvet qu'ils couronnent de fleurs,
Ils passent une vie uniforme et tranquille :
Leur corps, pendant le jour, y demeure immobile,
Ils sont exténués, s'ils vont languir ailleurs.
Enfin le Sybarite, esclave et fait pour l'être,
Fatigué d'une armure, effrayé du danger,
Tremblant dans son pays et devant l'étranger,
Comme un troupeau servile, attend le premier maître.

Dès que je sus penser, je méprisai ces lieux ;
Car la vertu m'est chère, et j'honore les dieux.
Ah ! disais-je, fuyons une terre ennemie ;
D'un air contagieux je crains de m'infecter.

Que ces enfants du luxe habitent leur patrie !
Ils sont faits pour y vivre, et moi pour la quitter.
Pour la dernière fois, je cours au sanctuaire,
Et touchant les autels qu'avait servis mon père :
O puissante Vénus ! lui dis-je à haute voix,
J'abandonne ton temple et non tes saintes lois :
Tu recevras mes vœux, quelque lieu que j'habite ;
Mais ils seront plus purs que ceux d'un Sybarite.
Je pars, j'arrive en Crète, et ce triste séjour
M'offre les monuments des fureurs de l'Amour.
On y voyait encor le fameux labyrinthe
Dont un heureux amant avait franchi l'enceinte ;
Et le taureau d'airain, par Dédale inventé
Pour tromper ou servir une flamme odieuse ;
Et le tombeau de Phèdre, épouse incestueuse,
Dont le crime chassa le jour épouvanté,
Et l'autel d'Ariane, amante délaissée,
Qui, sur un bord désert conduite par Thésée,
Ne se repentait pas de sa crédulité.

Cruel Idoménée ! impitoyable père !
On y voyait aussi ton palais sanguinaire.
Ce prince, à son retour, n'eut pas un meilleur sort
Que tant d'autres chargés des dépouilles de Troie ;
Tous les Grecs dont la mer n'avait point fait sa proie.
Ne purent sous leur toit échapper à la mort :
Vénus, à leurs moitiés inspirant sa colère,
Se vengea par la main qu'ils croyaient la plus chère.

Qui m'arrête ? ai-je dit, cette île est en horreur
A la divinité dont j'attends mon bonheur.
Je me hâtai de fuir : mais, battu par l'orage,
Mon vaisseau de Lesbos aborda le rivage.

C'est encore un séjour peu chéri de Vénus :
Elle ôte la pudeur au visage des femmes,
La faiblesse à leurs corps, et la crainte à leurs âmes.
J'y vis avec effroi les sexes méconnus.
Vénus, fais-les brûler de feux plus légitimes !
A la nature humaine épargne tant de crimes !
Lesbos est le pays de la tendre Sapho :
Les murs de Mytilène ont été son berceau.
Cette fille immortelle, ainsi que son génie,
Se consume sans fin d'une flamme ennemie :
A soi-même odieuse, et pleurant sa beauté,
Elle cherche toujours son sexe qu'elle abhorre.
Comment d'un feu si vain est-on si tourmenté ?
Ah ! l'amour, disait-elle, est plus terrible encore,
Plus cruel dans ses jeux que l'amour irrité.

Je passai de Lesbos dans une île sauvage :
C'était Lemnos. Vénus n'y reçoit point de vœux :
On la rejette, on craint que son culte amoureux
Du farouche habitant n'énerve le courage.
Vénus punit souvent ce peuple audacieux ;
Mais il subit les maux sans expier l'outrage,
D'autant plus obstiné, qu'il est plus malheureux.

Loin de cette île impie, égaré sur les ondes,
Je cherchais un séjour favorisé des cieux,
Délos fixa longtemps mes courses vagabondes ;
Mais, soit que nous ayons quelques avis des dieux,
Soit qu'un instinct céleste éclaircisse à nos yeux
Du sort qui nous attend les ténèbres profondes,
Je me crus appelé vers des bords plus heureux.

Une nuit que j'étais dans ce repos paisible
Où l'esprit, par degrés, rendu comme impassible,

Semble se délivrer de ses liens secrets,
Il m'apparut en songe une jeune immortelle,
Moins belle que Vénus, mais brillante comme elle.
Un charme irrésistible animait tous ses traits :
Ce que j'aimais en eux, je n'aurais pu le dire ;
J'y trouvais ce qui pique, et non ce qu'on admire ;
Ils étaient ravissants, et n'étaient point parfaits ;
En anneaux ondoyants, sa blonde chevelure
Tombait sur son épaule et flottait au hasard :
Mais cette négligence était une parure ;
Mais elle avait cet air que donne la nature,
Cet air dont le secret n'est point connu de l'art.
Elle sourit : Tu vois la seconde des Grâces,
Dit-elle avec un ton qui passait jusqu'au cœur :
Vénus t'appelle à Gnide, et fera ton bonheur.
Elle fuit dans les airs : mes yeux suivent ses traces ;
Je me lève, enflammé de plaisir et d'espoir :
Comme une ombre légère elle était disparue ;
Et le transport divin que me causait sa vue
Bientôt cède au regret de ne la plus revoir.

Je respirai l'amour en arrivant à Gnide ;
Mais ce que je sentais, je ne puis l'exprimer :
Mon cœur se pénétrait d'une flamme rapide ;
Je n'aimais pas encor, mais je brûlais d'aimer.
Je m'avançai ; je vis des nymphes enfantines
Jouer innocemment dans les plaines voisines ;
Je me précipitai vers ces jeunes appas :
Insensé ! m'écriai-je, où s'égarent mes pas ?
Quel trouble me saisit ? d'où vient que je soupire ?
J'éprouve, sans aimer, l'ivresse de Vénus !
Mon cœur déjà poursuit des objets inconnus !
Tout à coup j'aperçus la charmante Thémire ;

Je ne regardai qu'elle, et j'expirais, je croi,
Si ses regards flatteurs n'étaient tombés sur moi.
Je courus à Vénus : Écoute ma prière,
Lui dis-je, et puisqu'ici tu dois me rendre heureux,
Ordonne que ce soit avec cette bergère !
Seule, elle peut remplir ta promesse et mes vœux.

CHANT TROISIÈME

—

Je parlais encor de Thémire ;
Aristée, attentif a ce doux entretien,
Soupirait son amour, et voulut le décrire :
Voici ce qu'il me dit ; je ne supprime rien ;
Le dieu qui l'inspirait est le dieu qui m'inspire.

Ma vie est peu fertile en grands événements ;
Tout est simple. J'aime, et vous allez apprendre
    Les sentiments d'une âme tendre,
    Et ses plaisirs et ses tourments.
Ce même amour qui fait mon bonheur et ma gloire,
    Fait aussi toute mon histoire.

Camille est née à Gnide au milieu des grandeurs.
    Faut-il peindre celle que j'aime?
Son image s'imprime au fond de tous les cœurs :
    Elle a ces agréments flatteurs,
Cet air qui nous ravit plus que la beauté même.

Les femmes, dans leurs vœux, demandent à l'Amour
Les grâces de Camille, objet de leur envie.
    Les hommes qui l'ont vue un jour,
    Voudraient la voir toute leur vie,

Ou s'en éloigner sans retour.
L'habit le plus modeste embellit mon amante ;
Qui ne serait frappé de sa taille charmante,
De ces traits dont l'ensemble attire tous les yeux,
De son regard si fier, mais tout prêt d'être tendre,
De sa voix que sans trouble on ne saurait entendre,
De ses appas qu'on loue et qu'on sent encor mieux ?

Sans fierté, sans caprice, oubliant qu'elle est belle,
Camille, si l'on veut, pense profondément ;
Si l'on veut, elle rit, et dans son enjoûment
    Les Grâces badinent comme elle.

Tout ce que fait Camille a la simplicité
    De la plus naïve bergère :
    Ses chants peignent la volupté :
Danse-t-elle? on croit voir une nymphe légère.

Camille sans effort se plie à tous les goûts :
Plus vous avez d'esprit, plus son esprit vous flatte ;
C'est une raison fine, adroite, délicate ;
Elle a l'air de penser, de parler comme vous ;
Ce qu'elle a dit, sans peine on croit pouvoir le dire :
Son air est si touchant, son langage est si doux,
Qu'il semble que toujours c'est le cœur qui l'inspire.
Camille en gémissant me presse dans ses bras,
Quand il faut un instant m'éloigner de ses charmes.
Ne tarde point, dit-elle, à te rendre à mes larmes :
Comme si je vivais quand je ne la vois pas !
Je dis qu'elle m'est chère, elle se croit chérie ;
Je dis que je l'adore, et son cœur le sait bien :
    Mais elle en est aussi ravie
    Que si son cœur n'en savait rien.

Je lui dis qu'elle fait le bonheur de ma vie :
Elle dit que la sienne à la mienne est unie.
Enfin je suis payé par un si doux retour,
　　Que j'ai presque la folle envie
De croire son amant digne de tant d'amour.

Depuis un mois, Camille avait touché mon âme,
Et je n'osais encor lui parler de ma flamme ;
Tremblant de me trahir par un mot indiscret,
J'aurais voulu moi-même ignorer mon secret ;
Plus elle m'enchantait, moins il était possible
D'espérer qu'à mes vœux elle devînt sensible.
Je t'adorais, Camille, et tes charmants appas
Me disaient qu'un berger ne te méritait pas.
Je voulais.... ah ! pardonne ! oui, loin de ma pensée
Je voulais rejeter ton tendre souvenir :
Que je suis fortuné ! je n'ai pu l'en bannir :
Pour jamais ton image y demeure tracée.

D'un monde turbulent j'aimai longtemps le bruit,
Lui dis-je, et maintenant d'un paisible réduit
　　Je cherche l'ombre et le silence.
　　L'ambition m'avait séduit :
Je ne désire plus que ta seule présence.
　　Sous un ciel éloigné du mien,
Je voulais habiter dans de vastes empires,
　　Et mon cœur n'est plus citoyen
　　Que de la terre où tu respires :
Tout ce qui n'est pas toi, pour mes yeux n'est plus rien.

Camille trouve encor quelque chose à me dire,
Quand elle m'a parlé de sa tendre amitié :

CHANT TROISIÈME

  Elle croit avoir oublié
Mille aveux dont sur l'heure elle vient m'instruire.
   Ravi d'écouter ses discours,
   Je feins tantôt de n'en rien croire,
   Tantôt d'en perdre la mémoire,
   Afin d'en prolonger le cours.
Alors règne entre nous cet aimable silence,
Ce langage muet, dont la douce éloquence
   Est l'interprète des amours.

Lorsque aux pieds de Camille empressé de me rendre,
  Après une absence d'un jour,
  Je lui raconte à mon retour
Ce que je viens, loin d'elle, et de voir et d'entendre,
Elle me dit : Cruel ! que vas-tu rappeler?
  N'as-tu pas d'entretien plus tendre?
Parle de nos amours, ou laisse-moi parler
  Si ton cœur n'a rien à m'apprendre.

Quelquefois elle dit : Aristée ! aime-moi ! —
Oui, je t'aime. — Eh ! comment ? — En vérité, je t'aime
Comme le premier jour où tu reçus ma foi :
Je ne puis comparer l'amour que j'ai pour toi,
  Qu'à l'amour que j'eus pour toi-même.
Camille, une autre fois, me dit avec douleur :
Tu parais triste ! — Hélas ! je suis sûr de ton cœur,
Lui dis-je : et cependant je sens couler mes larmes !
Ne me retire pas de ma douce langueur !
Laisse-moi soupirer ma peine et mon bonheur !
Pour les tendres amants, la tristesse a des charmes.
Les transports de l'amour sont trop impétueux ;
L'âme, dans son ivresse, est comme anéantie :

Mais je jouis en paix de ma mélancolie :
Eh! qu'importent mes pleurs, puisque je suis heureux!

J'entends louer Camille, et fier d'être aimé d'elle,
L'éloge que j'entends me semble être le mien :
Quand un berger l'écoute, elle parle si bien,
Que chaque mot lui prête une grâce nouvelle,
Mais je voudrais qu'alors Camille ne dît rien.
A-t-elle pour quelque autre une amitié légère ?
  Je voudrais en être l'objet :
  Bientôt je me dis en secret,
Que je ne serais plus celui qu'elle préfère.

Aux discours des amants n'ajoute point de foi!
  Ils diront que dans la nature
Il n'est rien d'aussi beau, d'aussi parfait que toi :
Ils diront vrai, Camille, et comme eux je le jure!
Ils te diront encor qu'ils t'aiment. Je les croi !
Mais si quelqu'un disait qu'il t'aime autant que moi,
J'atteste ici les dieux que c'est une imposture.

Quand je la vois de loin, je m'agite soudain :
  Elle approche, et mon cœur s'enflamme :
Quand j'arrive auprès d'elle, il semble que mon âme
  Est à Camille, et va fuir dans son sein.

  Souvent Camille à ma prière,
  Refuse la moindre faveur,
Et sur-le-champ m'accorde une faveur plus chère.
  Ce caprice est involontaire :
Ce n'est point de sa part un manège trompeur ;
Non : l'art ne peut entrer dans cette âme sincère :
Mais Camille, écoutant l'amour et la pudeur,
Voudrait m'être à la fois indulgente et sévère.

Qu'espérez-vous, dit-elle, au-dessus de mon cœur?
Ne vous suffit-il pas, ingrat, que je vous aime?
Tu devrais, dis-je, encor te permettre une erreur,
Une erreur de l'amour, qu'excuse l'amour même.

Camille! si jamais je cessais de t'aimer,
Si pour d'autres attraits je pouvais m'enflammer,
Que ce jour soit pour moi le dernier de ma vie!
Que la Parque trompée en termine le cours!
Puisse-t-elle effacer de misérables jours
Dont je détesterais la lumière ennemie,
En songeant au bonheur de nos tendres amours!

Il se tut; et je vis que cet amant fidèle
Ne cessait de parler que pour s'occuper d'elle.

CHANT QUATRIÈME

—

Sur un chemin de fleurs, errant dans les prairies,
Nous étions occupés de douces rêveries,
Quand nous fûmes conduits vers des rochers affreux,
Redoutés des mortels, proscrits même des dieux.
Un nuage de feux qui roule sur leurs têtes,
Y promène en tout temps la foudre et les tempêtes :
A leurs pieds est un antre, inaccessible au jour,
Qui des amants trahis semble être le séjour.
Une invisible main dans ce lieu nous entraîne ;
Mais, ô dieux ! qui l'eût cru ? Je le touchais à peine....
Mes cheveux sur mon front se sont dressés d'horreur ;
Une flamme inconnue a passé dans mon cœur :
Plus j'étais agité, plus je cherchais à l'être.
Ami, dis-je, avançons, dussent nos maux s'accroître.
A travers cent détours, j'errais de toutes parts,
Guidé par des lueurs qui se perdaient dans l'ombre..
La pâle Jalousie a fixé mes regards :
Son aspect paraissait moins terrible que sombre :
Les Vapeurs, le Chagrin, le Silence et l'Ennui
Environnaient ce monstre et marchaient devant lui
Nous voulons fuir : il parle, et sa voix nous arrête :
Il nous souffle la crainte et les soupçons jaloux,

Met la main sur nos cœurs, nous frappe sur la tête,
Et soudain l'univers est transformé pour nous ;
Soudain, enveloppé d'un voile de ténèbres,
Je ne vois, je n'entends que ces spectres funèbres.
Je cours au fond de l'antre, épouvanté, tremblant :
J'y trouve la Fureur, déité plus cruelle.
Sa main faisait briller un glaive étincelant ;
Je recule.... ô terreur ! l'odieuse immortelle
Me lance un des serpents dont son front est armé :
Il part, siffle et m'atteint comme un dard enflammé.
Pareil au voyageur que la foudre dévore,
Je demeure immobile et ne sens rien encore,
Et déjà le serpent s'est glissé dans mon cœur :
Mais, dès que son poison, coulant de veine en veine,
De mon sang plus actif eut allumé l'ardeur,
Tous les maux des enfers n'égalaient point ma peine ;
J'allais d'un monstre à l'autre, agité, furieux ;
Cent fois je fis le tour de l'antre épouvantable ;
Et je criais : Thémire ! et ces murs ténébreux
Me répétaient Thémire ! en écho lamentable.
Si Thémire eût paru, ma main, ma propre main,
Pour assouvir ma rage, eût déchiré son sein.

Enfin, je vois le jour, et sa clarté me blesse.
L'antre que j'ai quitté m'inspirait moins d'effroi.
Je m'arrête... je tombe accablé de faiblesse.
Et ce repos lui-même est un tourment pour moi.
Mon œil sec et brûlé me refuse des larmes,
Et, pour me soulager, je n'ai plus de soupirs !
Du sommeil, un moment, je goûte les plaisirs...
O dieux ! il est encore environné d'alarmes !
Mille songes cruels m'obsèdent tour à tour ;
Ils me peignent Thémire ingrate à mon amour.

Je la vois... mais, hélas! se peut-il que j'achève!
Les soupçons que mon cœur formait pendant le jour
Se sont réalisés dans l'horreur de mon rêve!

Je me lève. Il faut donc, ai-je dit, qu'à mes yeux
Et le jour et la nuit deviennent odieux!
Thémire!... la cruelle! il faut que je l'oublie!
Thémire, sur mes pas, est comme une furie!
Ah! qui m'eût dit qu'un jour le plus cher de mes vœux
Serait de l'oublier, et pour toute ma vie?

Un accès de fureur s'empare encor de moi.
Viens, ami, m'écriai-je; allons, courons, lui dis-je;
Il faut exterminer ces troupeaux que je voi,
Poursuivre ces bergers de qui l'amour m'afflige...
Mais non, je vois un temple, il peut être à l'Amour
Renversons sa statue, et qu'il tremble à son tour!
Je dis, et nous volons, pleins du même vertige;
L'ardeur de faire un crime irrite nos efforts:
Rien ne nous retient plus; nous courons les montagnes
Nous traversons les bois, les guérets, les campagnes;
Une source paraît, nous franchissons ses bords.
Que peut contre les dieux le vain courroux des hommes
Confondus, étonnés du désordre où nous sommes,
A peine, dans le temple, avons-nous fait un pas,
Qu'un charme impérieux semble enchaîner nos bras.

Bacchus de nos transports faisait cesser l'audace:
Ce temple était le sien. Grand dieu! je te rends grâce,
Moins pour avoir calmé mes honteuses fureurs,
Que pour m'avoir d'un crime épargné les horreurs!
A ces mots, m'approchant des autels que j'embrasse:
O prêtresse, ai-je dit, le dieu que vous priez

Vient de nous apaiser par son secours propice ;
Daignez ici, pour nous, lui faire un sacrifice.
Je cherche une victime et l'apporte à ses pieds.

Lorsque le fer brillait aux mains de la prêtresse,
Aristée éleva ces accents d'allégresse :

Bacchus ! dieu bienfaisant ! dieu des ris et des jeux !
Tu fais régner la joie et son léger tumulte :
Pour ta divinité nos plaisirs sont un culte ;
Tu ne veux être aimé que des mortels heureux.

Saisi de ton ivresse, en vain l'esprit s'égare ;
Il se retrouve encor dans ce doux abandon ;
Mais, quand il est troublé par quelque dieu barbare,
Tu peux seul, ô Bacchus ! lui rendre la raison.

La noire Jalousie, aux fers de l'esclavage
Voudrait assujettir le dieu qui fait aimer :
Mais tu brises les traits dont elle ose s'armer,
Et tu la fais rentrer dans son antre sauvage.

Après le sacrifice, on vint autour de nous,
Et je fis le récit de nos transports jaloux.
Bientôt nous entendons mille voix éclatantes
Au son des instruments marier leurs concerts :
Je sors, et vois courir des troupes de Bacchantes,
Qui, l'œil en feu, le front orné de pampres verts,
Laissant aux vents le soin de leurs tresses flottantes,
Agitaient à grand bruit leurs thyrses dans les airs.
Tout le joyeux cortège environnait Silène :
La tête du vieillard vacillante, incertaine,
Allait chercher la terre ou tombait sur son sein :
Dès qu'on l'abandonnait, penché vers sa monture,

Son corps se balançait par égale mesure,
Se baissait, se dressait, se rebaissait soudain.
La troupe avait le front tout barbouillé de lie ;
Pan se montrait ensuite avec ses chalumeaux ;
Les Satyres dansaient, ceints de pampres nouveaux ;
Le désordre, la joie et l'aimable folie
Confondaient les chansons, les jeux et les bons mots.
Enfin, je vis Bacchus, gai, riant, plein de charmes,
Tel que l'Inde le vit au bout de l'univers,
Distribuant partout des plaisirs et des fers.
De la jeune Ariane il essuyait les larmes ;
Pour son ingrat Thésée elle pleurait encor,
Quand Bacchus, dans les cieux, mit sa couronne d'or ;
Et, s'il n'eût triomphé des pleurs de cette belle,
Son amour l'allait rendre infortuné comme elle.
Aimez-moi, disait-il, Thésée est loin de vous ;
Oubliez à jamais le nom de l'infidèle ;
Ne voyez que le dieu qui brûle à vos genoux ;
Pour vous aimer toujours, je vous rends immortelle.

Bacchus était traîné par des tigres fougueux ;
Il sortit de son char, conduisant son amante ;
Elle entra dans le temple. Habitons ces beaux lieux,
Dit-elle, dieu charmant ! soupirons-y nos feux ;
Donne à ce doux climat une gaîté constante :
Vénus seule y préside à des peuples heureux ;
Ajoute à leur bonheur, et règne aussi sur eux.
Pour moi, je sens déjà que mon amour augmente.
Quoi ! tu peux être un jour plus aimable à mes yeux !
Il n'appartient qu'aux dieux, dans leur sphère brillante
D'aimer avec excès et d'aimer toujours mieux,
Et de voir leur bonheur passer leur espérance,
Plus bornés dans leurs vœux que dans leur jouissance.

Sois ici mes amours ! sous la voûte des cieux
On est trop occupé de la gloire suprême :
Ce n'est que sur la terre et dans ces lieux qu'on aime.
Laissons ces insensés à leurs folâtres jeux ;
Tandis que mes soupirs, ma joie et mes pleurs même,
Sans cesse te peindront mes transports amoureux.

Elle dit ; et Bacchus, enchanté de lui plaire,
La mène, en souriant, au fond du sanctuaire.
Un délire divin pénétra dans nos cœurs :
Nous respirions les jeux, les danses, la folie ;
Et le thyrse à la main, le front couvert de fleurs,
Nous allâmes nous joindre à la bruyante orgie.

Mais nos tourments cruels n'étaient que suspendus :
En sortant de ce temple, à nous-mêmes rendus,
Nous sentions des soupçons la dévorante flamme,
Et la sombre tristesse avait saisi notre âme.
Pour annoncer nos maux, il semblait que l'Amour
Nous eût fait agiter par l'affreuse Euménide ;
Nous regrettions Bacchus et son riant séjour ;
Mais un charme puissant nous entraînait à Gnide.

Je voulais voir Thémire, et craignais cet instant :
Je ne retrouvais pas cette ardeur qui nous presse,
Alors que sur le point de revoir sa maîtresse,
Le cœur s'ouvre d'avance au bonheur qu'il attend.

Peut-être je verrai Lycas près de Camille,
Dit Aristée : ô dieu ! sur ce cœur inconstant
S'il pouvait obtenir un triomphe facile !
Peut-être avec plaisir la perfide l'entend.

Tyrcis, dis-je à mon tour, a brûlé pour Thémire :
On dit qu'il est à Gnide, et j'en frémis d'effroi.

Sans doute il l'aime encore! il faudra me réduire
A disputer un cœur que j'ai cru tout à moi.

Lycas pour ma Camille avait fait un air tendre :
Insensé! j'aurais dû l'interrompre cent fois!
J'applaudissais, hélas! aux accents de sa voix :
Il chantait mon amante, et j'aimais à l'entendre.

Thémire, devant moi, se parait un matin
D'un bouquet que Tyrcis avait cueilli pour elle :
C'est un don de Tyrcis, me disait l'infidèle!...
Je devais, à ce mot, l'arracher de son sein.

Un jour, Camille et moi (quel funeste présage!)
Nous allions à Vénus offrir deux tourtereaux ;
Camille de ses mains vit s'enfuir ces oiseaux...
Vénus ne voulait point de son perfide gage!

Sur l'écorce des bois, nos noms par moi tracés
Attestaient mon amour et celui de Thémire ·
Je me plaisais sans cesse à les lire et relire ;
Un matin... ô douleur! je les vis effacés.

D'un cœur infortuné n'aggrave point la chaîne,
Camille! épargne-moi l'horreur de me venger.
L'amour devient fureur quand on l'ose outrager :
L'amour qu'on désespère a le fiel de la haine.

Hâtons-nous, et malheur à tout audacieux
Que je verrai parler à l'ingrate que j'aime!
Quiconque sur tes yeux arrêtera les yeux,
Mon bras l'immole au temple... aux pieds de Vénus mê

Bientôt nous arrivons près de l'antre fameux
D'où sortent les arrêts que l'oracle prononce :

Tout le peuple, roulant à flots tumultueux,
Avec un bruit confus attendait sa réponse.
Je m'avance : Aristée emporté loin de moi,
Aristée est déjà dans les bras de Camille :
J'appelle encor Thémire ; enfin je l'aperçoi !
Furieux, j'allais dire : Ah ! perfide, est-ce toi ?...
Mais elle me regarde, et je deviens tranquille.
Ainsi, lorsqu'Alecto vient troubler l'univers,
Un seul regard des dieux la renvoie aux enfers.

Ah ! dit-elle, pour toi j'ai versé bien des larmes !
Le soleil a trois fois parcouru ces climats,
Depuis que tu nourris mes mortelles alarmes.
Je disais : Non, mes yeux ne le reverront pas.
Quel noir pressentiment ! Dieux puissants que j'implore
Dieux tant de fois témoins de nos tendres amours !
Je ne demande point si son cœur m'aime encore ;
Je ne veux que savoir le destin de ses jours :
S'il vit, puis-je douter qu'il ne m'aime toujours ?

Excuse, m'écriai-je, excuse mon délire !
La sombre jalousie a troublé mes esprits :
J'allais haïr... ô ciel !... et ma fureur expire ;
Mais après le danger de perdre ma Thémire
De ma félicité je sens mieux tout le prix.
Viens donc sous ces berceaux où l'amour nous appelle ;
Les dieux ont pu tromper, mais non changer mon cœur.
Viens, c'est un crime affreux de te croire infidèle,
Et je veux par ma flamme en expier l'horreur.

Non, jamais des enfers les retraites heureuses,
Faites pour le repos des ombres vertueuses,
Ni les bois de Dodone, et ces chênes sacrés,

Ni ces riches bosquets où sont des fruits dorés,
Jamais tous ces beaux lieux n'auraient su me séduire
Autant que le bocage embelli par Thémire.

Un Satyre nous vit ; il suivait follement
Une Nymphe échappée à son emportement.
Heureux amants, dit-il, vos yeux savent s'entendre ;
Vous payez un soupir d'un soupir aussi tendre :
Mais moi, d'une cruelle en vain je suis les pas,
Plus malheureux encor quand elle est dans mes bras.
Près de nous, une Nymphe errante et solitaire,
Sentit, en nous voyant, s'humecter sa paupière :
Non ! c'est, dit-elle, encor pour nourrir mes tourments,
Que le cruel Amour me fait voir ces Amants !

Nous vîmes Apollon au bord d'une onde pure :
Brillant par son carquois et par sa chevelure,
Sur les pas de Diane il marchait dans les bois ;
Il accordait sa lyre. On a vu mille fois
Les arbres, les rochers accourir pour l'entendre,
Et le lion terrible en revenir plus tendre :
Mais nous écoutions peu cette divine voix.

On eût dit que Thémire, à toute la nature
Donnait, en ce moment, le signal du bonheur :
Le Zéphir, à nos pieds, caressait chaque fleur ;
L'eau baignait son rivage avec un doux murmure,
Les myrtes, étendus comme un dais de verdure,
En s'embrassant sur nous exhalaient leur odeur ;
Des ramiers soupiraient sous le même feuillage ;
Et l'essaim des oiseaux, dans son joyeux ramage,
Chantait déjà la gloire et le prix du vainqueur.

Je vis l'Amour, pareil au papillon folâtre,
Voler près de Thémire, et sur ses beaux cheveux
Baiser son front naïf, et sa bouche, et ses yeux ;
Descendre, et s'arrêter sur sa gorge d'albâtre.
Ma main veut le saisir ; j'avance... il prend l'essor :
Je le suis, je le trouve aux pieds de mon amante ;
Il fuit vers ses genoux, et je l'y trouve encor.
Je le suivais toujours, si Thémire tremblante,
Thémire tout en pleurs, n'avait su m'arrêter :
J'allais atteindre enfin sa retraite charmante :
Mais elle est d'un tel prix qu'il ne la peut quitter.

C'est ainsi que résiste une tendre fauvette,
Qu'auprès de ses petits l'amour semble enchaîner :
Sous la main qui s'approche, immobile et muette,
Rien ne peut la contraindre à les abandonner.

Thémire entend ma plainte, et devient plus sévère ;
Elle voit ma douleur, et ne s'attendrit pas.
Je cessai de prier, et je fus téméraire :
Thémire s'indigna ; je craignis sa colère ;
Je tremblai, je pleurai ; bientôt nouveaux combats.
Nouveau courroux... enfin je tombai dans ses bras,
Et mon dernier soupir s'exhalait sur sa bouche ;
Mais en me repoussant, Thémire moins farouche
Met la main sur mon cœur... et j'échappe au trépas.

Pour me désespérer, que t'ai-je fait ? dit-elle.
D'une indiscrète ardeur modère le transport :
Va ! je suis moins que toi dure, injuste et cruelle :
Je n'eus jamais dessein de te causer la mort,
Et tu veux m'entraîner dans la nuit éternelle !
Ouvre ces yeux mourants, au nom de nos amours,

Ou tu verras les miens se fermer pour toujours.
Jusqu'au dernier moment, Thémire inexorable,
A force de vertu, rappelle ma raison :
Elle m'embrasse, hélas! et j'obtiens mon pardon;
Mais sans aucun espoir de devenir coupable.

APPENDICE

LE TEMPLE DE GNIDE

PAR MONTESQUIEU [1]

(1725)

PRÉFACE DU TRADUCTEUR

Un ambassadeur de France à la Porte Ottomane, connu par son goût pour les lettres, ayant acheté plusieurs manuscrits grecs, il les porta en France. Quelques-uns de ces manuscrits m'étant tombés entre les mains, j'y ai trouvé l'ouvrage dont je donne ici la traduction.

---

[1] Les lecteurs de ce recueil seront sans doute enchantés de trouver à la suite du poème de Léonard, le conte de Montesquieu qui lui a servi de modèle. Un autre poète du xviii° siècle, Colardeau, a également mis en vers le *Temple de Gnide*. Ce qui nous a décidé à accorder la préférence à l'imitation de Léonard, c'est qu'il s'est tenu plus près de Montesquieu que Colardeau, et qu'il l'a souvent traduit d'une façon plus heureuse. Le poème de Colardeau n'est cependant pas sans mérite, ainsi qu'on en pourra juger par les fragments que nous donnons dans les notes suivantes.

Quant à la spirituelle préface du soi-disant *traducteur*, elle ne saurait tromper personne. C'est évidemment le souvenir de *Daphnis et Chloé* qui lui a inspiré l'idée de donner une origine grecque à cette aimable bluette, dont l'auteur de l'*Esprit des lois* ne pouvait songer à tirer gloire.

Peu d'auteurs grecs sont venus jusqu'à nous, soit qu'ils aient péri dans la ruine des bibliothèques, ou par la négligence des familles qui les possédaient.

Nous recouvrons de temps en temps quelques pièces de ces trésors. On a trouvé des ouvrages jusque dans les tombeaux de leurs auteurs; et, ce qui est à peu près la même chose, on a trouvé celui-ci parmi les livres d'un évêque grec.

On ne sait ni le nom de l'auteur, ni le temps auquel il a vécu. Tout ce qu'on en peut dire, c'est qu'il n'est pas antérieur à Sapho, puisqu'il en parle dans son ouvrage.

Quant à ma traduction, elle est fidèle. J'ai cru que les beautés qui n'étaient point dans mon auteur, n'étaient point des beautés; et j'ai souvent quitté l'expression la moins vive, pour prendre celle qui rendait mieux sa pensée.

J'ai été encouragé à cette traduction par le succès qu'a eu celle du Tasse. Celui qui l'a faite ne trouvera pas mauvais que je coure la même carrière que lui. Il s'y est distingué d'une manière à ne rien craindre de ceux même à qui il a donné le plus d'émulation [1].

Ce petit roman [2] est une espèce de tableau où l'on a peint avec choix les objets les plus agréables. Le public y a trouvé des idées riantes, une certaine magnificence dans les descriptions, et de la naïveté dans les sentiments.

Il y a trouvé un caractère original, qui a fait demander aux critiques quel en était le modèle : ce qui devient un grand éloge, lorsque l'ouvrage n'est pas méprisable d'ailleurs.

Quelques savants n'y ont point reconnu ce qu'ils appellent

---

[1] Cette traduction de la *Jérusalem délivrée*, publiée en 1724, était de J.-B. de Mirabaud, qui fut plus tard secrétaire perpétuel de l'Académie française. Après la mort de ce Mirabaud, c'est sous son nom qu'on publia le *Système de la nature*, du baron d'Holbach.

[2] Tout ce qui suit est une seconde préface qui a paru pour la première fois dans l'édition de 1743.

l'art. Il n'est point, disent-ils, selon les règles. Mais si l'ouvrage a plu, vous verrez que le cœur ne leur a pas dit toutes les règles.

Un homme qui se mêle de traduire, ne souffre point patiemment que l'on n'estime pas son auteur autant qu'il le fait; et j'avoue que ces messieurs m'ont mis dans une furieuse colère : mais je les prie de laisser les jeunes gens juger d'un livre qui, en quelque langue qu'il ait été écrit, a certainement été fait pour eux. Je les prie de ne point les troubler dans leurs décisions. Il n'y a que des têtes bien frisées et bien poudrées qui connaissent tout le mérite du Temple de Gnide.

A l'égard du beau sexe, à qui je dois le peu de moments heureux que je puis compter dans ma vie, je souhaite de tout mon cœur que cet ouvrage puisse lui plaire. Je l'adore encore; et, s'il n'est plus l'objet de mes occupations, il l'est de mes regrets.

Que si les gens graves désiraient de moi quelque ouvrage moins frivole, je suis en état de les satisfaire. Il y a trente ans que je travaille à un livre de douze pages, qui doit contenir tout ce que nous savons sur la métaphysique, la politique et la morale, et tout ce que de grands auteurs ont oublié dans les volumes qu'ils ont donnés sur ces sciences-là.

LE TEMPLE DE GNIDE

CHANT PREMIER

> .... *Non murmura vestra columbæ,*
> *Brachia non hederæ, non vincant oscula conchæ.*
> (Fragment d'un épithalame de l'empereur Gallien[1].)

Vénus préfère le séjour de Gnide à celui de Paphos et d'Amathonte. Elle ne descend point de l'Olympe sans venir parmi les Gnidiens. Elle a tellement accoutumé ce peuple heureux à sa vue, qu'il ne sent plus cette horreur sacrée qu'inspire la présence des dieux. Quelquefois elle se couvre d'un nuage, et on la reconnaît à l'odeur divine qui sort de ses cheveux parfumés d'ambroisie.

La ville est au milieu d'une contrée, sur laquelle les dieux ont versé leurs bienfaits à pleines mains : on y jouit d'un printemps éternel; la terre, heureusement fertile, y prévient tous les souhaits; les troupeaux y paissent sans nombre; les vents semblent n'y régner que pour répandre partout l'esprit des fleurs; les oiseaux y chantent sans cesse; vous diriez que les bois sont harmonieux; les ruisseaux murmurent dans les plaines; une chaleur douce fait tout éclore; l'air ne s'y respire qu'avec la volupté.

---

[1] *Historiæ augustæ scriptores. Gallieni duo.*

Auprès de la ville, est le palais de Vénus; Vulcain lui-même en a bâti les fondements; il travailla pour son infidèle, quand il voulut lui faire oublier le cruel affront qu'il lui fit devant les dieux.

Il me serait impossible de donner une idée des charmes de ce palais : il n'y a que les Grâces qui puissent décrire les choses qu'elles ont faites. L'or, l'azur, les rubis, les diamants, y brillent de toutes parts... Mais j'en peins les richesses, et non pas les beautés.

Les jardins en sont enchantés : Flore et Pomone en ont pris soin; leurs nymphes les cultivent. Les fruits renaissent sous la main qui les cueille; les fleurs succèdent aux fruits. Quand Vénus s'y promène, entourée de ses Gnidiennes, vous diriez que, dans leurs jeux folâtres, elles vont détruire ces jardins délicieux : mais, par une vertu secrète, tout se répare en un instant.

Vénus aime à voir les danses naïves des filles de Gnide. Ses nymphes se confondent avec elles. La déesse prend part à leurs jeux; elle se dépouille de sa majesté; assise au milieu d'elles, elle voit régner dans leurs cœurs la joie et l'innocence.

On découvre de loin une grande prairie, toute parée de l'émail des fleurs. Le berger vient les cueillir avec sa bergère; mais celle qu'elle a trouvée est toujours la plus belle, et il croit que Flore l'a faite exprès.

Le fleuve Céphée arrose cette prairie, et y fait mille détours. Il arrête les bergères fugitives : il faut qu'elles donnent le tendre baiser qu'elles avaient promis.

Lorsque les nymphes approchent de ses bords, il s'arrête; et ses flots, qui fuyaient, trouvent des flots qui ne fuient plus. Mais, lorsqu'une d'elles se baigne, il est plus amoureux encore; ses eaux tournent autour d'elle; quelquefois il se soulève pour l'embrasser mieux; il l'enlève, il fuit, il l'entraîne. Ses compagnes timides commencent à pleurer : mais il la soutient sur ses flots; et, charmé d'un fardeau si cher, il la promène sur sa plaine liquide ; enfin, désespéré de la quitter, il la porte lentement sur le rivage, et console ses compagnes.

A côté de la prairie, est un bois de myrtes dont les routes font mille détours. Les amants y viennent se conter leurs peines : l'Amour, qui les amuse, les conduit par des routes toujours plus secrètes.

Non loin de là est un bois antique et sacré, où le jour n'entre qu'à peine : des chênes, qui semblent immortels, portent au ciel une tête qui se dérobe aux yeux. On y sent une frayeur religieuse : vous diriez que c'était la demeure des dieux, lorsque les hommes n'étaient pas encore sortis de la terre.

Quand on a trouvé la lumière du jour, on monte une petite colline, sur laquelle est le temple de Vénus : l'univers n'a rien de plus saint ni de plus sacré que ce lieu.

Ce fut dans ce temple que Vénus vit pour la première fois Adonis : le poison coula au cœur de la déesse. Quoi! dit-elle, j'aimerais un mortel! Hélas! je sens que je l'adore. Qu'on ne m'adresse plus de vœux : il n'y a plus à Gnide d'autre dieu qu'Adonis.

Ce fut dans ce lieu qu'elle appela les Amours, lorsque piquée d'un défi téméraire, elle les consulta. Elle était en doute si elle s'exposerait nue aux regards du berger troyen. Elle cacha sa ceinture sous ses cheveux ; ses nymphes la parfumèrent; elle monta sur son char traîné par des cygnes, et arriva dans la Phrygie. Le berger balançait entre Junon et Pallas; il la vit, et ses regards errèrent et moururent : la pomme d'or tomba aux pieds de la déesse : il voulut parler, et son désordre décida.

Ce fut dans ce temple que la jeune Psyché vint avec sa mère, lorsque l'Amour, qui volait autour des lambris dorés, fut surpris lui-même par un de ses regards. Il sentit tous les maux qu'il fait souffrir. C'est ainsi, dit-il, que je blesse ! Je ne puis soutenir mon arc ni mes flèches. Il tomba sur le sein de Psyché. Ah! dit-il, je commence à sentir que je suis le dieu des plaisirs.

Lorsqu'on entre dans ce temple, on sent dans le cœur un charme secret qu'il est impossible d'exprimer : l'âme est saisie de ces ravissements que les dieux ne sentent eux-mêmes que lorsqu'ils sont dans la demeure céleste.

Tout ce que la nature a de riant est joint à tout ce que l'art a pu imaginer de plus noble, et de plus digne des dieux.

Une main, sans doute immortelle, l'a partout orné de peintures qui semblent respirer. On y voit la naissance de Vénus; le ravissement des dieux qui la virent; son embarras de se voir toute nue; et cette pudeur qui est la première des grâces.

On y voit les amours de Mars et de la déesse. Le peintre a représenté le dieu sur son char, fier et même terrible : la Renommée vole autour de lui; la Peur et la Mort marchent devant ses coursiers couverts d'écume; il entre dans la mêlée, et une poussière épaisse commence à le dérober. D'un autre côté, on le voit couché languissamment sur un lit de roses; il sourit à Vénus : vous ne le reconnaissez qu'à quelques traits divins qui restent encore. Les Plaisirs font des guirlandes dont ils lient les deux amants : leurs yeux semblent se confondre; ils soupirent; et, attentifs l'un à l'autre, ils ne regardent pas les Amours qui se jouent autour d'eux.

Il y a un appartement séparé, où le peintre a représenté les noces de Vénus et de Vulcain : toute la cour céleste y est assemblée. Le dieu paraît moins sombre, mais aussi pensif qu'à l'ordinaire. La déesse regarde d'un air froid la joie commune : elle lui donne négligemment une main, qui semble se dérober; elle retire de dessus lui des regards qui portent à peine; et se tourne du côté des Grâces.

Dans un autre tableau, on voit Junon qui fait la cérémonie du mariage. Vénus prend la coupe, pour jurer à Vulcain une fidélité éternelle : les dieux sourient ; et Vulcain l'écoute avec plaisir.

De l'autre côté, on voit le dieu impatient, qui entraîne sa divine épouse ; elle fait tant de résistance, que l'on croirait que c'est la fille de Cérès que Pluton va ravir, si l'œil qui voit Vénus pouvait jamais se tromper.

Plus loin de là, on le voit qui l'enlève, pour l'emporter sur le lit nuptial. Les dieux suivent en foule. La déesse se débat, et veut échapper des bras qui la tiennent. Sa robe fuit ses genoux, la toile vole : mais Vulcain répare ce beau désordre, plus attentif à la cacher, qu'ardent à la ravir.

Enfin, on le voit qui vient de la poser sur le lit que l'Hymen a préparé : il l'enferme dans les rideaux ; et il croit l'y tenir pour jamais. La troupe importune se retire : il est charmé de la voir s'éloigner. Les déesses jouent entre elles ; mais les dieux paraissent tristes ; et la tristesse de Mars a quelque chose d'aussi sombre que la noire jalousie.

Charmée de la magnificence de son temple, la déesse elle-même y a voulu établir son culte : elle en a réglé les cérémonies, institué les fêtes ; et elle y est, en même temps, la divinité et la prêtresse.

Le culte qu'on lui rend presque par toute la terre, est plutôt une profanation, qu'une religion. Elle a des temples où toutes les filles de la ville se prostituent en son honneur, et se font une dot des profits de leur dévotion. Elle en a où chaque femme mariée va, une fois en sa vie, se donner à celui qui la choisit, et jette dans le sanctuaire l'argent qu'elle a reçu. Il y en a d'autres où les courtisanes de tous les pays, plus honorées que les matrones, vont porter leurs offrandes. Il y en a, enfin, où les hommes se font eunuques, et s'habillent **en femmes, pour servir dans le sanctuaire ;** consacrant à la déesse, et le sexe qu'ils n'ont plus, et celui qu'ils ne peuvent pas avoir.

Mais elle a voulu que le peuple de Gnide eût un culte plus pur, et lui rendît des honneurs plus dignes d'elle. Là, les sacrifices sont des soupirs, et les offrandes un cœur tendre. Chaque amant adresse ses vœux à sa maîtresse, et Vénus les reçoit pour elle.

Partout où se trouve la beauté, on l'adore comme Vénus même : car la beauté est aussi divine qu'elle.

Les cœurs amoureux viennent dans le temple ; ils vont embrasser les autels de la Fidélité et de la Constance.

Ceux qui sont accablés des rigueurs d'une cruelle, y viennent soupirer : ils sentent diminuer leurs tourments : ils trouvent dans leur cœur la flatteuse espérance.

La déesse, qui a promis de faire le bonheur des vrais amants, le mesure toujours à leurs peines.

La jalousie est une passion qu'on peut avoir, mais qu'on doit taire. On adore en secret les caprices de sa maîtresse, comme on adore les décrets des dieux, qui deviennent plus justes lorsqu'on ose s'en plaindre.

On met au rang des faveurs divines, le feu, les transports de l'amour, et la fureur même : car, moins on est maître de son cœur, plus il est à la déesse.

Ceux qui n'ont point donné leur cœur sont des profanes, qui ne peuvent pas entrer dans le temple : ils adressent de loin leurs vœux à la déesse, et lui demandent de les délivrer de cette liberté, qui n'est qu'une impuissance de former des désirs.

La déesse inspire aux filles de la modestie : cette qualité charmante donne un nouveau prix à tous les trésors qu'elle cache.

Mais jamais dans ces lieux fortunés, elles n'ont rougi d'une passion sincère, d'un sentiment naïf, d'un aveu tendre.

Le cœur fixe toujours lui-même le moment auquel il doit se rendre : mais c'est une profanation de se rendre sans aimer.

L'Amour est attentif à la félicité des Gnidiens : il choisit les traits dont il les blesse. Lorsqu'il voit une amante affligée, accablée des rigueurs d'un amant, il prend une flèche trempée dans les eaux du fleuve d'oubli. Quand il voit deux amants qui commencent à s'aimer, il tire sans cesse sur eux de nouveaux traits. Quand il en voit dont l'amour s'affaiblit, il le fait soudain renaître ou mourir : car il épargne toujours les derniers jours d'une passion languissante : on ne passe point par les dégoûts avant de cesser d'aimer ; mais de plus grandes douceurs font oublier les moindres.

L'Amour a ôté de son carquois les traits cruels dont il blessa Phèdre et Ariane, qui, mêlés d'amour et de haine, servent à montrer sa puissance, comme la foudre sert à faire connaître l'empire de Jupiter.

A mesure que le dieu donne le plaisir d'aimer, Vénus y joint le bonheur de plaire.

Les filles entrent chaque jour dans le sanctuaire, pour faire leur prière à Vénus. Elles y expriment des sentiments naïfs comme le cœur qui les fait naître. Reine d'Amathonte, disait une d'elles, ma flamme pour Tirsis est éteinte ; je ne te demande pas de me rendre mon amour ; fais seulement qu'Ixiphile m'aime.

Une autre disait tout bas : Puissante déesse, donne-moi la force de cacher quelque temps mon amour à mon berger, pour augmenter le prix de l'aveu que je veux lui en faire.

Déesse de Cythère, disait une autre, je cherche la solitude ; les jeux de mes compagnes ne me plaisent plus. J'aime peut-être. Ah ! si j'aime quelqu'un, ce ne peut être que Daphnis.

Dans les jours de fête, les filles et les jeunes garçons viennent réciter des hymnes en l'honneur de Vénus :

souvent ils chantent sa gloire, en chantant leurs amours.

Un jeune Gnidien, qui tenait par la main sa maîtresse, chantait ainsi : Amour, lorsque tu vis Psyché, tu te blessas sans doute des mêmes traits dont tu viens de blesser mon cœur : ton bonheur n'était pas différent du mien ; car tu sentais mes feux, et moi, j'ai senti tes plaisirs.

J'ai vu tout ce que je décris. J'ai été à Gnide ; j'y ai vu Thémire, et je l'ai aimée : je l'ai vue encore, et je l'ai aimée davantage. Je resterai toute ma vie à Gnide avec elle ; et je serai le plus heureux des mortels.

Nous irons dans le temple ; et jamais il n'y sera entré un amant si fidèle : nous irons dans le palais de Vénus ; et je croirai que c'est le palais de Thémire : j'irai dans la prairie, et je cueillerai des fleurs, que je mettrai sur son sein : peut-être que je pourrai la conduire dans le bocage, où tant de routes vont se confondre ; et quand elle sera égarée... l'Amour, qui m'inspire, me défend de révéler ses mystères.

―――

CHANT SECOND

Il y a à Gnide un antre sacré que les nymphes habitent, où la déesse rend ses oracles. La terre ne mugit point sous les pieds ; les cheveux ne se dressent point sur la tête ; il n'y a point de prêtresse, comme à Delphes, où Apollon agite la Pythie : mais Vénus elle-même écoute les mortels, sans se jouer de leurs espérances, ni de leurs craintes.

Une coquette de l'île de Crète était venue à Gnide : elle marchait entourée de tous les jeunes Gnidiens : elle souriait à l'un, parlait à l'oreille à l'autre, soutenait son bras sur un troisième, criait à deux autres de la suivre. Elle était belle et parée avec art ; le son de sa voix était imposteur comme ses yeux. O ciel! que d'alarmes ne causa-t-elle point aux vraies amantes! Elle se présenta à l'oracle, aussi fière que les déesses : mais soudain nous entendîmes une voix, qui sortait du sanctuaire : Perfide, comment oses-tu porter tes artifices jusque dans les lieux où je règne avec la candeur? Je vais te punir d'une manière cruelle; je t'ôterai tes charmes ; mais je te laisserai le cœur comme il est. Tu appelleras tous les hommes que tu verras, ils te fuiront comme une ombre plaintive; et tu mourras accablée de refus et de mépris.

Une courtisane de Nocrétis vint ensuite, toute brillante des dépouilles de ses amants. Va, dit la déesse, tu te trompes, si tu crois faire la gloire de mon empire : ta beauté fait voir qu'il y a des plaisirs; mais elle ne les donne pas Ton cœur est comme le fer; et, quand tu verrais mon fils même, tu ne saurais l'aimer. Va prodiguer tes faveurs aux hommes lâches qui les demandent et qui s'en dégoûtent; va leur montrer des charmes que l'on voit soudain, et que l'on perd pour toujours. Tu n'es propre qu'à faire mépriser ma puissance.

Quelque temps après vint un homme riche, qui levait les tributs du roi de Lydie. Tu me demandes, dit la déesse, une chose que je ne saurais faire, quoique je sois la déesse de l'amour. Tu achètes des beautés, pour les aimer; mais tu ne les aimes pas, parce que tu les achètes. Tes trésors ne te seront point inutiles; ils te serviront à te dégoûter de tout ce qu'il y a de plus charmant dans la nature.

Un jeune homme de Doride, nommé Aristée, se présenta ensuite : il avait vu à Gnide la charmante Camille; il en était éperdument amoureux : il sentait tout l'excès de son amour; et il venait demander à Vénus qu'il pût l'aimer davantage.

Je connais ton cœur, lui dit la déesse : tu sais aimer.

J'ai trouvé Camille digne de toi : j'aurais pu la donner au plus grand roi du monde ; mais les rois la méritent moins que les bergers.

Je parus ensuite avec Thémire. La déesse me dit : Il n'y a point, dans mon empire, de mortel qui me soit plus soumis que toi. Mais que veux-tu que je fasse ? Je ne saurais te rendre plus amoureux, ni Thémire plus charmante. Ah ! lui dis-je, grande déesse, j'ai mille grâces à vous demander : faites que Thémire ne pense qu'à moi ; qu'elle ne voie que moi ; qu'elle se réveille en songeant à moi ; qu'elle craigne de me perdre, quand je suis présent ; qu'elle m'espère dans mon absence ; que, toujours charmée de me voir, elle regrette encore tous les moments qu'elle a passés sans moi.

CHANT TROISIÈME

Il y a à Gnide des jeux sacrés, qui se renouvellent tous les ans : les femmes y viennent, de toutes parts, disputer le prix de la beauté. Là, les bergères sont confondues avec les filles des rois ; car la beauté seule y porte les marques de l'empire. Vénus y préside elle-même. Elle décide sans balancer ; elle sait bien quelle est la mortelle heureuse qu'elle a le plus favorisée.

Hélène remporta ce prix plusieurs fois ; elle triompha lorsque Thésée l'eut ravie ; elle triompha lorsqu'elle eut été enlevée par le fils de Priam ; elle triompha enfin, lorsque les dieux l'eurent rendue à Ménélas, après dix ans d'espérance : ainsi ce prince, au jugement de Vénus même, se vit aussi heureux époux, que Thésée et Pâris avoient été heureux amants [1].

---

[1] Colardeau traduit ironiquement :
> L'époux, en retrouvant cette épouse abusée,
> Se crut non moins heureux que Pâris et Thésée.

Il vint trente filles de Corinthe, dont les cheveux tombaient à grosses boucles sur les épaules. Il en vint dix de Salamine, qui n'avaient encore vu que treize fois le cours du soleil. Il en vint quinze de l'île de Lesbos ; et elles se disaient l'une à l'autre : Je me sens tout émue; il n'y a rien de si charmant que vous : si Vénus vous voit des mêmes yeux que moi, elle vous couronnera au milieu de toutes les beautés de l'univers.

Il vint cinquante femmes de Milet. Rien n'approchait de la blancheur de leur teint, et de la régularité de leurs traits : tout faisait voir, ou promettait un beau corps ; et les dieux, qui les formèrent, n'auraient rien fait de plus digne d'eux, s'ils n'avaient plus cherché à leur donner des perfections que des grâces [1].

Il vint cent femmes de l'île de Chypre. Nous avons, disaient-elles, passé notre jeunesse dans le temple de Vénus ; nous lui avons consacré notre virginité et notre pudeur même. Nous ne rougissons point de nos charmes : nos manières, quelquefois hardies et toujours libres, doivent nous donner de l'avantage sur une pudeur qui s'alarme sans cesse.

Je vis les filles de la superbe Lacédémone. Leur robe était ouverte par les côtés, depuis la ceinture, de la manière la plus immodeste : et cependant elles faisaient les prudes, et soutenaient qu'elles ne violaient la pudeur, que par amour pour la patrie.

Mer fameuse par tant de naufrages, vous savez conserver des dépôts précieux ! Vous vous calmâtes, lorsque le navire Argo porta le toison d'or sur votre plaine liquide ; et, lorsque cinquante beautés sont parties de

---

[1] Colardeau :

> Les dieux n'ont pas formé de plus noble assemblage ;
> Sans doute elles seraient leur plus parfait ouvrage
> S'ils leur avaient donné, plus distraits dans leurs soins,
> Quelques grâces de plus, quelques beautés de moins.

Colchos, et se sont confiées à vous, vous vous êtes courbée sous elles.

Je vis aussi Oriane, semblable aux déesses. Toutes les beautés de Lydie entouraient leur reine. Elle avait envoyé devant elle cent jeunes filles, qui avaient présenté à Vénus une offrande de deux cents talents. Candaule était venu lui-même, plus distingué par son amour que par la pourpre royale : il passait les jours et les nuits à dévorer de ses regards les charmes d'Oriane : ses yeux erraient sur son beau corps, et ses yeux ne se lassaient jamais [1]. Hélas! disait-il, je suis heureux; mais c'est une chose qui n'est sue que de Vénus et de moi : mon bonheur serait plus grand, s'il donnait de l'envie! Belle reine, quittez ces vains ornements; faites tomber cette toile importune; montrez-vous à l'univers; laissez le prix de la beauté, et demandez des autels.

Auprès de là étaient vingt Babyloniennes : elles avaient des robes de pourpre brodées d'or; elles croyaient que leur luxe augmentait leur prix. Il y en avait qui portaient, pour preuve de leur beauté, les richesses qu'elle leur avait fait acquérir.

Plus loin, je vis cent femmes d'Égypte, qui avaient les yeux et les cheveux noirs. Leurs maris étaient auprès d'elles, et ils disaient : Les lois nous soumettent à vous en l'honneur d'Isis [2] : mais votre beauté a sur nous un empire plus fort que celui des lois; nous vous obéissons avec le même plaisir que l'on obéit aux dieux; nous sommes les plus heureux esclaves de l'univers.

Le devoir vous répond de notre fidélité; mais il n'y a que l'amour qui puisse nous promettre la vôtre.

Soyez moins sensibles à la gloire que vous acquerrez à Gnide, qu'aux hommages que vous pouvez trouver

---

[1] Colardeau :
> Heureux de contempler l'épouse qu'il adore,
> Il la voit, la revoit, et veut la voir encore.

[2] *Lettres persanes*, XXXVIII.

dans votre maison, auprès d'un mari tranquille, qui, pendant que vous vous occupez des affaires du dehors, doit attendre, dans le sein de votre famille, le cœur que vous lui rapportez.

Il vint des femmes de cette ville puissante, qui envoie ses vaisseaux au bout de l'univers : les ornements fatiguaient leur tête superbe ; toutes les parties du monde semblaient avoir contribué à leur parure.

Dix beautés vinrent des lieux où commence le jour : elles étaient filles de l'Aurore ; et, pour la voir, elles se levaient tous les jours avant elle. Elles se plaignaient du Soleil, qui faisait disparaître leur mère ; elles se plaignaient de leur mère, qui ne se montrait à elles que comme au reste des mortels.

Je vis, sous une tente, une reine d'un peuple des Indes. Elle était entourée de ses filles, qui déjà faisaient espérer les charmes de leur mère : des eunuques la servaient, et leurs yeux regardaient la terre ; car, depuis qu'ils avaient respiré l'air de Gnide, ils avaient senti redoubler leur affreuse mélancolie.

Les femmes de Cadix, qui sont aux extrémités de la terre, disputèrent aussi le prix. Il n'y a point de pays dans l'univers, où une belle ne reçoive des hommages ; mais il n'y a que les plus grands hommages qui puissent apaiser l'ambition d'une belle.

Les filles de Gnide parurent ensuite. Belles sans ornements, elles avaient des grâces, au lieu de perles et de rubis. On ne voyait sur leur tête que les présents de Flore ; mais ils y étaient plus dignes des embrassements de Zéphyre. Leur robe n'avait d'autre mérite que celui de marquer une taille charmante, et d'avoir été filée de leurs propres mains.

Parmi toutes ces beautés, on ne vit point la jeune Camille. Elle avait dit : Je ne veux point disputer le prix de la beauté ; il me suffit que mon cher Aristée me trouve belle.

Diane rendait ces jeux célèbres par sa présence. Elle n'y venait point disputer le prix ; car les déesses ne se comparent point aux mortelles. Je la vis seule, elle était belle comme Vénus : je la vis auprès de Vénus, elle n'était plus que Diane.

Il n'y eut jamais un si grand spectacle : les peuples étaient séparés des peuples ; les yeux erraient de pays en pays, depuis le couchant jusqu'à l'aurore : il semblait que Gnide fût tout l'univers.

Les dieux ont partagé la beauté entre les nations, comme la nature l'a partagée entre les déesses. Là, on voyait la beauté fière de Pallas ; ici, la grandeur et la majesté de Junon ; plus loin, la simplicité de Diane, la délicatesse de Thétis, le charme des Grâces, et quelquefois le sourire de Vénus.

Il semblait que chaque peuple eût une manière particulière d'exprimer sa pudeur, et que toutes ces femmes voulussent se jouer des yeux : les unes découvraient la gorge, et cachaient leurs épaules : les autres montraient les épaules, et couvraient la gorge ; celles qui vous dérobaient le pied, vous payaient par d'autres charmes : et là on rougissait de ce qu'ici on appelait bienséance.

Les dieux sont si charmés de Thémire, qu'ils ne la regardent jamais sans sourire de leur ouvrage. De toutes les déesses, il n'y a que Vénus qui la voie avec plaisir, et que les dieux ne raillent point d'un peu de jalousie.

Comme on remarque une rose au milieu des fleurs qui naissent dans l'herbe, on distingua Thémire de tant de belles. Elles n'eurent pas le temps d'être ses rivales : elles furent vaincues avant de la craindre. Dès qu'elle parut, Vénus ne regarda qu'elle. Elle appela les Grâces : Allez la couronner, leur dit-elle : de toutes les beautés que je vois, c'est la seule qui vous ressemble.

CHANT QUATRIÈME

Pendant que Thémire était occupée avec ses compagnes au culte de la déesse, j'entrai dans un bois solitaire : j'y trouvai le tendre Aristée. Nous nous étions vus le jour que nous allâmes consulter l'oracle : c'en fut assez pour nous engager à nous entretenir : car Vénus met dans le cœur, en la présence d'un habitant de Gnide, le charme secret que trouvent deux amis, lorsqu'après une longue absence ils sentent dans leurs bras le doux objet de leurs inquiétudes [1].

Ravis l'un de l'autre, nous sentîmes que notre cœur se donnait ; il semblait que la tendre Amitié était descendue du ciel, pour se placer au milieu de nous. Nous nous racontâmes mille choses de notre vie. Voici, à peu près, ce que je lui dis :

Je suis né à Sybaris [2], où mon père Antiloque était prêtre de Vénus. On ne met point, dans cette ville, de différence entre les voluptés et les besoins; on bannit tous les arts qui pourraient troubler un sommeil tranquille ; on donne des prix, aux dépens du public, à ceux qui peuvent découvrir des voluptés nouvelles; les citoyens ne se souviennent que des bouffons qui les ont divertis, et ont perdu la mémoire des magistrats qui les ont gouvernés.

---

[1] Colardeau :
>Tel est des Gnidiens le prestige enchanteur,
>On éprouve à leur vue, à leur seule présence,
>Tout ce qu'après les maux et l'ennui de l'absence
>Deux fidèles amis, au moment du retour,
>Ont pu goûter jamais et d'ivresse et d'amour.

[2] Ce qu'on doit surtout remarquer dans le *Temple de Gnide*, c'est qu'Anacréon même y est toujours observateur et philosophe. Dans le quatrième chant, il paraît décrire les mœurs des Sybarites, et on s'aperçoit aisément que ces mœurs sont les nôtres. (D'ALEMBERT.)

On y abuse de la fertilité du terroir, qui y produit une abondance éternelle ; et les faveurs des dieux sur Sybaris ne servent qu'à encourager le luxe et la mollesse.

Les hommes sont si efféminés, leur parure est si semblable à celle des femmes ; ils composent si bien leur teint ; ils se frisent avec tant d'art ; ils emploient tant de temps à se corriger à leur miroir, qu'il semble qu'il n'y ait qu'un sexe dans toute la ville.

Les femmes se livrent au lieu de se rendre : chaque jour voit finir les désirs et les espérances de chaque jour : on ne sait ce que c'est que d'aimer et d'être aimé; on n'est occupé que de ce qu'on appelle si faussement jouir.

Les faveurs n'y ont que leur réalité propre ; et toutes ces circonstances qui les accompagnent si bien, tous ces riens qui sont d'un si grand prix, ces engagements qui paraissent toujours plus grands, ces petites choses qui valent tant, tout ce qui prépare un heureux moment, tant de conquêtes au lieu d'une, tant de jouissances avant la dernière : tout cela est inconnu à Sybaris [1].

---

[1] Colardeau :

>La beauté sans pudeur y cède sans amour.
>Chaque jour voit finir l'espoir de chaque jour.
>On n'y recherche point ce bien, ce bien suprême,
>Ce doux plaisir d'aimer, d'être aimé comme on aime
>D'un éclair de bonheur on s'y laisse éblouir,
>On demande, on obtient, et l'âme croit jouir.
>Jouir ! Non, mon ami, nul charme n'environne,
>Ne précède, ne suit les faveurs que l'on donne.
>On est bientôt heureux ; mais on n'est rien de plus.
>Ces détails si touchants, ces combats, ces refus ;
>Tous ces soins, tous ces maux, toutes ces jouissances,
>Ce contraste enchanteur de craintes, d'espérances,
>Tant de moments heureux avant l'heureux moment,
>Les doutes de l'amante et les vœux de l'amant,
>Cette pudeur aimable encore plus qu'importune,
>Mille plaisirs pour un, cent conquêtes pour une,
>Tous ces riens, en un mot, dont l'amour fait le prix :
>Voilà ce que jamais n'a connu Sybaris.

Encore si elles avaient la moindre modestie, cette faible image de la vertu pourrait plaire : mais non, les yeux sont accoutumés à tout voir, et les oreilles à tout entendre.

Bien loin que la multiplicité des plaisirs donne aux Sybarites plus de délicatesse, ils ne peuvent plus distinguer un sentiment d'avec un sentiment.

Ils passent leur vie dans une joie purement extérieure : ils quittent un plaisir qui leur déplaît, pour un plaisir qui leur déplaira encore; tout ce qu'ils imaginent est un nouveau sujet de dégoût.

Leur âme, incapable de sentir les plaisirs, semble n'avoir de délicatesse que pour les peines : un citoyen fut fatigué, toute une nuit, d'une rose qui s'était repliée dans son lit.

La mollesse a tellement affaibli leurs corps, qu'ils ne sauraient remuer les moindres fardeaux; ils peuvent à peine se soutenir sur leurs pieds; les voitures les plus douces les font évanouir; lorsqu'ils sont dans les festins, l'estomac leur manque à tous les instants [1].

Ils passent leur vie sur des sièges renversés, sur lesquels ils sont obligés de se reposer tout le jour, sans être fatigués : ils sont brisés, quand ils vont languir ailleurs.

Incapables de porter le poids des armes, timides devant leurs concitoyens, lâches devant les étrangers, ils sont des esclaves tout prêts pour le premier maître.

Dès que je sus penser, j'eus du dégoût pour la malheureuse Sybaris. J'aime la vertu; et j'ai toujours craint les dieux immortels. Non, disais-je, je ne respirerai pas plus longtemps cet air empoisonné : tous ces esclaves de la mollesse sont faits pour vivre dans leur patrie, et moi pour la quitter.

---

[1] Colardeau :
> Au milieu des festins, sur leur lèvres livides,
> Leurs mains en frémissant portent les coupes d'or,
> Ils y burent l'ennui qu'ils vont y boire encor.

J'allai, pour la dernière fois, au temple ; et, m'approchant des autels où mon père avait tant de fois sacrifié : Grande Déesse, dis-je à haute voix, j'abandonne ton temple, et non pas ton culte ; en quelque lieu de la terre que je sois, je ferai fumer pour toi de l'encens ; mais il sera plus pur que celui qu'on t'offre à Sybaris.

Je partis, et j'arrivai en Crète. Cette île est toute pleine de monuments de la fureur de l'Amour. On y voit le taureau d'airain, ouvrage de Dédale, pour tromper ou pour satisfaire les égarements de Pasiphaé ; le labyrinthe, dont l'Amour seul sut éluder l'artifice ; le tombeau de Phèdre, qui étonna le Soleil, comme avait fait sa mère ; et le temple d'Ariane, qui, désolée dans les déserts, abandonnée par un ingrat, ne se repentait pas encore de l'avoir suivi.

On y voit le palais d'Idoménée, dont le retour ne fut pas plus heureux que celui des autres capitaines grecs : car ceux qui échappèrent aux dangers d'un élément colère trouvèrent leur maison plus funeste encore. Vénus irritée leur fit embrasser des épouses perfides ; et ils moururent de la main qu'ils croyaient la plus chère.

Je quittai cette île, si odieuse à une déesse qui devait faire quelque jour la félicité de ma vie.

Je me rembarquai ; et la tempête me jeta à Lesbos. C'est encore une île peu chérie de Vénus : elle a ôté la pudeur du visage des femmes, la faiblesse de leur corps, et la timidité de leur âme. Grande Vénus, laisse brûler les femmes de Lesbos d'un feu légitime ; épargne à la nature humaine tant d'horreurs.

Mitylène est la capitale de Lesbos ; c'est la patrie de la tendre Sapho. Immortelle comme les Muses, cette fille infortunée brûle d'un feu qu'elle ne peut éteindre. Odieuse à elle-même, trouvant ses ennuis dans ses charmes, elle hait son sexe, et le cherche toujours. Comment, dit-elle, une flamme si vaine peut-elle être si cruelle? Amour, tu es cent fois plus redoutable quand tu te joues, que quand tu t'irrites.

Enfin je quittai Lesbos; et le sort me fit trouver une île plus profane encore; c'était celle de Lemnos. Vénus n'y a point de temple : jamais les Lemniens ne lui adressèrent de vœux. Nous rejetons, disent-ils, un culte qui amollit les cœurs. La déesse les en a souvent punis : mais, sans expier leur crime, ils en portent la peine : toujours plus impies à mesure qu'ils sont plus affligés.

Je me remis en mer, cherchant toujours quelque terre chérie des dieux; les vents me portèrent à Délos. Je restai quelques mois dans cette île sacrée. Mais, soit que les dieux nous préviennent quelquefois sur ce qui nous arrive; soit que notre âme retienne de la divinité, dont elle est émanée, quelque faible connaissance de l'avenir; je sentis que mon destin, que mon bonheur même, m'appelaient dans un autre pays.

Une nuit que j'étais dans cet état tranquille, où l'âme plus à elle-même, semble être délivrée de la chaîne qui la tient assujettie, il m'apparut, je ne sus pas d'abord si c'était une mortelle, ou une déesse. Un charme secret était répandu sur toute sa personne : elle n'était point belle comme Vénus, mais elle était ravissante comme elle : tous ses traits n'étaient point réguliers, mais ils enchantaient tous ensemble : vous n'y trouviez point ce qu'on admire, mais ce qui pique : ses cheveux tombaient négligemment sur ses épaules, mais cette négligence était heureuse : sa taille était charmante; elle avait cet air que la nature donne seule, et dont elle cache le secret aux peintres mêmes. Elle vit mon étonnement; elle en sourit. Dieux! quel souris! Je suis, me dit-elle d'une voix qui pénétrait le cœur, la seconde des Grâces : Vénus, qui m'envoie, veut te rendre heureux; mais il faut que tu ailles l'adorer dans son temple de Gnide. Elle fuit; mes bras la suivirent : mon songe s'envola avec elle ; et il ne me resta qu'un doux regret de ne la plus voir, mêlé du plaisir de l'avoir vue.

Je quittai donc l'île de Délos : j'arrivai à Gnide. Je puis dire que d'abord je respirai l'amour. Je sentis, je ne puis pas bien exprimer ce que je sentis. Je n'aimais pas encore, mais je cherchais à aimer : mon cœur s'échauffait comme dans la présence de quelque beauté divine. J'avançai ; et je vis, de loin, de jeunes filles qui jouaient dans la prairie : je fus d'abord entraîné vers elles. Insensé que je suis ! disais-je : j'ai, sans aimer, tous les égarements de l'amour : mon cœur vole déjà vers des objets inconnus ; et ces objets lui donnent de l'inquiétude. J'approchai : je vis la charmante Thémire ! Sans doute que nous étions faits l'un pour l'autre. Je ne regardai qu'elle ; et je crois que je serais mort de douleur, si elle n'avait tourné sur moi quelques regards. Grande Vénus, m'écriai-je, puisque vous devez me rendre heureux, faites que ce soit avec cette bergère : je renonce à toutes les autres beautés ; elle seule peut remplir vos promesses et tous les vœux que je ferai jamais.

CHANT CINQUIÈME

Je parlais encore au jeune Aristée de mes tendres amours ; ils lui firent soupirer les siens ; je soulageai son cœur, en le priant de me les raconter. Voici ce qu'il me dit : je n'oublierai rien ; car je suis inspiré par le même Dieu qui le faisait parler.

Dans tout ce récit, vous ne trouverez rien que de très simple : mes aventures ne sont que les sentiments d'un cœur tendre, que mes plaisirs, que mes peines ; et, comme mon amour pour Camille fait le bonheur, il fait aussi toute l'histoire de ma vie.

Camille est fille d'un des principaux habitants de Gnide ; elle est belle ; elle a une physionomie qui va se peindre dans tous les cœurs : les femmes qui font des souhaits, demandent aux dieux les grâces de Camille ; les hommes qui la voient veulent la voir toujours, ou craignent de la voir encore [1].

Elle a une taille charmante, un air noble, mais modeste, des yeux vifs et tout prêts à être tendres, des traits faits exprès l'un pour l'autre, des charmes invisiblement assortis pour la tyrannie des cœurs.

Camille ne cherche point à se parer ; mais elle est mieux parée que les autres femmes.

Elle a un esprit que la nature refuse presque toujours aux belles. Elle se prête également au sérieux et à l'enjouement. Si vous voulez, elle pensera sensément ; si vous voulez, elle badinera comme les Grâces.

Plus on a d'esprit, plus on en trouve à Camille. Elle a quelque chose de si naïf, qu'il semble qu'elle ne parle que le langage du cœur. Tout ce qu'elle dit, tout ce qu'elle fait a les charmes de la simplicité ; vous trouvez toujours une bergère naïve. Des grâces si légères, si fines, si délicates, se font remarquer, mais se font encore mieux sentir.

Avec tout cela, Camille m'aime : elle est ravie quand elle me voit ; elle est fâchée quand je la quitte ; et, comme si je pouvais vivre sans elle, elle me fait promettre de revenir. Je lui dis toujours que je l'aime, elle me croit ; je lui dis que je l'adore, elle le sait ; mais elle est ravie, comme si elle ne le savait pas. Quand je lui dis qu'elle fait la félicité de ma vie, elle me dit que je fais le bonheur de la sienne. Enfin, elle m'aime tant, qu'elle me ferait presque croire que je suis digne de son amour.

---

[1] Colardeau :

Il faut la voir toujours, ou ne la voir jamais.

Il y avait un mois que je voyais Camille, sans oser lui dire que je l'aimais, et sans oser presque me le dire à moi-même : plus je la trouvais aimable, moins j'espérais d'être celui qui la rendrait sensible. Camille, tes charmes me touchaient ; mais ils me disaient que je ne te méritais pas.

Je cherchais partout à t'oublier ; je voulais effacer de mon cœur ton adorable image. Que je suis heureux ! je n'ai pu y réussir ; cette image y est restée, et elle y vivra toujours !

Je dis à Camille : J'aimais le bruit du monde, et je cherche la solitude ; j'avais des vues d'ambition, et je ne désire plus que ta présence ; je voulais errer sous des climats reculés, et mon cœur n'est plus citoyen que des lieux où tu respires : tout ce qui n'est point toi s'est évanoui de devant mes yeux.

Quand Camille m'a parlé de sa tendresse, elle a encore quelque chose à me dire ; elle croit avoir oublié ce qu'elle m'a juré mille fois. Je suis si charmé de l'entendre, que je feins quelquefois de ne la pas croire, pour qu'elle touche encore mon cœur : bientôt règne entre nous ce doux silence, qui est le plus tendre langage des amants.

Quand j'ai été absent de Camille, je veux lui rendre compte de ce que j'ai pu voir ou entendre : De quoi m'entretiens-tu ? me dit-elle ; parle-moi de nos amours : ou si tu n'as rien pensé, si tu n'as rien à me dire, cruel, laisse-moi parler.

Quelquefois elle me dit en m'embrassant : Tu es triste. Il est vrai, lui dis-je : mais la tristesse des amants est délicieuse ; je sens couler mes larmes, et je ne sais pourquoi, car tu m'aimes ; je n'ai point de sujet de me plaindre, et je me plains. Ne me retire point de la langueur où je suis ; laisse-moi soupirer en même temps mes peines et mes plaisirs.

Dans les transports de l'amour, mon âme est trop agitée ; elle est entraînée vers son bonheur sans en jouir : au lieu qu'à présent je goûte ma tristesse même. Je n'essuie point mes larmes : qu'importe que je pleure, puisque je suis heureux ?

Quelquefois Camille me dit : Aime-moi. Oui, je t'aime. Mais comment m'aimes-tu? Hélas! lui dis-je, je t'aime comme je t'aimais : car je ne puis comparer l'amour que j'ai pour toi, qu'à celui que j'ai eu pour toi-même.

J'entends louer Camille par tous ceux qui la connaissent : ces louanges me touchent comme si elles m'étaient personnelles ; et j'en suis plus flatté qu'elle-même.

Quand il y a quelqu'un avec nous, elle parle avec tant d'esprit, que je suis enchanté de ses moindres paroles : mais j'aimerais encore mieux qu'elle ne dît rien.

Quand elle fait des amitiés à quelqu'un, je voudrais être celui à qui elle fait des amitiés, quand, tout à coup, je fais réflexion que je ne serais point aimé d'elle.

Prends garde, Camille, aux impostures des amants. Ils te diront qu'ils t'aiment, et ils diront vrai : ils te diront qu'ils t'aiment autant que moi; mais je jure par les dieux, que je t'aime davantage.

Quand je l'aperçois de loin, mon esprit s'égare : elle approche, et mon cœur s'agite : j'arrive auprès d'elle, et il semble que mon âme veut me quitter, que cette âme est à Camille, et qu'elle va l'animer.

Quelquefois je veux lui dérober une faveur; elle me la refuse, et dans un instant elle m'en accorde une autre. Ce n'est point un artifice : combattue par sa pudeur et son amour, elle voudrait me tout refuser, elle voudrait pouvoir me tout accorder.

Elle me dit : Ne vous suffit-il pas que je vous aime? que pouvez-vous désirer après mon cœur? Je désire, lui dis-je, que tu fasses pour moi une faute que l'amour fait faire, et que le grand amour justifie.

Camille, si je cesse un jour de t'aimer, puisse la Parque se tromper, et prendre ce jour pour le dernier de mes jours ! Puisse-t-elle effacer le reste d'une vie que je trouverais déplorable, quand je me souviendrais des plaisirs que j'ai eus en aimant !

Aristée soupira, et se tut; et je vis bien qu'il ne cessa de parler de Camille que pour penser à elle.

CHANT SIXIÈME

Pendant que nous parlions de nos amours, nous nous égarâmes; et, après avoir erré longtemps, nous entrâmes dans une grande prairie : nous fûmes conduits, par un chemin de fleurs, au pied d'un rocher affreux. Nous vîmes un antre obscur; nous y entrâmes, croyant que c'était la demeure de quelque mortel. O dieux! qui aurait pensé que ce lieu eût été si funeste? A peine y eus-je mis le pied, que tout mon corps frémit, mes cheveux se dressèrent sur la tête. Une main invisible m'entraînait dans ce fatal séjour : à mesure que mon cœur s'agitait, il cherchait à s'agiter encore. Ami, m'écriai-je, entrons plus avant, dussions-nous voir augmenter nos peines! J'avance dans ce lieu, où jamais le soleil n'entra, et que les vents n'agitèrent jamais. J'y vis la Jalousie; son aspect était plus sombre que terrible : la Pâleur, la Tristesse, le Silence l'entouraient, et les Ennuis volaient autour d'elle. Elle souffla sur nous, elle nous mit la main sur le cœur, elle nous frappa sur la tête; et nous ne vîmes, nous n'imaginâmes plus que des monstres. Entrez plus avant, nous dit-elle, malheureux mortels; allez trouver une déesse plus puissante que moi. Nous vîmes une affreuse divinité, à la lueur des langues enflammées des serpents qui sifflaient sur sa tête; c'était la Fureur. Elle détacha un de ses serpents, et le jeta sur moi : je voulus le prendre; déjà, sans que je l'eusse senti, il s'était glissé dans mon cœur. Je restai un moment comme stupide; mais, dès que le poison se fut répandu dans mes veines, je crus être au milieu des enfers : mon âme fut embrasée; et, dans sa violence, tout mon corps la contenait à peine : j'étais si agité, qu'il me semblait que je tournais sous le fouet des Furies. Nous nous abandonnâmes à nos transports; nous fîmes cent fois le tour de cet antre épouvantable : nous allions de la Jalousie à la Fureur, et de la Fureur à la Jalousie : nous criions, Thémire! nous criions, Camille! Si Thémire ou Camille étaient venues, nous les aurions déchirées de nos propres mains.

Enfin, nous trouvâmes la lumière du jour; elle nous parut importune, et nous regrettâmes presque l'antre affreux que nous avions quitté. Nous tombâmes de lassitude; et ce repos même nous parut insupportable. Nos yeux nous refusèrent des larmes, et notre cœur ne put plus former de soupirs[1].

Je fus pourtant un moment tranquille : le sommeil commençait à verser sur moi ses doux pavots. O dieux! ce sommeil même devint cruel. J'y voyais des images plus terribles pour moi que les pâles ombres : je me réveillais, à chaque instant, sur une infidélité de Thémire; je la voyais... Non, je n'ose encore le dire; et ce que j'imaginais seulement pendant la veille, je le trouvais réel dans les horreurs de cet affreux sommeil.

Il faudra donc, dis-je en me levant, que je fuie également les ténèbres et la lumière! Thémire, la cruelle Thémire, m'agite comme les furies. Qui l'eût cru, que mon bonheur serait de l'oublier pour jamais!

Un accès de fureur me reprit : Ami, m'écriai-je, lève-toi. Allons exterminer les troupeaux qui paissent dans

---

[1] Colardeau :
> Hélas! notre repos fut lui-même un supplice!
> Nos yeux secs et brûlants nous refusent des pleurs,
> Nul soupir échappé ne soulage nos cœurs.

cette prairie : poursuivons ces bergers dont les amours sont si paisibles. Mais non : je vois de loin un temple ; c'est peut-être celui de l'Amour : allons le détruire, allons briser sa statue, et lui rendre nos fureurs redoutables. Nous courûmes, et il semblait que l'ardeur de commettre un crime nous donnât des forces nouvelles : nous traversâmes les bois, les prés, les guérets ; nous ne fûmes pas arrêtés un instant : une colline s'élevait en vain, nous y montâmes : nous entrâmes dans le temple : il était consacré à Bacchus. Que la puissance des dieux est grande ! Notre fureur fut aussitôt calmée. Nous nous regardâmes, et nous vîmes avec surprise le désordre où nous étions.

Grand Dieu ! m'écriai-je, je te rends moins grâces d'avoir apaisé ma fureur, que de m'avoir épargné un grand crime. Et m'approchant de la prêtresse : Nous sommes aimés du Dieu que vous servez ; il vient de calmer les transports dont nous étions agités ; à peine sommes-nous entrés dans ce lieu, que nous avons senti sa faveur présente. Nous voulons lui faire un sacrifice : daignez l'offrir pour nous, divine prêtresse. J'allai chercher une victime, et je l'apportai à ses pieds.

Pendant que la prêtresse se préparait à donner le coup mortel, Aristée prononça ces paroles : Divin Bacchus, tu aimes à voir la joie sur le visage des hommes ; nos plaisirs sont un culte pour toi ; et tu ne veux être adoré que par les mortels les plus heureux.

Quelquefois tu égares doucement notre raison : mais, quand quelque divinité cruelle nous l'a ôtée, il n'y a que toi qui puisses nous la rendre.

La noire Jalousie tient l'Amour sous son esclavage : mais tu lui ôtes l'empire qu'elle prend sur nos cœurs ; et tu la fais rentrer dans sa demeure affreuse.

Après que le sacrifice fut fait, tout le peuple s'assembla autour de nous ; et je racontai à la prêtresse comment nous avions été tourmentés dans la demeure de la Jalousie. Et, tout à coup, nous entendîmes un grand bruit, et un mélange confus de voix et d'instruments de musique. Nous sortîmes du temple et nous vîmes arriver une troupe de bacchantes, qui frappaient la terre de leurs thyrses, criant à haute voix : Évohé. Le vieux Silène suivait, monté sur son âne : sa tête semblait chercher la terre ; et, sitôt qu'on abandonnait son corps, il se balançait comme par mesure. La troupe avait le visage barbouillé de lie. Pan paraissait ensuite avec sa flûte, et les Satyres entouraient leur roi. La joie régnait avec le désordre ; une folie aimable mêlait ensemble les jeux, les railleries, les danses, les chansons. Enfin, je vis Bacchus : il était sur son char traîné par des tigres, tel que le Gange le vit au bout de l'univers, portant partout la joie et la victoire.

A ses côtés était la belle Ariane. Princesse, vous vous plaigniez encore de l'infidélité de Thésée, lorsque le dieu prit votre couronne, et la plaça dans le ciel. Il essuya vos larmes. Si vous n'aviez pas cessé de pleurer, vous auriez rendu un dieu plus malheureux que vous, qui n'étiez qu'une mortelle. Il vous dit : Aimez-moi ; Thésée fuit ; ne vous souvenez plus de son amour, oubliez jusqu'à sa perfidie. Je vous rends immortelle, pour vous aimer toujours.

Je vis Bacchus descendre de son char ; je vis descendre Ariane ; elle entra dans le temple. Aimable Dieu, s'écria-t-elle, restons dans ces lieux, et soupirons-y nos amours. Faisons jouir ce doux climat d'une joie éternelle. C'est auprès de ces lieux que la reine des cœurs a posé son empire ; que le dieu de la joie règne auprès d'elle, et augmente le bonheur de ces peuples déjà si fortunés [1].

[1] Colardeau :

> Répands sur ces climats une joie éternelle.
> Vénus règne ici près, tu dois régner près d'elle.
> Ariane et Bacchus, et Vénus et l'Amour
> N'auront plus qu'un empire et qu'une même cour

Pour moi, grand Dieu, je sens déjà que je t'aime davantage. Quoi ! tu pourrais quelque jour me paraître encore plus aimable ! Il n'y a que les immortels qui puissent aimer à l'excès, et aimer toujours davantage ; il n'y a qu'eux qui obtiennent plus qu'ils n'espèrent, et qui sont plus bornés quand ils désirent que quand ils jouissent.

Tu seras ici mes éternelles amours. Dans le ciel, on n'est occupé que de sa gloire [1] ; ce n'est que sur la terre et dans les lieux champêtres, que l'on sait aimer. Et, pendant que cette troupe se livrera à une joie insensée, ma joie, mes soupirs et mes larmes même, te rediront sans cesse mes amours.

Le dieu sourit à Ariane ; il la mena dans le sanctuaire. La joie s'empara de nos cœurs : nous sentîmes une émotion divine. Saisis des égarements de Silène, et des transports des bacchantes, nous prîmes un thyrse, et nous nous mêlâmes dans les danses et dans les concerts.

CHANT SEPTIÈME

Nous quittâmes les lieux consacrés à Bacchus ; mais bientôt nous crûmes sentir que nos maux n'avaient été que suspendus. Il est vrai que nous n'avions point cette fureur qui nous avait agités ; mais la sombre tristesse avait saisi notre âme, et nous étions dévorés de soupçons et d'inquiétudes.

Il nous semblait que les cruelles déesses ne nous avaient agités, que pour nous faire pressentir des malheurs auxquels nous étions destinés.

---

[1] Colardeau.

La gloire dans l'Olympe occupe trop les dieux.

APPENDICE

Quelquefois nous regrettions le temple de Bacchus ; bientôt nous étions entraînés vers celui de Gnide : nous voulions voir Thémire et Camille, ces objets puissants de notre amour et de notre jalousie.

Mais nous n'avions aucune de ces douceurs que l'on a coutume de sentir, lorsque, sur le point de revoir ce qu'on aime, l'âme est déjà ravie, et semble goûter d'avance tout le bonheur qu'elle se promet.

Peut-être, dit Aristée, que je trouverai le berger Licas avec Camille ; que sais-je s'il ne lui parle pas dans ce moment? O dieux! l'infidèle prend plaisir à l'entendre !

On disait l'autre jour, repris-je, que Tirsis, qui a tant aimé Thémire, devait arriver à Gnide ; il l'a aimée, sans doute qu'il l'aime encore : il faudra que je dispute un cœur que je croyais tout à moi.

L'autre jour, Licas chantait ma Camille : que j'étais insensé ! j'étais ravi de l'entendre louer.

Je me souviens que Tirsis porta à ma Thémire des fleurs nouvelles. Malheureux que je suis! elle les a mises sur son sein! C'est un présent de Tirsis, disait-elle. Ah! j'aurais dû les arracher, et les fouler à mes pieds.

Il n'y a pas longtemps que j'allais, avec Camille, faire à Vénus un sacrifice de deux tourterelles ; elles m'échappèrent, et s'envolèrent dans les airs.

J'avais écrit sur des arbres mon nom avec celui de Thémire ; j'avais écrit mes amours : je les lisais et les relisais sans cesse : un matin, je les trouvai effacées.

Camille, ne désespère point un malheureux qui t'aime : l'amour qu'on irrite peut avoir tous les effets de la haine.

Le premier Gnidien qui regardera ma Thémire, je le poursuivrai jusque dans le temple, et je le punirai, fût-il aux pieds de Vénus.

Cependant nous arrivâmes près de l'antre sacré où la déesse rend ses oracles. Le peuple était comme les flots de la mer agitée : ceux-ci venaient d'entendre, les autres allaient chercher leur réponse.

Nous entrâmes dans la foule ; je perdis l'heureux Aristée : déjà il avait embrassé sa Camille ; et moi je cherchais encore ma Thémire.

Je la trouvai enfin. Je sentis ma jalousie redoubler à sa vue, je sentis renaître mes premières fureurs. Mais elle me regarda ; et je devins tranquille. C'est ainsi que les dieux renvoient les Furies, lorsqu'elles sortent des enfers.

O dieux ! me dit-elle, que tu m'as coûté de larmes ! Trois fois le soleil a parcouru sa carrière ; je craignais de t'avoir perdu pour jamais : cette parole me fait trembler. J'ai été consulter l'oracle. Je n'ai point demandé si tu m'aimais ; hélas ! je ne voulais que savoir si tu vivais encore. Vénus vient de me répondre que tu m'aimes toujours.

Excuse, lui dis-je, un infortuné qui t'aurait haïe, si son âme en était capable. Les dieux, dans les mains desquels je suis, peuvent me faire perdre la raison : ces dieux, Thémire, ne peuvent pas m'ôter mon amour [1].

La cruelle jalousie m'a agité, comme dans le Tartare on tourmente les ombres criminelles. J'en tire cet avantage, que je sens mieux le bonheur qu'il y a d'être aimé de toi, après l'affreuse situation où m'a mis la crainte de te perdre.

Viens donc avec moi, viens dans ce bois solitaire : il faut qu'à force d'aimer j'expie les crimes que j'ai faits. C'est un grand crime, Thémire, de te croire infidèle.

Jamais les bois de l'Élysée, que les dieux ont faits exprès pour la tranquillité des ombres qu'ils chérissent ; jamais les forêts de Dodone, qui parlent aux hu-

---

[1] Colardeau :

> . . . . Ma raison est dans la main des dieux ;
> Mais mon cœur, tout à toi, n'est point sous leur empire.

mains de leur félicité future ; ni les jardins des Hespérides, dont les arbres se courbent sous le poids de l'or qui compose leurs fruits, ne furent plus charmants que ce bocage enchanté par la présence de Thémire.

Je me souviens qu'un satyre, qui suivait une nymphe qui fuyait tout éplorée, nous vit, et s'arrêta. Heureux amants ! s'écria-t-il, vos yeux savent s'entendre et se répondre ; vos soupirs sont payés par des soupirs ! Mais moi, je passe ma vie sur les traces d'une bergère farouche ; malheureux pendant que je la poursuis, plus malheureux encore quand je l'ai atteinte.

Une jeune nymphe, seule dans ce bois, nous aperçut et soupira. Non, dit-elle, ce n'est que pour augmenter mes tourments, que le cruel Amour me fait voir un amant si tendre.

Nous trouvâmes Apollon assis auprès d'une fontaine. Il avait suivi Diane, qu'un daim timide avait menée dans ces bois. Je le reconnus à ses blonds cheveux, et à la troupe immortelle qui était autour de lui. Il accordait sa lyre ; elle attire les rochers ; les arbres la suivent, les lions restent immobiles. Mais nous entrâmes plus avant dans les forêts, appelés en vain par cette divine harmonie.

Où croyez-vous que je trouvai l'Amour ? Je le trouvai sur les lèvres de Thémire ; je le trouvai ensuite sur son sein : il s'était sauvé à ses pieds : je l'y trouvai encore : il se cacha sous ses genoux ; je le suivis ; et je l'aurais toujours suivi, si Thémire tout en pleurs, Thémire irritée ne m'eût arrêté. Il était à sa dernière retraite : elle est si charmante, qu'il ne saurait la quitter. C'est ainsi qu'une tendre fauvette, que la crainte et l'amour retiennent sur ses petits, reste immobile sous la main avide qui s'approche, et ne peut consentir à les abandonner.

Malheureux que je suis ! Thémire écouta mes plaintes, et elle n'en fut point attendrie : elle entendit mes prières, et elle devint plus sévère. Enfin je fus téméraire ; elle s'indigna : je tremblai ; elle me parut fâchée : je pleurai ; elle me rebuta : je tombai ; et je sentis que mes soupirs allaient être mes derniers soupirs, si Thémire n'avait mis la main sur mon cœur, et n'y eût ramené la vie.

Non, dit-elle, je ne suis pas si cruelle que toi ; car je n'ai jamais voulu te faire mourir, et tu veux m'entraîner dans la nuit du tombeau.

Ouvre ces yeux mourants, si tu ne veux que les miens se ferment pour jamais.

Elle m'embrassa : je reçus ma grâce, hélas ! sans espérance de devenir coupable.

FIN DU TEMPLE DE GNIDE

LES BAISERS

PAR DORAT

(1770)

HYMNE AU BAISER

Don céleste, volupté pure,
De l'univers moteur secret,
Doux aiguillon de la nature,
Et son plus invincible attrait;
Éclair qui, brûlant ce qu'il touche,
Par l'heureux signal de la bouche,
Avertis tous les autres sens,
Viens jouer autour de ma lyre;
Qu'on reconnaisse ton délire
A la chaleur de mes accents.

Tu vas, sur tes sujets fidèles,
Dispersant des flèches de feu;
Tu nourris de tes étincelles
Le flambeau de l'aveugle dieu.
Sans toi que serait le bel âge?
Il t'offre son premier hommage,
Il s'éclaire de tes rayons;
Et, des désirs hâtant l'ivresse,
Sur les lèvres de la jeunesse
Tu fais tes plus douces moissons.

Loin de l'œil éclatant du monde,
Combien d'êtres infortunés,
Dans une obscurité profonde,
A gémir semblent condamnés ?
Pour eux Zéphire est sans haleine,
Les épis qui dorent la plaine
Rarement mûrissent pour eux ;
Toi seul les retiens à la terre,
Et, même au sein de leur misère,
Tu leur apprends l'art d'être heureux.

La fleur qui pare nos prairies
Te doit son lustre et son odeur.
Ces arbrisseaux que tu maries
Sont tous éclos de ta chaleur ;
Ces ruisseaux fuyant sous l'ombrage,
Ces flots caressant leur rivage,
Par ton souffle vont s'embraser ;
Pourquoi des lèvres demi-closes
Ont-elles la couleur des roses ?
C'est là que siège le baiser.

Le froid scrupule en vain s'offense
De tes bienfaits consolateurs ;
Tu tiens sous ton obéissance
Sages, héros, législateurs ;
César quitte le Capitole,
Il menace, il s'élance, il vole,
Tout cède à ses travaux guerriers,
Mais il revient, briguant des chaînes,
Caresser les dames romaines
A l'ombre même des lauriers.

Ce Mahomet, ce fou sublime,
Contre tous les périls armé,
Qui pour l'erreur et pour le crime
Avait cru ce globe formé,
Aurait-il, conquérant austère,
Supporté l'ennui de la guerre
Sans les baisers de ses houris,
Qui charmaient son âme inquiète,
Et, dans le sérail du prophète,
Réalisaient son paradis !

Mais, des demeures fastueuses,
Tu crains l'appareil imposant ;
Les passions trop orageuses
En bannissent le sentiment.
Ah ! sur des lèvres altérées,
Et par l'ennui décolorées,
Voudrais-tu donc te reposer ?
Ces lambris dorés, cette estrade,
Ces carreaux, ces lits de parade
Sont l'épouvantail du baiser.

Fuis sous les feuillages champêtres :
C'est là que réside la paix,
Et qu'à l'ombre de jeunes hêtres,
On pratique tes doux secrets.
Sur des gerbes, sur une tonne,
Le baiser s'y prend ou s'y donne ;
Le plaisir n'y sait pas compter,
Et l'impitoyable étiquette
Sur les lèvres d'une coquette
Ne t'y fait jamais avorter.

Mais, en quelques lieux qu'on t'appelle,
Ne déserte point mon réduit;
Si j'ai pu te rester fidèle,
Que tes faveurs en soient le fruit !
Sème des fleurs sur ma jeunesse;
Jusque dans la froide vieillesse
Renouvelle encor mes désirs,
Et puisses-tu, pour récompense,
Rencontrer souvent l'innocence,
Et la soumettre à tes plaisirs !

Puisse à ce prix, trompant sa mère,
La jeune fille de quinze ans,
Dans son alcôve solitaire,
Méditer ton art dans mes chants,
Interroger son âme oisive,
Dévorer l'image expressive
De l'amoureuse volupté,
Ne voir que baisers dans ses songes,
Et soupçonner dans ces mensonges
Les douceurs de la vérité !

LES BAISERS

Iᵉʳ BAISER

LES ROSES, OU LA MOISSON DE VÉNUS

Un jour la belle Dionée,
Dans un de ces bosquets qui couronnent Paphos,
Fit enlever le fils d'Énée,
Tandis que le sommeil lui versait des pavots :
Elle-même sema de fraîches violettes
Le gazon embaumé qui lui servait de lit :
Près d'Ascagne étendue en ces sombres retraites,
Vénus le voit dormir, et Vénus s'attendrit.

La déesse alors se rappelle
Du berger qu'elle aima les jours trop tôt finis ;
Il revit pour moi, disait-elle,
C'est ainsi qu'il dormait ; tel fut mon Adonis.

Elle sent, à ce nom, errer de veine en veine
Ce feu dont le progrès augmente ses appas :
Combien de fois ne voulut-elle pas,
S'élançant à demi, ne respirant qu'à peine,
Au cou d'Ascagne entrelacer ses bras !
Le désir naît sur ses lèvres ardentes :

Mais, craignant de troubler ce paisible sommeil,
Elle se laisse aller sur des roses naissantes,
Qui, grâces à Vénus, verront plus d'un soleil.
Leur parfum la séduit, et leur fraîcheur l'attire ;
    Au gré d'un caprice charmant,
Elle y porte la main, avec feu les respire,
En humecte sa bouche, et croit, dans son délire,
Ne baisant que des fleurs, caresser son amant.

  Vous eussiez vu les roses enflammées
    Sous les caresses de Cypris,
  Épanouir leurs feuilles animées ;
C'est de là que leur vient leur tendre coloris.

    Autant de baisers que de roses.
    Rivale des zéphyrs légers,
Vénus en donne tant de ses lèvres mi-closes,
Que les roses bientôt vont manquer aux baisers.

  Sa moisson faite, elle s'envole ;
Ses cygnes éclatants l'emportent dans les airs,
En longs sillons d'azur devant elle entr'ouverts ;
Elle impose silence aux fiers enfants d'Éole,
  Et les beaux jours naissent pour l'univers.

  Du haut des cieux que son haleine épure,
Où son char d'or lui trace un lumineux chemin,
    Vénus sourit, et, le front plus serein,
Va semant les baisers sur toute la nature :
    Elle en émaille la verdure,
Colore les épis, teint le duvet des fleurs ;
Elle en couvre les bois, les prés, la grotte obscure,
Et répand sous les eaux leurs subtiles ardeurs.

Depuis ce jour, tout brûle, et s'unit, et s'enlace ;
Le bouton d'un beau sein est éclos d'un baiser ;
Une rose y fleurit pour y marquer sa trace ;
Fier de l'avoir fait naître, il aime à s'y fixer.

IIe BAISER

L'ÉTINCELLE

Donne-moi, ma belle maîtresse ;
Donne-moi, disais-je, un baiser,
Doux, amoureux, plein de tendresse...
Tu n'osas me le refuser.
Mais que mon bonheur fut rapide !
Ta bouche à peine, souviens-t'en,
Eut effleuré ma bouche aride,
Elle s'en détache à l'instant.
Ainsi s'exhale une étincelle.
Oui, plus que Tantale agité,
Je vois, comme une onde infidèle,
Fuir le bien qui m'est présenté.
Ton baiser m'échappe, cruelle !
Le désir seul m'en est resté.

IIIe BAISER

L'ABEILLE JUSTIFIÉE

Dans la chaleur d'un jour d'été,
Non loin d'un ruisseau qui murmure,

A l'abri d'un bois écarté,
Thaïs dormait sous la verdure.
La voûte épaisse des rameaux,
Brisant les traits de la lumière,
Entretenait sous ces berceaux
Une ombre fraîche et solitaire.
Thaïs dormait : tous les oiseaux,
Immobiles dans les feuillages,
Interrompant leurs doux ramages,
Semblaient respecter son repos.

Vers ces lieux un instinct m'attire ;
Il n'est point de réduits secrets
Pour l'amant que sa flamme inspire ;
Il devine ce qu'il désire ;
Son cœur ne le trompe jamais,
Et suffit seul pour le conduire.
J'arrive au bosquet enchanté.
Quel tableau ! celle que j'encense
Sommeillait avec volupté
Sous un voile au hasard jeté,
Qui satisfait à la décence
En dessinant la nudité.
Sur l'ivoire d'un bras flexible
Son cou reposait incliné,
Et l'autre bras abandonné
Semblait mollement entraîné
Vers cet asile inaccessible,
Trésor de l'amant fortuné.
Thaïs a des fleurs pour parure ;
Les tresses de ses cheveux blonds
Descendent en plis vagabonds
Jusques aux nœuds de sa ceinture.

Son sein captif qui se débat
Sous une gaze transparente,
Amoureusement se tourmente
Pour sortir vainqueur du combat,
Et moi, je languis dans l'attente.

Zéphire alors, soufflant exprès,
Dérange la gaze, l'entr'ouvre ;
Au gré de mes soupirs discrets,
Déjà plus d'un lis se découvre.
Voici l'instant de me servir,
Disais-je à l'Amour, je t'implore :
Encore un souffle du zéphir,
Et la rose est prête d'éclore.

L'officieux époux de Flore
Brise la chaîne des rubans.
Un seul lui résistait encore,
Le nœud glisse... Dieux ! quels moments !..
La barrière enfin est rompue ;
Rien ne s'oppose à mon désir ;
Un frais bouton naît à ma vue,
Et je n'ai plus qu'à le cueillir.

Je brûle, j'avance, je n'ose ;
Je retiens mon souffle amoureux,
Mais au péril mon cœur s'expose ;
J'ai fait un pas, j'en risque deux :
J'approche ma bouche, et la rose
Se colore de nouveaux feux.

Je disparais, Thaïs s'éveille ;
Mon baiser agite son sein ;

Elle y porte en tremblant la main ;
Puis apercevant une abeille
Qui, séduite par ses couleurs,
Pour elle avait quitté les fleurs
Et les fruits ambrés de la treille :
C'est donc toi qui me fais souffrir
Par une piqûre cruelle ?
Tu pairas mon tourment, dit-elle...
Quoiqu'il soit mêlé de plaisir...

Calme, lui dis-je, ta colère ;
Le coupable à toi vient s'offrir.
Je suis l'abeille téméraire,
C'est moi seul que tu dois punir ;
Mais non, Thaïs n'est point sévère.
Si je parviens à te fléchir,
Un second baiser peut guérir
Le mal qu'un premier t'a pu faire.

IVe BAISER

LE NOUVEL OLYMPE

Le croiras-tu ? Ces conquérants altiers,
Tant célébrés par les cygnes du Tibre,
Eux qui naissaient à l'ombre des lauriers
En respirant l'orgueil d'un peuple libre ;
Ces fiers Romains, ces sauvages guerriers,
Ces demi-dieux sous qui tremblait la terre,

Ainsi que nous instruits dans l'art de plaire,
Fondaient un culte en l'honneur des Baisers !
Ils héritaient des fables de la Grèce,
Songes riants, ingénieux loisirs,
Par qui le dogme ordonnait les plaisirs,
Douces erreurs qu'adoptait la sagesse !
O temps heureux ! où Flore et les Zéphirs
A leurs autels enchaînaient la jeunesse ;
Où l'on volait sur l'aile des désirs,
Où dans les cieux on plaçait sa maîtresse ;
Où la Naïade, en confondant ses flots,
Par des soupirs échauffait ses roseaux,
Qui de Syrinx murmuraient la tristesse ;
Où le Léthé roulait l'oubli des maux !
Thaïs, alors, chaque attrait d'une belle
Était lui-même une Divinité.
Un front ouvert, c'était la Vérité ;
En le baisant on fêtait l'immortelle.
Les lis du sein cachaient la Volupté ;
D'un œil brillant avec sérénité
L'Amour superbe allumait l'étincelle :
La main vouée à la Fidélité
N'osait toucher la main d'une infidèle.
D'un souffle pur oser cueillir l'encens,
Ravir les fleurs d'une lèvre vermeille,
C'était à Flore emporter sa corbeille ;
C'était aussi rendre hommage au printemps.
Ainsi l'amant consacrait son ivresse,
Et les baisers, toujours religieux,
Qu'il prodiguait à sa belle maîtresse,
Formaient l'encens qu'il brûlait pour les dieux.
O ma Thaïs ! que ce culte m'enchante !
J'assemble en toi, je vois l'Olympe entier ;

Et tous ces Dieux que m'offre mon Amante
Ne craindront plus qu'on les puisse oublier.

V⁰ BAISER

LA RÉSERVE

Quand neuf baisers m'auront été promis,
Ne m'en donne que huit, et, malgré ta promesse,
    Soudain échappe, ma Thaïs ;
En la trompant, augmente mon ivresse ·
Cours te cacher derrière tes rideaux,
Dans ton alcôve, asile du mystère,
    Sous l'ombrage de tes berceaux ;
Fuis, reparais, et ris de ma colère.
De berceaux en berceaux, de réduit en réduit,
J'épîrai de tes pas la trace fugitive ;
    Je t'atteindrai, tu seras ma captive :
Le bonheur double alors qu'on le poursuit.
Défends-toi bien, résiste avant que de te rendre ;
    J'aurai beau gémir, t'accuser,
    Détourne avec art le baiser,
Quand ma bouche, avec art, sera prête à le prendre
C'est ainsi qu'il est doux de se voir abuser.
    Les huit premiers, accordés par toi-même,
    Mettront le comble à ma félicité ;
    Mais je mourrai de plaisir au neuvième,
        Et surtout s'il m'est disputé.

VIᵉ BAISER

LE DÉLIRE

    Que je me plais dans ce séjour !
    J'y suis auprès de ma maîtresse.
  Quelle clarté vaudrait ce demi-jour !
Ces berceaux, ces gazons, ici tout m'intéresse,
Je ne veux, je ne vois, je ne sens que l'amour.
    Belle Thaïs, ô toi que j'idolâtre,
Dans tes bras amoureux, quand je tombe éperdu,
    Et qu'à tes épaules d'albâtre
Entrelaçant les miens, je reste suspendu ;
    Quand nos haleines se confondent,
    Que, par des murmures confus,
    Nos cœurs s'appellent, se répondent,
Et qu'un soupir tient lieu de la voix qui n'est plus ;
  Quand sur ton sein mes caresses plus vives
De la pourpre et du lis mélangent les sillons,
Et que mille baisers croisent leurs aiguillons,
Renvoyés tour à tour par nos lèvres actives ;
  Mon âme alors, ivre de son bonheur,
Et me quitte, et s'écoule à force d'être émue ;
Tu l'attires d'un souffle, ainsi qu'une vapeur,
    Autour de toi brûlante et répandue.
    Elle renaît, expire tour à tour,
S'épanche, se résout comme un léger nuage,
Aux plus secrets appas s'ouvre un heureux passage,
    T'enveloppe de mon amour ;
Elle humecte tes yeux aux paupières mourantes,
Où pèse mollement le doux poids du baiser,

Vient séparer ta bouche en deux roses naissantes ;
Et descendant toujours, cherche où se reposer.
    Alors je renais et m'écrie :
L'Amour soumet la terre, assujettit les cieux,
Les rois sont à ses pieds, il gouverne les dieux,
Il mêle, en se jouant, des pleurs à l'ambroisie,
Il est maître absolu : mais Thaïs aujourd'hui
L'emporte sur les rois, sur les dieux et sur lui.

VIIe BAISER

LE BAISER DEVINÉ

Un soir d'été, quand l'astre de Vénus
Verse un jour doux sur les fleurs rafraîchies,
Joue à travers les rameaux plus touffus,
Et sert l'Amour errant dans les prairies,
Thaïs, quittant l'ombre de ses berceaux,
Court respirer l'air serein des campagnes,
Et va chercher ses folâtres compagnes
Qui l'attendaient sur le bord des ruisseaux.
Un jupon court, un air de négligence,
Sans les contraindre, ajoute à leurs appas :
On s'entrelace ; on croit marcher, on danse ;
Sur le gazon l'essaim vole en cadence ;
Leur pied l'effleure et ne le courbe pas.
Leur âme pure aux soucis est fermée.
Les sauts finis, on propose des jeux,
Thaïs attache un bandeau sur ses yeux :
Voilà Thaïs en Amour transformée.
On fait silence, on s'approche, et soudain

Plus ramassé le cercle l'environne :
Zémis imprime un baiser sur le sein,
Ciane au col, Rosira sur la main ;
Chaque baiser tour à tour se moissonne,
Et ma Thaïs, qui se dépite en vain,
Doit deviner la bouche qui le donne :
Mais qu'est-ce, hélas ! que ce jeu si charmant,
Si l'on exclut les baisers d'un amant ?
Toujours le piège est près de l'innocence.
Je voyais tout, à travers un buisson,
Et je voulais, dans mon impatience,
Cueillir aussi ma part de la moisson.
Mon sein palpite et mon œil étincelle ;
Dans tous mes sens circule un feu nouveau :
J'avance et fuis, me résous et chancelle ;
L'Amour me dit : Ose et sois-moi fidèle ;
Thaïs toujours n'aura point mon bandeau.
Je crois l'Amour ; il m'applaudit de l'aile,
Et je m'élance au milieu du troupeau.
L'éclair moins vite a sillonné la nue.
Belles de fuir ; moi de les apaiser.
Je joins Thaïs, et ma bouche éperdue
Brûle son sein par un triple baiser.
Thaïs se trouble et ne peut s'y méprendre ;
Fille jamais n'en donna de pareil ;
Le cœur lui bat, son front est plus vermeil ;
On l'interroge, et je crains de l'entendre ;
Elle est muette : un doux frémissement,
O ma Thaïs ! s'élève dans ton âme ;
Elle s'allume aux rayons de ma flamme,
Et ton silence a nommé ton amant.
La nuit survient ; c'est un temps d'indulgence ;
Son voile sert ma crainte et ta pudeur :

Ta voix jura de punir mon offense ;
Mais le serment vint mourir dans ton cœur.
Contre mes feux tes compagnes sévères,
Voulaient encor t'armer en te quittant,
Te rappelaient ces baisers téméraires
Et demandaient un exemple éclatant :
Chacune insiste, et chacune en soi-même
Forme des vœux pour que celui qu'elle aime
Le lendemain lui veuille en faire autant.

VIIIe BAISER

LES BAISERS COMPTÉS

Sous ces tilleuls qui nous prêtent leur ombre,
Tu me promis cent baisers l'autre jour ;
Tu me les a donnés, mais sans passer leur nombre :
Eh ! quel nombre, dis-moi, peut suffire à l'Amour?
Lorsque Cérès enrichit la nature,
Sait-elle donc, trop avare Thaïs,
Le compte de tous les épis
Dont elle orne sa chevelure ?
Flore, au hasard, va semant ses bouquets,
Ces moissons de parfums sur son passage écloses,
Et Zéphyr ne tient point registre pour les roses
Qu'il fait naître dans nos bosquets.
Du haut de la brillante voûte,
Lorsque l'onde du ciel s'épanche dans nos champs,
Distille-t-elle goutte à goutte ?
Jupiter quelquefois la verse par torrents.
Et sur la plaine reposée

Quand l'aurore aux douces couleurs
Laisse onduler ses rayons bienfaiteurs ;
Dans ses présents froide et symétrisée,
La voit-on mesurer aux fleurs
L'émail transparent de ses pleurs,
Et les perles de la rosée ?
Et les biens et les maux, les dieux sur l'univers
Les répandent avec largesse ;
Et toi, Thaïs, qui nous peins la déesse
Qu'une conque d'azur promène sur les mers,
Ainsi que les faveurs tu bornes ta tendresse !
L'enfant ailé te combla tour à tour
De tous ses dons, et la froideur le blesse !
Et c'est Thaïs qui compte avec l'Amour !
Ah ! cruelle, ai-je donc calculé mes alarmes,
Et mes tourments, et mes soupirs ?
Si tu comptes les maux, compte aussi les plaisirs.
Mais vas; et confonds tout, les baisers et les larmes ·
Viens, laisse-moi dévorer tes beautés ;
Viens, ne m'afflige plus par des refus coupables,
Et donne-moi des baisers innombrables
Pour tant de pleurs... que je n'ai pas comptés.

IXe BAISER

LE CASQUE

Dans les bras caressants de la belle Déesse,
Le dieu Mars languissait brûlant et désarmé,
Et le front rayonnant de la plus douce ivresse,
Il goûtait à longs traits le bonheur d'être aimé.

Aux lèvres de Cypris son âme suspendue,
Loin de ces jeux sanglants qui font couler nos pleurs,
De transports en transports, fugitive, éperdue,
Se reposait en paix sous des voûtes de fleurs.
De folâtres Amours endossent son armure ;
D'autres, plus assidus autour de nos amants,
Balancent sur leur tête un berceau de verdure,
Leur ménagent l'abri de cent myrtes naissants,
Et de leur fraîche haleine embaument la nature.
Le ciel est plus serein, la lumière plus pure :
L'air comme un feu subtil coule dans tous les sens,
Et l'onde, qui s'élève avec un doux murmure,
Mêle son jet limpide aux festons du printemps.

  Tout à coup la trompette sonne ;
  On appelle Mars aux combats ;
  Le tambour bat et l'airain tonne :
  La Victoire, une lance au bras,
  Offre à l'immortel intrépide
  Ses armes d'un acier brillant ;
  Son bouclier étincelant,
  Où l'honneur qui lui sert de guide
  Trace en lettres de diamant
Le nom de ce héros qui triompha d'Armide.
Mars y lit son devoir et ne résiste plus ;
Des bras de la déesse avec peine il s'arrache ;
Mais dans son casque, où flotte un effrayant panache,
Que trouve-t-il ? le nid des oiseaux de Vénus.
Leurs becs sont enlacés par le nœud le plus tendre ;
Renfermant dans leur cœur tous les feux de Cypris
De leur aile amoureuse ils couvrent leurs petits,
Et contre Mars lui-même ils sauront les défendre.

  Le dieu s'arrête et demeure enchanté,

Deux colombes sur lui remportent la victoire ;
  Il leur sourit avec sérénité,
Et, sourd pour cette fois à la voix de la gloire,
Il se rejette, il tombe au sein de la beauté.
  Tous les Amours, par l'ordre de leur mère,
Écartent la trompette et brisent les clairons ;
    Les chants sinistres de la guerre
    Sont remplacés par des chansons,
    Et les plaisirs de deux pigeons
Retardent quelques jours les malheurs de la terre.

Xe BAISER

LA CONVENTION

  Oui ; de ta bouche enfantine
  Donne-moi dans ces vergers
  Autant de furtifs baisers
  Qu'Ovide en prit à Corinne ;
  Autant (je n'en veux pas plus)
  Qu'il naît d'Amours sur tes traces,
  Qu'on voit jouer de Vénus
  Et de Beautés et de Grâces,
  Sur ton sein, entre tes bras,
  Dans ton délicat sourire,
  Dans tout ce que tu sais dire.....
  Et ce que tu ne dis pas ;
  Autant que ton œil de flamme,
  Armé de séductions,
  Lance d'aimables rayons,
  Et de traits qui vont à l'âme,

De voluptueux désirs,
De rapides espérances,
Et d'amoureuses vengeances,
Signal de nouveaux plaisirs ;
Autant que nos tourterelles
Roucoulent de tendres feux,
Quand le printemps de ses ailes
Semble caresser ces lieux.
Alors, si trop de faiblesse
Me fait toucher à ma fin,
Je dirai : Viens, ma maîtresse,
Recueille-moi dans ton sein.
Que le vent de ton haleine
Mêle mon âme à la tienne ;
Sa chaleur va m'embraser :
A cette âme évanouie
Rends et souffle encor la vie
Dans un long et doux baiser.....
De la rapide jeunesse
Saisissons tous les instants ;
Bientôt la froide vieillesse
Vient, conduite par le temps,
Hélas ! et par la sagesse.
O ma Thaïs ! le plaisir
A l'éclat des fleurs nouvelles,
L'inconstance du zéphir ;
Comme lui prompt à nous fuir,
Il se fane aussitôt qu'elles.

XIe BAISER

LA MORSURE

Thaïs, quel folâtre caprice
Contre toi semble t'exciter ?
Eh quoi ! tu ris de ta malice,
Et te plais à la répéter ?
Tu comptes donc pour rien, cruelle,
Ces traits pénétrants, enflammés,
Que l'enfant ailé, ton modèle,
Dans mon cœur a tous enfermés ?
Tes dents, ces perles que j'adore,
D'où s'échappe à mon œil trompé
Ce sourire développé,
Transfuge des lèvres de Flore ;
Devraient-elles blesser, dis-moi,
Un organe tendre et fidèle,
Qui t'assure ici de ma foi,
Et nomma Thaïs la plus belle ?
C'est lui, ne le sais-tu donc pas ?
Qui de toi s'occupe sans cesse,
Élève aux astres tes appas,
Et dit les vers que je t'adresse.
C'est lui qui chante ma Thaïs
Au retour de la jeune Aurore ;
C'est lui seul qui la chante encore
Dans la solitude des nuits.
Le baiser que tes yeux promettent
Toujours préside à sa chanson.
Si les échos disent ton nom,
C'est lui que les échos répètent.

Cent fois, Thaïs, il a fêté
L'or de ta longue chevelure,
En tresses mollement jeté,
Et qui voltige à l'aventure,
Tes yeux, doux et vifs tour à tour,
Et ce beau sein que j'idolâtre,
Où sur un frais monceau d'albâtre
Les désirs vont bercer l'Amour.
Songes-y bien ; quand je t'appelle
Mon tout, ma Vénus, ma Thaïs,
Ma colombe, ma tourterelle,
Tous ces titres que tu chéris,
Ingrate, tu le dois au zèle
De l'organe que tu punis.
Crois-tu le contraindre à se taire ?
Non, non, il brave en ce moment
Tous les maux que tu peux lui faire.
Viens, renouvelle son tourment ;
Assailli de flèches brûlantes,
De ces dards perçants du baiser,
Il veut, sur tes lèvres ardentes,
Il veut encor les aiguiser ;
Et chargé d'heureuses blessures,
Doux vestiges de volupté,
Essayer même, au lieu d'injures,
De nouveaux chants à ta beauté ;
Vanter ces attraits innombrables
Qui tous allument ses désirs,
Tes cheveux, jouets des zéphirs,
Ton sein ému par mes soupirs,
Et tes yeux et ces dents coupables,
Qui font sa peine et ses plaisirs.

XIIe BAISER

LA FAUSSE PUDEUR

Pourquoi donc, matrones austères,
Vous alarmer de mes accents ?
Vous, jeunes filles trop sévères,
Pourquoi redoutez-vous mes chants ?
Ai-je peint les enlèvements,
Des passions les noirs orages
Qui naissent aux cœurs des amants ?
Je célèbre des jeux paisibles,
Qu'en vain on semble mépriser,
Les vrais biens des âmes sensibles,
Le doux mystère du baiser.
Ma plume rapide et naïve
Écrit ce qu'on sent en aimant :
L'image n'est jamais lascive,
Quand elle exprime un sentiment.
Mais, quelle rougeur imprévue !
Quoi ! vous blâmez ces doux loisirs,
Et n'osez reposer la vue
Sur le tableau de nos plaisirs !...

Profanes, que l'amour offense,
Qu'effarouche la volupté,
La pudeur a sa fausseté,
Et le baiser son innocence.
Ah ! fuyez, fuyez loin de nous ;
N'approchez point de ma maîtresse :
Dans ses bras, quand Thaïs me presse,
Et, par les transports les plus doux,

Me communique son ivresse,
Thaïs est plus chaste que vous.
Ce zèle, où votre cœur se livre,
N'est que le masque du moment :
Ce que vous fuyez dans un livre,
Vous le cherchez dans un amant.

XIIIe BAISER

LES JALOUX TROMPÉS

IMITATION DE CATULLE

Aimons-nous, âme de ma vie,
Aimons, dans l'âge des amours ;
De la vieillesse et de l'envie
Que nous importent les discours ?
On voit mourir et renaître les jours :
Mais dès que la lumière, hélas ! nous est ravie,
Songes-y bien, c'est pour toujours.
Jette-toi dans mes bras, je brûle, je t'adore,
Viens... au désir laissons-nous emporter.
Baisons-nous mille fois et mille fois encore,
Puis encore mille fois... pour ne plus nous quitter !
Soyons fiers, ô Thaïs, du nœud qui nous rassemble ;
Mais confondons si bien tous nos baisers ensemble,
Que les yeux des jaloux ne puissent les compter.

XIVe BAISER

L'EXTASE

Vois, ma Thaïs, cette vigne amoureuse
Se marier à ce jeune arbrisseau ;
    Vois le lierre embrasser l'ormeau
    De sa guirlande tortueuse.
    Puissent tes bras voluptueux
    Me serrer, m'enchaîner de même !
    Puissé-je, par autant de nœuds,
T'enlacer, te presser, te ceindre de mes feux,
Me replier cent fois autour de ce que j'aime !
Et puissions-nous enfin nous reposer tous deux
    Dans l'extase du bien suprême,
Et ce calme enflammé connu des vrais heureux !.....

Alors, ô ma Thaïs, ni les coupes riantes,
Où la gaîté pétille en bachiques vapeurs,
Ni la pourpre des rangs, ni l'éclat des grandeurs,
Ne me détacheraient de tes lèvres ardentes.
    Anéantis à force de sentir
      L'œil humide et chargé d'ivresse,
      Arrivés à cette faiblesse,
      Le dernier degré du plaisir...
      La même barque au noir rivage
Porterait sans effort deux amants éperdus,
      Et nous y serions descendus
      Avant d'avoir soupçonné le passage.

XVe BAISER

LE BAISER DU MATIN

Les étoiles brillaient encore ;
A peine un jour faible et douteux
Ouvre la paupière de Flore,
Qui, dans ses bras volupteux,
Retient l'inconstant qu'elle adore
Le souffle humide d'un vent frais
Effleure les airs qu'il épure,
Soupire à travers ces bosquets,
Et vient hâter par son murmure
Le chant des hôtes des forêts
Et le réveil de la Nature.
Tu goûtais un profond repos,
Après une nuit fortunée
Que nous avions abandonnée,
Au Dieu des amoureux travaux :
Moi, je veillais : dans mon ivresse,
Je recueillais tes doux soupirs,
Et mes yeux, brûlants de tendresse
Se reposaient sur la Déesse
A qui je dois tous mes plaisirs.
Les anneaux de ta chevelure
Flottent au hasard répandus,
Et voilent seuls tes charmes nus
Dont le désordre est la parure :
Ton front plein de sérénité
Est du bonheur et de la joie ;
Sur ton sein ému se déploie

L'incarnat de la volupté :
Tel quelquefois, après l'orage,
On voit, en monceaux parfumés,
La rose et le lis parsemés
Joncher les gazons du bocage.
Ta bouche qu'Amour sut orner
De la grâce la plus touchante,
Plus fraîche que l'aube naissante,
Semble s'ouvrir pour me nommer,
Et tes bras, dont la nonchalance
Se développe mollement,
Quelquefois avec négligence
Sont étendus vers ton amant.
Mais cependant sur l'hémisphère
Vénus fait luire son flambeau;
Chaque degré de la lumière
Me révèle un charme nouveau :
Sur tous les trésors que tu laisses
En proie à mon avidité,
J'égare mon œil enchanté,
Et veux marquer par mes caresses
Tous les progrès de la clarté :
A mesure qu'elle colore
L'horizon qui va s'embraser,
Un feu plus ardent me dévore;
Et je crois que chaque baiser
Ajoute un rayon à l'aurore.

Comme je fêtai son retour!
De la nuit les astres pâlirent :
Tout à coup tes beaux yeux s'ouvrirent;
C'est toi qui fis naître le jour.

XVIᵉ BAISER

LE PARDON

Souvent l'Amour se venge d'un volage ;
Je ne le fus qu'un seul jour, et sa nuit ;
C'est encor trop .... Églé m'avait séduit :
Elle était belle, et dans la fleur de l'âge.
D'entre ses bras échappé vers minuit,
Dans un moment où l'ombre de ses voiles
Enveloppait jusqu'au feu des étoiles,
Je revenais sans escorte et sans bruit.
L'air qui s'agite, un rameau qui murmure,
Tout m'épouvante, et je crains tous les yeux :
On ne craint rien, alors que l'âme est pure ;
Et j'avais l'air, dans ma retraite obscure,
D'un criminel bien plus que d'un heureux.
Je me glissais... quand soudain, au passage,
Par des enfants je me sens arrêter ;
Dans ma frayeur je ne pus les compter ;
Ils étaient nus : l'un près de mon visage
Porte un flambeau pour me voir de plus près ;
L'un tient des fers, dont j'ignore l'usage ;
Et celui-ci se joue avec des rêts.
C'est lui, c'est lui ! vite, qu'on le saisisse,
S'écrie alors le plus malin de tous,
Tenez-le bien : Thaïs, dans son courroux,
L'a désigné ; nous lui devons justice.
Rien n'est plus sot, vous le voyez, amis,
Qu'un infidèle, alors qu'il est surpris.

Vous voilà donc le beau coureur nocturne ?
Lorsque Thaïs veille dans les soupirs,
A la faveur de la nuit taciturne
Vous avez cru nous voiler vos plaisirs ?
On vous guettait : point de grâce, qu'il meure,
Lui qui coûta des pleurs à la Beauté !
Thaïs gémit, et l'attend à cette heure
Qu'il consacrait à l'infidélité ;
Thaïs, hélas ! digne d'une autre chaîne,
Thaïs semblable à l'aube d'un beau jour,
Et qui ne peut exhaler son haleine
Sans envoyer des parfums à l'Amour.

Après ces mots, la brigade enfantine
S'arme de traits, de fers charge mes pieds,
En charge encor ma main qui se mutine,
Et m'investit de nœuds multipliés.
Ah ! dit l'un d'eux, accordons-lui sa grâce ;
Il se repent, il jure, foi d'Amours,
D'aimer Thaïs et de l'aimer toujours :
Est-il forfait qu'un tel serment n'efface ?
Une autre fois, me dit-il à voix basse,
Lorsque la nuit couvrira l'horizon,
N'affecte point une imprudente audace,
Et souviens-toi de garder la maison.
A mes regards la tienne se présente,
O ma Thaïs ! le remords m'y conduit :
Je viens m'offrir au courroux d'une Amante :
Elle menace et bientôt s'attendrit ;
Ses yeux charmants où l'Amour se déploie,
Parmi les pleurs étincellent de joie ;
Son sein échappe aux voiles envieux,
Palpite et bat sous la main du coupable ;

Nous étions seuls, j'étais plus amoureux,
Et ma Thaïs n'est point inexorable.
Je profitai d'un heureux abandon ;
Et rassemblant tout le feu qui m'anime,
Je ne pouvais me reprocher un crime
Qui me valait un aussi doux pardon.

XVIIe BAISER

L'ABSENCE

Le Temps n'a plus d'ailes pour moi ;
Ce vieillard à pas lents s'avance ;
Mes jours s'envolaient près de toi ;
Ils se traînent dans ton absence,
Le soleil ralentit son cours ;
Je vois sans cesse la journée
Où tu partis environnée
Par le cortège des Amours.
Les uns, veillant à la portière,
Baissaient les stors officieux,
Pour intercepter la lumière
Étincelante au haut des Cieux ;
D'autres à tes ordres fidèles
Le front serein, l'œil animé,
Pour rafraîchir l'air enflammé,
Redoublaient le vent de leurs ailes.
Devançant l'essaim qui te suit,
D'autres, en courriers plus agiles,
Vont reconnaître le réduit,
Et l'alcôve, aux contours tranquilles,

Qu'ils ont destinés à ta nuit ;
Moi, je meurs dans l'inquiétude ;
Et, l'Amour plaintif excepté,
Pas un, Thaïs, ne m'est resté,
Pour consoler ma solitude.
Je ressemble au débile oiseau
Que l'on a privé de sa mère ;
Il soupire sur l'arbrisseau
Qui, près d'elle, avait su lui plaire ;
Errant de bruyère en bruyère,
Il fuit les lieux de son berceau ;
De même, rien ne peut distraire
Les longs ennuis de ton amant :
Formé-je un vœu ? Dans le moment
Il est suivi d'un vœu contraire.
Quelquefois un folâtre enfant,
Au globe de feu qui l'éclaire,
Oppose un verre transparent :
A mesure que son caprice
Le fait vaciller dans sa main ;
Les rayons réfléchis soudain,
Grâce à ce mobile artifice,
Frappant les murs de ce palais,
Vont se jouer sur ces vitrages,
Promènent des lueurs volages
Sur la cime de ces bosquets :
Portés de surface en surface,
Prompts à descendre, à remonter,
Leur empreinte brille et s'efface
Sans que rien la puisse arrêter :
Voilà mon cœur ou son image ;
Toi seule fixais mes désirs ;
Je suis poussé comme un nuage,

Et j'ai perdu tous mes plaisirs.
Ce n'est plus pour moi que la Terre
S'orne de festons verdoyants;
Que la musette solitaire
Gémit sous les rameaux naissants,
Que des bergers la troupe active
Se groupe au penchant des coteaux,
Et que de limpides ruisseaux
Roulent une onde fugitive,
Sur le gazon qui les captive,
Et peint son émail dans leurs flots.
Loin de toi la Nature expire;
Les Jeux désertent ce vallon :
Le souffle léger du Zéphire
Pour moi se change en Aquilon;
A la grotte la plus secrète
Je cherche en vain quelques appas.
Le printemps fleurit sur tes pas;
Il n'est plus où l'on te regrette....

Ah! que fais-tu dans ce moment?
Loin du tumulte où l'on t'engage,
T'enfonces-tu dans un bocage,
Pour y songer à ton Amant?
Que l'air siffle, que les vents grondent,
Je ne vois que toi sous les cieux :
Si l'absence interrompt nos nœuds,
Qu'au moins nos soupirs se répondent,
Que dis-je? à l'heure où je t'écris,
Peut-être un rival, un parjure
Te fait oublier!... J'en frémis;
Un tel soupçon est une injure;
Sois fidèle, et tu m'en punis.

Il est vrai : tout me fait ombrage,
L'oiseau qui vole à tes côtés,
L'ormeau qui t'offre son feuillage,
L'onde qui baigne tes beautés,
La glace où se peint leur image ;
Et même, excuse un tel aveu,
Quoique ton serin parle peu,
Je suis jaloux de son ramage.

Mais chassons ces vaines frayeurs,
J'ai revu la retraite sombre
Qui, dans le secret de son ombre,
Voila tes premières faveurs :
L'Amour y scella nos tendresses ;
J'y viens rêver à mes douleurs :
L'arbre témoin de mes caresses
Voit à ses pieds couler mes pleurs :
Je baise le gazon propice
Dont tes charmes ont approché,
Le sable où tes pas ont touché,
Et la verdure protectrice
Sous qui mon bonheur fut caché !

C'est moi-même qui le cultive,
Le myrte à jamais fortuné,
Le myrte que tu m'as donné
Avant de quitter cette rive :
Sous mes yeux il s'épanouit,
Et deviendra digne peut-être,
Ou de Thaïs qui le chérit,
Ou de l'Amour qui le fit naître.
Jamais l'inclémence des airs
N'offensa son tendre feuillage,

Il brave, à l'abri de l'orage,
Le souffle glacé des hivers :
Au retour de la jeune Aurore,
Je l'arrose chaque matin ;
Je ne m'en firais point à Flore
D'un soin qu'elle réclame en vain,
Et veux seul embellir encore
L'arbre sacré de mon jardin.
Crois, lui dis-je, Thaïs l'ordonne ;
Avec toi croîtra mon amour ;
Puissent tes feuilles quelque jour
Se voir tresser pour sa couronne !
Oui ; qu'elle t'envie à son tour,
Que ta verdure s'épaississe,
Et que ta tige s'arrondisse,
Pour l'ombrager à son retour !

XVIIIe BAISER

L'IMMORTALITÉ

De quels charmes tu m'environnes !
Que je sens près de toi d'amoureuses fureurs !
Comme ils sont parfumés les baisers que tu donnes.
   En les cueillant, je crois cueillir des fleurs,
     Telles que les vergers d'Hymette
     En fournissent dès le matin
A ces filles de l'air qui, sur la violette
Et l'œillet et le lis, vont chercher leur butin.
Le souffle de ta bouche est comme une rosée
Qui court de veine en veine, enivre tous les sens

Fait couler à longs traits dans mon âme embrasée
Le délire, les feux, le nectar des amants.
   Poursuis, poursuis ; encore une caresse,
   Et je deviens immortel dans tes bras.
Mais ce titre n'est rien et ne me séduit pas,
Si ma flamme à son tour ne te change en déesse.
Ah ! l'immortalité ne sied bien qu'aux Amours :
Sous la même couronne il faut qu'ils nous unissent ;
Si je ne vis pour toi ; si nos plaisirs finissent,
   Qu'importe, hélas ! que je vive toujours.

XIXe BAISER

LES OMBRES

Crois-moi, jeune Thaïs, la mort n'est point à craindre ;
Sa faux se brisera sur l'autel des Amours.
Va, nous brûlons d'un feu qu'elle ne peut éteindre.
Est-ce mourir, dis-moi, que de s'aimer toujours ?
Nos âmes survivront au terme de nos jours ;
Pour s'élancer vers lui par des routes nouvelles,
Le dieu qui les forma leur prêtera des ailes...
De ce globe échappés, nous verrons ces jardins
Ouverts dans l'Élysée aux vertueux humains.
Là, tout naît sans culture ; en cet aimable asile
La terre d'elle-même épanche ses présents :
D'un soleil tempéré, la lumière tranquille,
A ce qu'il faut d'ardeur pour fixer le printemps.
Ce sont de toutes parts des sources jaillissantes,
Dont le cristal retombe et fuit sous des lauriers ;
Zéphyr murmure et joue à travers les rosiers,

Fait ondoyer des fleurs les moissons odorantes,
Disperse leurs parfums, et dans ce beau séjour
Souffle avec un air pur les chaleurs de l'amour.
Là, des tendres amants les ombres se poursuivent;
Ces amants ne sont plus, et leurs flammes revivent :
Là, se joue en tout temps la douce illusion ;
Didon y tend les bras au fugitif Énée [1] ;
La sensible Sapho n'y quitte plus Phaon ;
L'ombre de Lycoris, de pampres couronnée,
Danse, rit et folâtre autour d'Anacréon.
Racine y soupirant aux accords de sa lyre,
Le front ceint d'un cyprès de fleurs entremêlé,
De l'amour et des vers sent le même délire,
Et baigne encor de pleurs le sein de Champmeslé.
Alcibiade y suit la volage Glycère ;
César y va contant ses amoureux exploits ;
L'ombre enfin de Henri, cette ombre auguste et chère,
De la nymphe d'Anet semble adorer les lois
Dans ce bosquet riant et presque solitaire,
Où les ordres du ciel ont placé les bons rois.
Ces champs, à ton aspect, s'embelliront encore ;
Le jour qui les éclaire en deviendra plus doux ;
On n'aura jamais vu tant de myrtes éclore ;
Le cercle des heureux s'ouvrira devant nous :
Nous leur demanderons le prix de la tendresse,

---

[1] Dorat, en écrivant ce vers, avait sans doute oublié ce que dit Virgile dans son sixième livre de l'*Énéide*, en parlant de cette même Didon :

> Illa solo fixos oculos aversa tenebat. . . .
> Tandem corripuit sese, atque inimica refugit
> In nemus umbriferum. . . . . . .

Il faut convenir que Didon avait grande raison de traiter et de fuir ainsi son dévot Énée.

Amants, ainsi que nous, ils liront dans nos yeux ;
Et, pleins du même amour dont ils sentaient l'ivresse
Le même sort nous garde une place auprès d'eux.

XXᵉ BAISER

LA COURONNE DE FLEURS

Renversé doucement dans les bras de Thaïs,
    Le front ceint d'un léger nuage,
  Je lui disais : Lorsque tu me souris,
Peut-être sur ma tête il s'élève un orage.
    Que pense-t-on de mes écrits ?
Je dois aimer mes vers, puisqu'ils sont ton ouvrage.
    Occuperai-je les cent voix
    De la vagabonde Déesse ?
  A tes faveurs pour obtenir des droits,
Suffit-il, ô Thaïs, de sentir la tendresse ?
    Thaïs alors, sur de récents gazons,
    Cueille des fleurs, en tresse une couronne :
      Tiens, c'est ainsi que je réponds ;
      Voilà le prix de tes chansons,
      Et c'est ma main qui te le donne !
Renonce, me dit-elle, à l'orgueil des lauriers ;
Laisse ces froids honneurs qu'ici tu te proposes ;
    Il faut des couronnes de roses
A qui peignit l'Amour et chanta les Baisers.

APPENDICE

LES BAISERS

DE JEAN SECOND[1]

(TRADUCTION DE M... C...[2])

BAISER I[3]

Vénus ayant transporté le jeune Ascagne tout endormi dans un des bosquets qui environnent Cythère, elle le plaça doucement sur un lit de tendres violettes, fit éclore autour de lui une quantité prodigieuse de roses blanches, et remplit tout ce lieu de parfums agréables et délicieux. Cette déesse se rappelle alors la flamme dont elle brûla pour Adonis : un feu qui lui

---

[1] Ainsi qu'on l'a vu dans la notice qui se trouve en tête de ce volume, ce sont les *Baisers* de Jean Second qui ont inspiré le poème de Dorat. « Les *Baisers* de Jean Second, » dit Dorat, « sont un des plus agréables monuments de la latinité moderne. Ils rappellent quelquefois l'élégance de Catulle et jamais son cynisme effronté ; mais, malgré l'estime qu'ils méritent, je ne me suis point avisé de les traduire. Les beautés qui y sont répandues ne sont point d'une nature à passer aisément d'un idiome dans un autre... J'ai profité quelquefois des idées de Jean Second, je ne m'y suis jamais assujetti. » La traduction suivante, qui est une des plus estimées du poème de Jean Second, permettra de se rendre compte des imitations de Dorat, et de faire la part de chacun des deux poètes.

[2] *Moutonnet de Clairfons* (1771).

[3] V. le *Baiser I* de Dorat.

est connu se glisse dans ses veines et les embrase. O combien de fois ne voulut-elle pas entrelacer ses bras au cou d'Ascagne ! ô combien de fois ne se dit-elle pas : Tel était mon Adonis ! Mais craignant de troubler le sommeil paisible de ce jeune enfant, elle donne mille baisers aux roses d'alentour : soudain ces roses sont enflammées et les zéphyrs se jouent avec un doux murmure sur les lèvres ardentes de l'aimable Dionée. Autant de roses qu'elle touche, autant de baisers cueillis qui rendent aussitôt à la belle Cypris les douceurs réitérées qu'elles ont ressenties. Cependant, la charmante Vénus, traînée légèrement à travers les airs par des cygnes éclatants, parcourt tout le globe immense de la terre, et, comme un nouveau Triptolème, elle sème à pleines mains les baisers sur les campagnes fécondes, et trois fois elle fait entendre des sons jusqu'alors inconnus. Ces baisers ont produit cette heureuse moisson qui soulage les mortels blessés des traits de l'Amour : c'est encore de cette source délicieuse que découle le seul remède à mes tourments. Je vous salue, baisers voluptueux, nés de roses fraîches et vermeilles, baisers, doux liniment d'un amour éternellement malheureux. Je vous consacre ma verve, et votre gloire sera célébrée dans mes vers, tant que la double colline sera connue, tant que l'éloquent Amour, se ressouvenant des descendants d'Énée, exprimera ses feux dans la langue douce et flexible des Romains, cette race qui lui est si chère.

BAISER II[1]

Comme la vigne entrelace amoureusement ses branches sur l'ormeau voisin; comme le lierre orné de

[1] Dorat a composé deux Baisers d'après celui-ci. Ce sont les *Baisers XIV* et *XIX* de son poème.

grappes embrasse étroitement de ses rameaux serpentants les branches immenses d'un chêne élevé, enlace de même autour de mon cou tes bras flexibles et délicats ! O ma tendre Néæra ! imitons, autant qu'il est en nous, ces arbustes amoureux : pour moi, je serrerai d'une chaîne éternelle ta charmante personne, et je te donnerai un baiser qui ne finira jamais. Oubliant les dons utiles de Cérès et de Bacchus, et les douceurs du sommeil, rien, ma chère Néæra, rien ne me détacherait alors de ta bouche vermeille. Après avoir exhalé nos derniers soupirs au milieu de nos baisers mutuels, la même barque porterait les deux amants vers le sombre royaume de Pluton : nous serions conduits à travers des campagnes fleuries et odorantes, qui jouissent d'un printemps éternel, dans ces lieux où des héroïnes goûtent encore avec des héros fameux les délices de leurs anciennes amours : ils prennent ensemble le plaisir de la danse, ou, pleins d'allégresse, ils chantent tour à tour des vers, dans un vallon délicieux, rempli de myrtes verts et couronné d'un bois de lauriers dont les branches vacillantes couvrent d'une ombre incertaine des violettes, des roses et des narcisses dorés : les tièdes zéphyrs se jouent continuellement avec un doux frémissement entre les feuilles résonnantes. La terre, sans être déchirée par le soc de la charrue, ouvre son sein fécond et prodigue ses richesses. Tout le cercle des heureux se lèverait à notre arrivée, on nous placerait sur des sièges de gazon et au premier rang parmi les poètes. Aucune des amantes de Jupiter ne serait indignée de nous céder cet honneur : Hélène, la fille du plus puissant des dieux, ne serait pas elle-même courroucée de cette préférence.

BAISER III[1]

Donne-moi, fille charmante, donne-moi, disais-je, un doux baiser... à l'instant tes lèvres mi-closes ont pressé mollement mes lèvres arides. Mais aussitôt tu as retiré ta bouche de dessus la mienne avec la promptitude de celui qui s'éloigne en frissonnant du serpent qu'il foule sous ses pieds. Ce n'est pas là, ma chère, ce n'est pas là donner un tendre baiser : c'est faire naître seulement des désirs et des regrets pour un baiser trop rapide.

BAISER IV[2]

Ce ne sont pas des baisers, c'est du pur nectar que donne la tendre Néæra. Elle répand une rosée de parfums exquis : elle exhale de toutes parts l'odeur délicieuse du nard, du thym, du cinnamome et du miel, semblable à celui que les abeilles vont cueillir sur le mont Hymette ou sur les rosiers abondants des champs de Cécrops : elles le déposent ensuite dans de petites cellules de cire vierge, et le renferment dans leur habitation d'osier... Néæra, si tu me laisses goûter, savourer plusieurs de tes baisers, soudain je deviendrai immortel et je partagerai l'ambroisie avec les dieux puissants. Cesse, Néæra, cesse de m'enivrer du parfum de tes baisers, ou jouis avec moi de l'immortalité : je ne veux point être admis sans toi au banquet céleste ; non, sans toi je ne voudrais pas siéger sur le trône brillant des airs, quand tous les dieux et toutes les déesses, après en avoir chassé Jupiter, voudraient m'y contraindre.

[1] *Baiser II* de Dorat.
[2] *Baiser XVIII* de Dorat.

BAISER V[1]

Quand tu me presses étroitement entre tes bras délicats, qui forment une chaîne voluptueuse autour de mon corps; quand tu restes suspendue à mes épaules, en me serrant tendrement contre ton cou, ton sein et ton visage enflammé; quand, charmante Néæra, tu colles amoureusement tes belles lèvres sur les miennes : dans cette posture ravissante, tu me fais sentir tes morsures, et tu te plains si je te mors à mon tour. Tu dardes à plusieurs reprises ta langue palpitante et tu suces la mienne, qui forme de tendres soupirs; tu exhales les parfums les plus délicieux; ton souffle est un zéphyr humide, suave, doux et murmurant; c'est lui qui entretient les faibles restes de ma vie malheureuse; tu pompes, tu attires mon âme défaillante, enflammée, brûlée d'une chaleur trop violente, desséchée par les feux d'un cœur éperdument amoureux. O belle Néæra, tu te joues de ma flamme! un souffle de ta bouche suffit pour exciter le feu dévorant et funeste qui consume intérieurement mes os. O souffle délicieux, d'où naissent mes brûlants transports! C'est alors que je m'écrie : L'Amour est le plus grand des dieux : nul dieu n'est plus puissant que l'Amour; et si quelque dieu ou quelque déesse peuvent jamais l'emporter sur l'Amour, Néæra seule a cet avantage.

---

[1] *Baiser VI* de Dorat.
« Ce *Baiser* est d'un style brûlant, dit le traducteur; celui de M. Dorat ne l'est pas moins; et il serait difficile de décider lequel des deux l'emporte, ou du poète latin, ou du poète français. »

BAISER VI[1]

J'étais convenu avec toi de deux mille baisers : je t'en ai donné mille et tu m'en as rendu mille, rien de plus exact ; tu as rempli le nombre déterminé, je l'avoue ; mais l'Amour ne se contente jamais d'un nombre scrupuleusement fixé. Quel laboureur chantera les louanges de Cérès, si elle ne couvre ses sillons que de quelques épis ? Qui jamais a calculé le gazon d'une prairie humide ? Quel mortel, ô Bacchus, t'a fait des vœux pour cent grappes de raisin seulement ? A-t-on quelquefois demandé pour mille abeilles au divin Aristée ? Lorsque Jupiter propice répand une rosée abondante sur les campagnes desséchées, nous ne nous amusons pas à compter les gouttes d'eau qui tombent. De même, quand l'affreux Borée gronde au milieu des airs obscurcis et que Jupiter arme de sa foudre son bras redoutable, et répand à grands flots sur la terre et sur l'onde une grêle épouvantable, ce dieu ignore alors combien de moissons il détruit et combien il ravage de contrées. Le ciel répand avec profusion et les biens et les maux. Cette abondance, cette prodigalité conviennent à la majesté du palais de Jupiter. Néæra, toi qui es une déesse, qui surpasses en beauté celle qu'une conque d'azur promène sur les mers ; quoi, tu fixes le nombre des baisers, ces présents célestes ? Eh ! cruelle, tu ne comptes pas tous mes soupirs ! tu ne calcules pas mes larmes ! Ces larmes qui, comme deux fontaines intarissables, inondent continuellement mon visage et mon sein. Si tu comptes les larmes, tu peux compter aussi les baisers : mais si tu ne tiens pas registre des larmes, cesse aussi de calculer les baisers. Donne-moi donc

---

[1] *Baiser VIII* de Dorat.

(faible dédommagement de ma douleur profonde), donne-moi des baisers innombrables pour mes larmes sans nombre.

BAISER VII[1]

Quelle fureur barbare, insensée Néæra, quelle injuste fureur te poussait à mordre, à déchirer ma langue avec tant de cruauté? Est-ce que les traits innombrables dont tu perces incessamment mon cœur te paraissent insuffisants, si tes dents n'exercent encore leur férocité sacrilège sur l'organe innocent avec lequel je chantais si souvent tes louanges, soit au lever de l'aurore, soit au déclin du jour, soit pendant les jours entiers, soit durant les ombres fâcheuses de la nuit? C'est cette langue, si tu l'ignores, Néæra, c'est cette langue elle-même qui, dans des vers tendres et passionnés, célébrait jusqu'aux astres, au delà même des sphères les plus éloignées, les boucles ondoyantes de tes cheveux, le feu voluptueux de tes regards, ton cou pétri par les Grâces, ton sein plus blanc que la neige ; les dieux étaient jaloux de mes louanges. C'est cette même langue qui, malgré le courroux de Vénus, te nommait ma vie, le soulagement de mes maux, le doux parfum de mon âme, mes charmes, ma Vénus, ma colombe, ma tourterelle. Prendrais-tu plaisir, orgueilleuse Néæra, t'égayerais-tu à déchirer cette langue innocente, parce que tu sais que tes blessures ne pourront tellement exciter sa colère, que (quoique tout ensanglantée) elle ne balbutie encore dans ses chants tes yeux vifs et perçants, tes lèvres roses et ces dents cruelles qui ont causé sa douleur? O pouvoir magique et enchanteur de la beauté !

· *Baiser XI* de Dorat.

BAISER VIII

O ma charmante Néæra! au milieu de mes transports amoureux, je te donnerais sans interruption cent fois cent baisers, cent fois mille baisers, autant qu'il y a de millions de gouttes d'eau dans la mer de Sicile, autant qu'il y a de millions d'astres au ciel; oui, je voudrais cueillir mille millions de baisers sur tes joues vermeilles, sur tes lèvres délicieuses et sur tes yeux vifs, qui parlent à tous les cœurs. Mais pendant que je suis étroitement collé sur tes joues de roses, sur tes lèvres de corail et sur tes yeux si expressifs, je ne puis considérer tes lèvres, tes joues incarnates, tes yeux enchanteurs, ni ton délicat sourire, qui, accompagné d'un coup d'œil gracieux, tarit promptement mes larmes, chasse les soucis du fond de mon cœur et calme mes soupirs; semblable au blond Phébus, qui, monté sur son char étincelant, traîné par des coursiers brillants, dissipe les nuages ténébreux et ramène au milieu des airs le calme et la sérénité. Oh! combien de combats se sont élevés entre mes yeux et mes lèvres! Et je pourrais souffrir Jupiter pour rival? Ah! mes yeux jaloux ne veulent pas même de partage avec mes propres lèvres [1].

---

[1] . . . Tout me fait ombrage;
L'oiseau qui vole à tes côtés,
L'ormeau qui t'offre son feuillage,
L'onde qui baigne tes beautés,
La glace où se peint leur image,
Et même, excuse un tel aveu,
Quoique ton serin parle peu.
Je suis jaloux de son ramage.
                    Dorat (*Baiser XVII*).

BAISER IX[1]

Ne me donne pas toujours un baiser humide et voluptueux ; n'accompagne pas toujours tes tendres soupirs d'un sourire agréable ; enivrée de volupté et prête à exhaler ton dernier soupir, belle Néæra, ne te renverse pas sur mon sein, et ne me serre pas toujours de tes bras amoureux. Il faut user modérément des plaisirs, même les plus délicieux. Plus un objet affecte agréablement l'âme, plus il est près de produire la tristesse et le dégoût. Lorsque je te demanderai neuf baisers, retranches-en sept et ne m'en accorde que deux, mais froids, mais rapides, tels que la chaste Diane les donne à son frère, armé d'un carquois, ou semblables à ceux que donne à son père une jeune fille qui n'a point encore ressenti l'amoureuse inquiétude. Soudain éloigne-toi d'une course légère ; soudain dérobe-toi à mes regards, voluptueuse Néæra ; soudain cours te cacher dans des retraites écartées, dans des antres profonds ; et aussitôt je te poursuivrai dans les antres les plus reculés et dans les retraites les plus cachées : vainqueur de tous les obstacles, je saisirai ma captive d'une main brûlante et impérieuse ; je l'enlèverai comme le cruel vautour ravit entre ses serres cruelles une faible colombe. Vaincue, tu tendras alors des mains suppliantes ; collée et suspendue avec effort contre mon sein, tu voudras m'apaiser par sept tendres baisers ; insensée, quelle sera ton erreur ! Pour effacer ton crime, j'ajouterai à ces sept baisers sept fois sept autres baisers, et entrelaçant mes bras, j'enchaînerai ton cou, fugitive Néæra ; je te forcerai de payer tous ces baisers et de jurer par tes charmes et par tes grâces infinies

[1] *Baiser* V de Dorat

que, par un pareil crime, tu veux très souvent subir la même punition.

—

BAISER X

Les baisers qui excitent dans mon âme une sensation délicieuse peuvent être différemment variés. Colles-tu tes lèvres humides sur les miennes, ces sortes de baisers m'enchantent. Quels charmes n'a pas un baiser brûlant, qui fait souvent circuler dans nos veines une douce chaleur? Il est bien doux encore de cueillir des baisers sur des yeux languissants et de se rendre ainsi favorables les auteurs de ses maux. Quelles délices ne goûte-t-on pas à couvrir de baisers des joues vermeilles, un cou charmant, des épaules blanches comme la neige, un sein d'albâtre ! Quelle volupté d'imprimer les traces de sa fureur jalouse sur des joues de roses, sur un cou voluptueux, sur des épaules délicates et sur deux globes d'une éclatante blancheur ! Quel transport, quel ravissement l'on éprouve quand, avec des lèvres tremblantes, l'on suce une langue agitée d'un doux frémissement ! quand deux âmes errantes viennent se confondre sur deux bouches collées amoureusement et passent chacune dans un corps étranger, dans ces moments d'extase et de faiblesse qui conduisent au dernier degré du plaisir ; je serai toujours extrêmement sensible aux baisers, soit rapides, soit prolongés, soit légers, soit fortement appuyés, que je te donnerai ou que je recevrai de ta bouche. O ma chère Néæra ! ne me rends jamais de baisers semblables à ceux que tu dois cueillir sur ma bouche ; mais, chacun de notre côté, varions nos jeux amoureux. Que le premier de nous deux qui ne pourra plus diversifier ses baisers écoute, les yeux baissés, la loi qui le condamne à payer à son vainqueur un aussi grand nombre de baisers, et en autant de manières différentes qu'il y en aura eu de donnés et de reçus de part et d'autre.

BAISER XI

Quelques esprits froids prétendent que je donne des baisers trop exquis et tels que ne les connurent jamais nos pères grossiers. Lorsque je serre étroitement entre mes bras amoureux tes divins appas et qu'enivré de plaisir je meurs au milieu de tes ardents baisers, irai-je donc, charmante Néæra, irai-je m'inquiéter de ce que l'on pense de moi ? Eh ! je m'ignore absolument moi-même, dans ces moments fortunés, et je ne sais où je suis ! La belle Néæra, souriant à ces mots, me pressa tendrement de ses bras, qui le disputent aux lis, et me donna un baiser charmant. Le dieu Mars n'en reçut jamais de plus voluptueux de la bouche divine de l'aimable Cypris. Eh ! pourquoi, a-t-elle ajouté, craindrais-tu le jugement du public sévère ? Ce procès ne peut être jugé qu'à mon tribunal.

BAISER XII[1]

Mères trop sévères, et vous, jeunes et pudiques beautés, pourquoi détournez-vous ainsi vos chastes regards de dessus mes poésies ? Je ne célèbre dans aucun endroit les aventures amoureuses des dieux ; je ne peins nulle attitude révoltante et obscène. Vous ne trouverez aucun de mes vers licencieux ; il n'y en a pas un seul qu'un

---

[1] *Baiser XII* de Dorat.

pédagogue rigide et austère ne puisse lire sans scrupule à ses disciples de mœurs pures et intactes. Prêtre chaste du temple des Muses, je chante de simples baisers. Cependant, ces femmes trop scrupuleuses et ces jeunes beautés pudiques affectent d'être révoltées, parce que dans le premier feu de la composition j'ai peut-être employé, sans le savoir, quelques expressions un peu libres. Loin d'ici, troupe rigoriste et incommode! Fuyez loin de moi, femmes et filles dont la pudeur s'alarme trop aisément! O combien ma Néæra est plus chaste que vous! Elle aime mieux en effet un petit recueil de vers écrits sans obcénités, qu'un poète qui n'est pas d'humeur un peu libertine [1].

BAISER XIII

Faible et languissant, après un tendre combat amoureux, j'étais couché près de toi sans mouvement, chère âme de ma vie, et ma main, mollement étendue, se reposait sur les lis et sur les roses de ton sein. Mon haleine brûlante était entièrement consumée dans ma bouche sèche et aride et ne pouvait rafraîchir mon cœur par un souffle nouveau. Déjà je voyais le Styx et le royaume sombre ; déjà j'apercevais la barque fatale du vieux Caron, lorsque tirant du fond de ton cœur un baiser rafraîchissant tu l'as exhalé sur mes lèvres desséchées. Ce baiser puissant, ô ma tendre Néæra, m'a rappelé soudain des bords du Styx, et le redoutable nautonier

---

[1] Catulle n'est pas du même avis. M. de Saci traduit ainsi une de ses pensées :

    Le Poëte doit être sage;
    Pour ses vers, il importe peu.
    Ils n'auraient ni grâce ni feu
    Sans un air de libertinage.
        Trad. des lett. de Pline.

a été contraint de s'en aller avec sa barque vide. Je me trompe; jamais Caron ne s'éloigne en vain des bords de l'Achéron. Déjà mon ombre plaintive vogue vers le séjour des mânes, et c'est une portion de ton âme qui anime mon corps et empêche la dissolution entière de ses parties qui n'existent que par toi, ô ma chère Néæra. Malade et impatiente, cette parcelle de ton âme fait des efforts pour retrouver une secrète issue, afin d'aller jouir de ses premiers avantages. Si tu ne la réchauffes d'un souffle qui lui est connu, elle va abandonner mes membres défaillants. Colle donc étroitement tes lèvres sur ma bouche, afin qu'un seul souffle nous anime toujours, jusqu'à ce que, rassasiée, enivrée des délices du plus ardent amour, une seule âme s'envole de nos deux corps unis et confondus.

BAISER XIV

Pourquoi me présentes-tu tes lèvres enflammées? Je ne veux pas te donner maintenant des baisers, cruelle Néæra, dont le cœur est plus dur que le marbre même. Sois hautaine et difficile, si tu veux que je fasse beaucoup de cas de tes simples baisers. Alors un feu brûlant circulera dans mes veines et les embrasera! Je sécherai, je fondrai au milieu des emportements d'un désir inutile! Où fuis-tu? demeure. Permets que je couvre de baisers tes yeux brillants, tes lèvres vermeilles! Je veux, oui, je veux sur-le-champ baiser tes joues colorées, tes joues plus douces, plus délicates qu'un léger et tendre duvet.

BAISER XV

Le tendre fils de la belle Cythérée ayant fortement bandé son arc pour te lancer une flèche fatale, charmante Néæra, fixe alors ton front brillant, les tresses blondes et ondoyantes de tes cheveux, tes yeux d'où partent sans cesse des traits perçants, tes joues brillantes, ton sein, beau comme celui de Vénus, et soudain son arc se relâche et la flèche échappe de ses mains incertaines ; soudain il se précipite comme un enfant entre tes bras voluptueux, et de mille manières te donne mille et mille baisers, qui ont exhalé jusqu'au fond de ton cœur les essences les plus exquises et les odeurs les plus délicieuses. Il a juré ensuite par tous les dieux, par Vénus sa mère, que désormais il ne te ferait ressentir aucun tourment. Serons-nous donc encore surpris que tes baisers soient si doux, si parfumés ? Serons-nous donc encore étonnés, cruelle, si tu ne te livres jamais aux douceurs de l'amour ?

BAISER XVI[1]

Donne-moi cent baisers, ô ma chère Néæra, toi qui es plus brillante que l'astre éclatant de Phébé et plus belle que l'étoile étincelante de Vénus ; donne-moi autant de baisers que la facile Lesbie en a pris, en a cueilli sur la bouche de son Poète [2] insatiable ; autant

---

[1] *Baiser X* de Dorat.
[2] Allusion au passage suivant du poème *A Lesbie*, de Catulle :
« ..... Donne-moi mille baisers ; ensuite cent, ensuite mille
» autres ; encore une fois cent, après cela mille, et enfin cent.

que se jouent sur tes lèvres enfantines, sur tes joues vermeilles, de charmes, d'Amours et de Vénus. Autant que ton œil enflammé lance de vies et de morts, qu'il fait naître d'espérances et de craintes, de joies toujours mêlées de soucis cuisants et d'amoureux soupirs. Que tes baisers soient plus nombreux que les traits dont la main cruelle du dieu léger et malin perce sans cesse mon cœur; que ces traits innombrables qu'il porte dans son carquois doré. Ajoute à ces baisers de tendres caresses, des paroles séduisantes, ces soupirs enflammés, ce silence éloquent et énergique, ce sourire enchanteur, ces agaceries et ces morsures délicieuses. Imite les colombes qui, dès que la douce haleine des zéphyrs amoureux a chassé l'âpre froidure, roucoulent leurs tendres feux, et entrelacent leurs becs amoureux[1]. Défaillante, éperdue, collée étroitement sur mes lèvres, tourne çà et là tes yeux pleins d'une humide flamme; dis-moi alors, Néæra, dis-moi de te soutenir, dès que tu éprouveras les langueurs et les faiblesses de la volupté; soudain je te serrerai, je t'environnerai de mes bras enlacés, je presserai sur mon sein brûlant tes appas glacés; je te rappellerai à la vie par le souffle animé d'un doux et long baiser; jusqu'à ce que, succombant moi-même au milieu de ces baisers ardents, mon âme s'écoule et m'abandonne; alors je te dirai à mon tour: Je meurs, chère Néæra, je meurs de plaisir; recueille-moi dans ton sein: aussitôt tu m'enlaceras de tes bras voluptueux, et comme je serai sans force et sans cha-

---

» Quand tu m'en auras accordé plusieurs mille, nous les confon-
» drons ensemble, de peur que nous n'en sachions le compte, ou
» que quelque jaloux ne nous porte envie lorsqu'il apprendra que
» tu m'en as donné un aussi grand nombre. »

[1] Mira là quel colombo
Con che dolce susurro lusingando
Bacia la sua compagna!
Amint. di Tasso.

leur, tu me réchaufferas sur ton cœur enflammé ; tu me souffleras la vie avec le parfum d'un de tes baisers. Néæra, passons ainsi dans les délices les jours de notre bel âge. Bientôt la triste vieillesse amènera à sa suite les soins pénibles et cruels, les maladies et la mort.

BAISER XVII

La rose nouvelle qu'une douce rosée humecte pendant la fraîcheur de la nuit, étale aux premiers rayons de l'aurore ses brillantes couleurs : le matin, les lèvres de ma maîtresse ont le même éclat, après une nuit fortunée pendant laquelle je les ai arrosées de mille et mille baisers. Ses lèvres purpurines, dont l'incarnat est encore augmenté par la blancheur éblouissante de son visage, ressemblent à une tendre violette, cueillie par la main d'albâtre d'une jeune beauté. C'est ainsi qu'on voit briller au milieu d'un épais feuillage une cerise nouvelle, quand l'aimable Flore commence à redouter les chaleurs de l'été. Malheureux ! pourquoi suis-je forcé de m'éloigner de tes appas charmants, lorsque tu me donnes des baisers si enflammés ? Du moins, charmante Néæra, conserve sur tes lèvres cette couleur vermeille et que ce coloris voluptueux dure jusqu'à ce que les ombres épaisses de la nuit me permettent de me réunir à toi. Que tes lèvres deviennent plus pâles et plus livides que mes joues, si, pendant l'intervalle de notre séparation, elles cueillent des baisers sur une bouche étrangère !

BAISER XVIII

Vénus ayant aperçu les lèvres de ma belle maîtresse, ces lèvres ornées et embellies par un double rang de dents blanches, semblables à un morceau d'ivoire artistement travaillé, et enrichi de pierres précieuses; on dit que cette déesse, désespérée, versa des larmes et rassembla en gémissant les folâtres Amours. Eh! que me sert, s'écria-t-elle, que près les murs de Troie les roses de mes lèvres aient, au jugement du berger phrygien, remporté le prix sur deux déesses[1], puisque les lèvres de Néæra, au jugement de son Poète, effacent aujourd'hui l'éclat des miennes? Amours, courez pleins de fureur contre ce Poète! Prenez dans vos carquois plusieurs flèches cruelles, bandez fortement vos arcs, lancez au fond de son cœur des traits pénétrants! Mais ne lancez à sa Néæra que des flèches de plomb; qu'elle ne ressente aucun feu; qu'elle soit toujours froide et glacée! Ces paroles ont eu leur accomplissement. Un feu dévorant circule dans mes veines, et mon cœur embrasé s'écoule et se dissout. Pour le tien, Néæra, il est entouré de toutes parts de glaces et de rochers, semblables à ceux qui sont battus par les vagues mutinées de la mer de Sicile ou par les flots en courroux du golfe Adriatique. Ton âme insensible se joue avec sécurité de mon violent amour. Ingrate! c'est pour avoir loué le coloris de tes lèvres que je suis puni si cruellement. Inhumaine, tu ignores pourquoi tu me hais

---

[1] « Elle monta sur son char, traîné par des cygnes, et arriva dans la Phrygie. Le berger balançait entre Junon et Pallas; il la vit, et ses regards errèrent et moururent; la pomme d'or tomba aux pieds de la Déesse; il voulut parler, et son désordre décida. »
Temple de Gnide, de Montesquieu.

ainsi ; tu ignores, hélas ! jusqu'où peut aller la colère implacable des dieux irrités et la fureur jalouse de Vénus offensée ! Sois plus douce et plus sensible ; diminue cette hauteur dédaigneuse; aie un cœur et des sentiments qui répondent à la douceur aimable de ta figure. Colle tes lèvres parfumées sur les miennes ! Tes lèvres, qui causent tous mes tourments, afin que tu puisses pomper du fond de mon cœur une petite partie du poison qui me dévore et me consume. Alors, amollie, vaincue, tu brûleras, tu languiras des mêmes feux; mais surtout ne crains ni les Dieux ni Vénus : une jeune beauté commande aux Dieux mêmes.

BAISER XIX

Petits oiseaux, nés pour cueillir le miel, pourquoi allez-vous encore pomper le suc du thym fleuri, des roses, et le nectar délicieux de la violette printanière ? Pourquoi sucez-vous la fleur de l'aneth, qui répand au loin une agréable odeur ? Accourez tous sur les lèvres de ma maîtresse, elles distillent en abondance le doux parfum des roses, du thym, et l'ambroisie de la tendre violette et du suave aneth, qui embaume tous les lieux d'alentour. Ces lèvres sont humectées des larmes précieuses de Narcisse ; elles sont teintes du sang odorant du jeune Adonis : ce sang et les larmes de Vénus mêlés ensemble avec l'ambroisie céleste ont fait éclore du sein de la terre des fleurs diversement colorées. Abeilles chéries, ne soyez point ingrates, souffrez que je partage avec vous ce miel délicieux ! Laissez-moi sucer (comme j'en ai le droit) les douces lèvres de ma Néæra! mais n'allez pas être non plus insatiables et vouloir remplir toutes vos cellules : la bouche de ma maîtresse pourrait en être desséchée pour toujours, et j'appuierais alors des baisers ardents sur des lèvres arides, et je recevrais ainsi la triste récompense de mon babil et de mon indiscrète confidence. Ah! surtout ne piquez pas de votre aiguillon les lèvres délicates de Néæra! elle lance de ses yeux des dards aussi perçants que les vôtres. Croyez-moi, abeilles chéries, ma maîtresse ne souffrira aucune de vos blessures sans en prendre aussitôt vengeance. Cueillez donc légèrement sur ses lèvres, et sans les blesser, le miel qu'elles distillent.

FIN DES BAISERS

LA NOUVELLE
ZÉLIS AU BAIN

POÈME EN SIX CHANTS

PAR LE MARQUIS DE PEZAY

(1771)

LETTRE

A MONSIEUR LE CHEVALIER DE***

EN LUI ENVOYANT
LE POÈME DE LA NOUVELLE ZÉLIS AU BAIN

C'est à vous, mon ami, que j'adresse mes vers, parce que vous savez fort bien que faire des vers et remplir ses devoirs, sont deux choses très compatibles.

Mais s'il était une profession où ce délassement fût moins permis, ce ne serait assurément pas la nôtre. Ce ne serait pas dans un état où, malgré les entraves de la discipline, tout doit encore respirer l'air de la liberté; où les plus grands succès dépendant du ressort de l'imagination, tout ce qui pourra l'exercer et l'étendre sera convenable; où l'humanité, ayant si souvent besoin de la sensibilité de l'âme pour plaider sa cause, tout ce qui pourra la nourrir sera essentiel; où le caractère national, enfin, a fait de la gaîté même une vertu nécessaire.

Oui, mon cher chevalier, vous savez quitter Polybe pour Chaulieu, et n'en reprenez Polybe qu'avec plus de courage. Vous concluez que ces rigides censeurs avançant que, quand on fait le métier de Polybe, on ne doit pas lire Chaulieu, ils finissent toujours par ne lire ni l'un ni l'autre. Vous riez avec moi de ces oisifs, moins sévères que mal intentionnés, qui n'ayant pas la force de mieux faire que les autres, trouvent plus court de publier que les autres font mal, et perdent si justement leurs peines dans un siècle où nous voyons à quel point les amusements de la société peuvent s'allier aux plus sérieuses occupations.

Nous ne sommes plus, grâce au ciel, dans ces temps de barbarie, où l'ignorance était un des privilèges des rangs. Les Muses s'approchent, sans trembler, d'un trône, où les conduit la même main qui en dispense les faveurs. On peut aujourd'hui, sans déroger, vouloir étendre les bornes de son esprit; et ceux qui soutiennent le contraire, prouvent seulement que l'on ne déroge point pour n'avoir pas le sens commun.

Vous n'avez pas oublié que le bon Henri IV faisait des vers; que des plaines d'Ivry il volait à Anet, et que ce ne fut qu'après avoir fait retentir les rives de l'Eure du nom de la belle Gabrielle, qu'il rentra vainqueur dans Paris. Vous savez qu'avant lui le héros de Pharsale cultiva les lettres, et vous admirez enfin, avec toute l'Europe, cet Alexandre du Nord[1], qui joue de la flûte quand ses tambours cessent de battre, et compose alternativement pour ses généraux des instructions militaires et des épîtres philosophiques.

Pour moi, qui n'ai pas tant d'affaires que ces grands modèles (n'ayant pas l'honneur de commander autant de dragons qu'ils ont de milliers d'hommes à conduire), j'avoue, sans en rougir, que le commerce des Muses est le charme de ma vie, comme l'étude de mon métier en est l'occupation; je consacre à la poésie les moments

---

[1] Le grand Frédéric II, roi de Prusse, vivait encore quand l'auteur écrivait cette lettre.

que ceux qui me condamnent emploient à médire. Si j'y joignais tous les instants qu'ils perdent à ne rien faire, on pourrait peut-être m'accuser avec plus de justice de donner trop de temps aux Belles-lettres ; et n'en déplaise à ces charmants dénonciateurs, toutes réflexions faites, j'ose préférer le ridicule d'écrire à celui de ne savoir pas lire.

Les vers, la musique et les arts sont à mon esprit ce que le sommeil est à mon corps ; ils le rajeunissent. On voit souvent l'Indien détendre son arc pour lui donner plus d'élasticité.

Las de suivre nos colonnes [1] à travers les communications pénibles de la côte de Gênes et les défilés des Apennins, je trouve bien doux de m'asseoir quelquefois sous le berceau où Zélis sommeille ; de voler des bords de l'Eurotas [2] aux rives de la Bormida [3] ; de retourner aux campagnes de la fertile Morée, et de quitter enfin ma naïade nouvelle pour passer le Tanaro à la nage, en suivant le vainqueur à Bassignana [4].

On ne peut pas toujours s'occuper d'objets qui exigent une grande application. Une des lois les plus généralement établies par la nature est que le repos doit succéder au travail. Après avoir franchi le sommet des mon-

---

[1] Tout cet alinéa a trait à la guerre d'Italie, et particulièrement à la campagne de 1745.

[2] L'Eurotas, sur les bords duquel on place la scène du poème, arrose une partie de la Morée.

[3] La Bormida, rivière qui s'embouche dans le Tanaro, près d'Alexandrie.

[4] Bassignana, village situé sur la rive gauche du Tanaro, au-dessus du confluent de cette rivière dans le Pô. Le Roi de Sardaigne y avait assis son camp en 1745, et y fut déposté et battu le 26 septembre, et non le 5 octobre, comme le prétend l'historien Bonamici.

tagnes, le cerf se repose dans la vallée; le lion qui vient de chercher sa pâture en rugissant, se repose sur l'herbe qu'ensanglante sa proie; et cette terre, qui nourrit le cerf, le lion et l'homme, se repose à son tour après avoir enrichi le laboureur qui la cultive. Avouons-le, mon ami, l'homme surtout n'a pas le droit de se croire infatigable, et convenons encore qu'un genre de repos, qui devient pour lui une occupation intéressante, mérite à juste titre qu'il lui donne la préférence sur tous les autres.

Tels sont les arts, mon cher chevalier, les arts qui, seuls d'intelligence avec l'amitié et l'amour, remplissent les heures en les faisant paraître plus rapides, donnent un prix réel aux richesses, et apprennent à s'en passer. Par eux, les hommes sont invités à vivre ensemble et ne sont point effrayés de vivre seuls. Le commerce des arts adoucit l'âme; et ce n'est que sur le front de leur favori que l'on peut trouver encore l'expression de l'aménité, de l'aménité qui ne devrait être que le plus naturel des penchants, mais dont tant d'objets qui nous environnent ont fait une vertu difficile. Jusques à quand réserverons-nous nos hommages à ce qui nous rend malheureux, et le ridicule à ce qui nous console?

Après cette justification, peut-être trop personnelle pour être intéressante, il faut bien un peu vous parler du poème que je vous envoie, et vous dire pourquoi et comment j'ai refait entièrement cet ouvrage.

Étant à la campagne, je trouvai l'ancienne *Zélis au Bain* sur la toilette d'une femme. Je jetais alternativement des yeux de père sur la brochure, et sur la femme des yeux de jeune homme, car elle était jolie. Je vis bientôt que l'une avait autant besoin de parure, que l'autre avait le droit de s'en passer. Quelques réflexions de ma part, de plus ingénieuses de la part de celle qui m'écoutait, me déterminèrent à retoucher cette première et imparfaite production de ma plume.

Une des remarques de Mme de *** tombait sur le ressort du second chant de l'ancienne *Zélis*. Vous vous rappelez, ou vous ne vous rappelez pas, que Zélis, prenant la voix du berger Lisis pour celle d'Hilas son amant, et l'entendant adresser sa chanson à Philis, devenait jalouse, comme de raison. C'est ce pitoyable moyen que proscrivit très justement mon aimable critique. « Vous trouveriez donc tout simple, » me dit-elle, « que votre maîtresse prît la voix d'un autre pour la vôtre. Si cela était, » ajouta-t-elle, « les entretiens qu'elle aurait à la brune pourraient avoir leurs inconvénients. » Je convins de mon tort, promis de le réparer, et reconnus dans cet arrêt le tact délicat que la nature accorde aux femmes et dont les hommes leur doivent encore la faible portion qu'ils peuvent en acquérir.

Le quatrième et dernier chant du même ouvrage me parut susceptible de plusieurs autres observations. Mme de *** les avait faites aussi bien que moi, sans doute; mais elle fut moins franche à me les communiquer. Vous avez sûrement remarqué qu'Hilas, par un courage digne de la jeunesse, et plus encore de l'amour, après avoir arraché Zélis aux flots en courroux, se trouve pendant la nuit sur une rive éloignée, habillé comme un homme qui sort du bain, et près d'une bergère vêtue selon le même costume. Vous avez ri à coup sûr de la maladresse avec laquelle me rendant alors victime de la vraisemblance, je laissais dormir mon héros. J'étudiais probablement la physique dans ce temps-là; mais depuis, ayant un peu feuilleté le livre de la société, j'ai reconnu qu'un héros qui s'avisait de dormir près d'une jolie femme, pouvait bien être dans la nature, mais n'en était pas plus intéressant.

Je résolus donc de commencer les changements du poème par cette correction importante, et m'étant mis à l'ouvrage pour corriger quelques vers, j'ai fini par faire un poème tout neuf, et malheureusement une fois plus long que le premier. Je dis malheureusement pour ceux qui auront la complaisance de le lire. J'avouerai que pour moi j'ai trouvé qu'il finissait encore trop tôt. C'était un songe agréable que j'avais à mes ordres, et il y a peu de journées qui n'aient besoin d'être terminées par un joli rêve.

Je plains ceux dont l'âpreté cynique refuse à ces fictions innocentes le prix qui leur est dû; qui, pour se livrer à des erreurs toujours plus tristes et si souvent plus dangereuses, traitent toutes les erreurs riantes de fables ridicules et puériles. Puériles? Eh! tant mieux; c'est un plaisir bien vraiment sage, que celui d'être longtemps enfant. Je dirai plus, c'est le plaisir des honnêtes gens. Car les âmes, bien avec elles-mêmes, sont seules susceptibles d'en jouir.

Tous ces détails un peu surannés de la bergerie, mais rajeunis par l'imagination du poète; ces scènes mélancoliques, ces esquisses champêtres, même avec leurs défauts, auront toujours un prix pour les cœurs sensibles. Amants de la nature, ces riens enchanteurs seront pour eux ce qu'est pour nous le portrait et le bracelet de cheveux de notre maîtresse. Ces colifichets ne sont pas l'amour; mais convenons-en, quand nous méconnaissons leur valeur, nous méritons bien un peu notre congé.

Croyez-moi, quittons nos hochets le plus tard qu'il nous sera possible. Goûtons encore ces distractions de l'enfance; par le plaisir qu'elles nous causent, elles annoncent que nous conservons quelque chose de l'innocence du premier âge.

Méfions-nous de ces docteurs taciturnes, proscrivant tout ce qui n'est pas aussi maussade qu'eux, voilant leur incapacité du manteau de la pédanterie, et voulant faire accroire que pour servir les hommes, il faut absolument les ennuyer.

Mais si, d'un côté, la sensibilité met un prix à ces jeux et en prolonge les jouissances; de l'autre, il faut avouer que les cœurs sensibles sont, plus que les autres, susceptibles de les perdre. Ce calme de l'âme, qui permet seul de les goûter; cette intérieure sécurité, qui seule dispose à recevoir les impressions du bonheur : cœurs faciles et tendres, dont elle devrait être l'apanage, en jouissez-vous, en pouvez-vous jouir ici? Que d'objets l'altèrent! que d'événements la détruisent! que de blessures vous font saigner! Vous, nées pour l'amitié céleste et pour l'amour fidèle, est-ce parmi des amis faux, des époux perfides que vous pouvez être tranquilles? Vous, pures comme votre essence, âmes douces et fières, que la bassesse dégoûte, que l'orgueil révolte, que le mensonge effarouche, que l'intolérance déchire, est-ce ici que vous pouvez être heureuses?

Il est, oh! mon ami, il est une sensibilité généreuse qui, au défaut d'infortunes personnelles, nous fait souffrir des infortunes générales, et même étrangères. Le cri de la douleur n'a pas besoin d'être l'expression de ses propres souffrances pour faire tressaillir l'ami de l'humanité. Le luxe du riche insolent ne nous blesse-t-il donc plus, dès que son char n'étourdit plus nos oreilles? L'infortuné que vous avez rencontré le matin, vous laisse-t-il seul quand vous vous renfermez le soir chez vous? Non, je vous connais mieux; vous aimez, vous honorez les malheureux, et c'est pour cela que je vous aimerai toute ma vie.

Mais sur quels tableaux attiré-je vos regards? Entrons plutôt dans le bocage, où vous êtes attendu par Zélis; ouvrez les portes de votre imagination à la troupe des fictions aimables; songez à la plus jolie femme que vous connaissez, à une moins belle, si vous l'aimez davantage, et pardonnez ce bavardage, mon cher chevalier, à celui qui renouvelle le serment, déjà fait, de partager vos dangers à la guerre, comme vos plaisirs pendant la paix.

LA NOUVELLE

ZÉLIS AU BAIN

CHANT PREMIER

Je veux chanter une simple mortelle
Qu'Amour fit naître au bord de l'Eurotas ;
Si l'on régnait quand on est la plus belle,
Elle eût régné dans ces heureux climats.
Mais qu'ai-je dit? à t'asseoir sur un trône,
Tendre Zélis, que pourrais-tu gagner?
A la beauté que sert une couronne?
La beauté plaît, et c'est plus que régner.

D'une eau limpide arroser les corbeilles
Qui présentaient à ses jeunes abeilles
La fleur du thym disputée aux Zéphyrs ;
Dans le cristal des plus pures fontaines,
De ses brebis tremper les riches laines,
Voilà les soins qui charmaient ses loisirs :
Elle ignorait qu'il fût d'autres plaisirs.
Un beau pigeon, un pigeon bien fidèle,
Partageait seul ces naïves amours.
Au fin duvet qui vêtissait son aile,
Par cent baisers prodigués tous les jours,

Zélis prêtait une blancheur nouvelle.
L'oiseau chéri voltigeait sur sa main,
Éparpillait sa longue chevelure,
Ouvrait le voile attaché sur son sein,
Ne recevait pour seule nourriture
Que le millet, et les seuls grains choisis
Qu'il dérobait aux lèvres de Zélis.
Il suit la nymphe aux champs, dans la montagne,
Semble oublier, caressé dans ses bras,
Jusqu'aux besoins d'avoir une compagne ;
Besoin d'aimer que Zélis ne sent pas.

Mai reparut, et sa première aurore
Fut le signal de la fête de Flore.
Zélis est prête, et vole au rendez-vous :
Avec Zélis, les Amours y vont tous ;
Et son pigeon, voltigeant sur sa tête,
Veut être aussi le témoin de la fête.
Un bois touffu de myrtes toujours verts,
Par les zéphyrs défendu des hivers,
Était le temple où toute la contrée
Venait servir l'immortelle adorée.
Douze chemins, couverts par des berceaux
D'épine en fleurs, et d'arbustes nouveaux,
Aboutissaient à la rive du fleuve
Qui d'une eau pure, en tout temps, les abreuve.
Tous les bergers, réveillés par l'Amour,
Dans ces beaux lieux ont devancé le jour.
Pour recevoir les folâtres bergères.
Ils ont orné les chaloupes légères ;
Et pour soustraire au soleil redouté
Le frêle éclat du teint de la beauté,
Ont enlacé dans les flottants cordages

De verts festons, dépouilles des bocages.
L'onde blanchit sous l'effort des rameurs :
Avec leurs cris au loin, écho répète
L'accord du luth, le son de la musette,
Et mille voix qui redisent en chœurs
L'hymne adressée à la reine des fleurs.
La troupe vole, approche de la rive;
L'heureux amant soulève dans ses bras
Le doux fardeau de sa belle captive.
Lise a les soins du chanteur Ménalcas :
Contre son sein Amintas porte Aline,
Lisis, Théone, et Mélibée, Alcine.
Zélis paraît : mille bras empressés,
Pour l'obtenir, sont vers elle élancés :
Soudain commence une joute galante;
Chacun prétend à la gloire brillante
De transporter la nymphe sur ces bords;
Et sur la barque alors emprisonnée,
Zélis paraît la seule abandonnée,
Quand elle est seule objet de tant d'efforts.
Sur un seul pied en avant étendue,
Elle s'élance, et semble suspendue :
Pour obéir au souverain des dieux,
Telle est Iris, prête à quitter les cieux.
Aux tendres soins qu'Hilas met à la lutte,
Que l'on voit bien le trésor qu'il dispute!
Hilas l'obtient, et la tendre Zélis,
Par un sourire en double encor le prix.

Mais à l'autel on porte les offrandes,
Il est orné des plus fraîches guirlandes;
Le jeune amant qui, d'une tendre fleur,
Vient enrichir la couronne de Flore,

Soigneusement en garde une autre encore,
Pour la beauté qui règne sur son cœur.
De nouveaux jeux dévoilent d'autres grâces ;
Vole, Zélis, viens imprimer tes traces
Sur les tapis que l'on va parcourir.
Le long d'un pré qui vient de refleurir,
Un bruit connu rassemble les bergères :
Ainsi les fleurs brillent dans nos parterres.
Vole, Zélis, le prix vient de s'offrir :
Le disputer, ce sera l'obtenir.

Le signal sonne, et la bande folâtre
Court à la gloire et trouve le plaisir.
Dans cet élan combien de seins d'albâtre
Sont mis à nu par l'aile du Zéphyr !
Chaque rival, au but courant lui-même,
Forme des vœux pour la nymphe qu'il aime.
Que ne peut-il, pour mieux hâter ses pas,
Au but marqué la porter dans ses bras !
En ce moment, pour témoin de sa gloire,
Chaque beauté doit avoir son amant :
Jugez, jugez combien, en ce moment,
On fait d'efforts pour saisir la victoire.
Elle est douteuse, et l'avantage égal.
Longtemps l'essaim des jeunes Atalantes
Ne cède rien dans ces courses brillantes.
Mais du triomphe, Hilas donne un signal ;
L'air retentit de cent voix éclatantes,
Et le berger s'élançant vers le prix,
Arrive à temps pour l'offrir à Zélis.

Quelle rougeur en ce moment colore
Ton teint charmant, belle nymphe de Flore !

Tendre Zélis, la fatigue du jour
Te fait rougir, mais bien moins que l'amour.
Qu'un prix est doux, que les palmes sont chères,
Quand notre gloire est le commun bonheur!
En admirant ton sourire enchanteur,
Chaque berger crut te devoir un cœur :
Ta modestie a celui des bergères,
Et leur tribut n'est pas le moins flatteur.

Mais, voyez-vous, sous ce platane antique,
Le simple apprêt de ce festin rustique?
Dans cet argile, en vase façonné,
Déjà ruisselle un albâtre liquide :
Déjà Bacchus de pampre couronné
Verse les flots de sa pourpre fluide :
L'heureux pasteur devient un échanson.
Des tendres fruits que permet la saison,
On a semé la naissante fougère,
Et le berger obtient de sa bergère
Un doux baiser pour prix d'une chanson.

Ah! dans ce jour, fête d'un dieu volage
(Celle de Flore est celle de Zéphyr),
Dans ce beau jour qui va trop tôt finir,
Que de cœurs vrais l'Amour fidèle engage!
Entendez-vous les regrets des amants
En voyant fuir des heures aussi chères?
Que j'aime à voir dans ces tristes moments
Rouler des pleurs dans les yeux des bergères!

Il faut quitter ce qu'on aime le mieux;
Le soleil fuit, la fin du jour s'avance :
En se donnant des gages amoureux,

On cherche en vain à consoler l'absence :
Dans ces bienfaits, par l'Amour apprêtés,
L'argent ni l'or ne sont point incrustés.
C'est un ruban; c'est une pannetière :
Ce sont des riens, mais des riens sûrs de plaire :
Ah! pour l'Amour, le plus simple feston
Est un trésor, alors qu'il est un don.
En ce moment, des mains de la plus belle,
Que recevra l'amant le plus fidèle?
Au tendre Hilas, que donnes-tu, Zélis?
C'est une coupe, heureux et noble prix,
Qu'aux jeux du chant obtint jadis ton père :
Il sut chanter ainsi que tu sais plaire.
En vain l'artiste a, sur ce beau présent,
De son ciseau fait le plus docte usage :
Au tendre Hilas pardonne en ce moment,
S'il ne sent pas tout le prix de l'ouvrage.
Il voit ta bouche, organe des amours,
Presser le bord qu'il doit presser toujours :
De quoi peut-il s'occuper davantage?

C'en est donc fait, l'on retourne au rivage,
De mille feux sentant brûler son cœur :
Chacun s'éloigne à regret du bocage,
Et connaissant l'Amour pour son vainqueur.

Non, cet Amour, dont les coupables flammes
Brillent aux yeux, sans échauffer les âmes,
Dont le nom seul fait fuir la volupté;
Non, ce faux dieu, dont la triste puissance
Se borne, hélas! à tromper l'innocence,
Et fait un jeu des pleurs de la beauté :
Mais cet Amour qu'accompagnent sans cesse

CHANT PREMIER

Le tendre espoir, préférable à l'ivresse,
Ce trouble heureux, ce silence flatteur,
Désirs secrets, jouissances muettes,
Faites pour l'âme, et son premier bonheur ;
Le vrai plaisir, et ses faveurs discrètes,
Les jeux, les ris, et quelquefois les pleurs,
Souvent plus doux que les ris enchanteurs.
A ses accents, la Nature attentive,
Pare les champs de nouvelles couleurs.
Pour les amants sa fraîcheur est plus vive ;
C'est pour eux seuls qu'elle produit des fleurs
Si tous les ans un dôme de verdure
Vient ombrager la voûte des bosquets,
C'est pour tromper les regards indiscrets ;
C'est que l'amour et la volupté pure
Veulent toujours que leurs biens soient secrets.
Sans les amants, que serviraient l'ombrage
Et le gazon, que, sous l'épais feuillage,
Au doux printemps, font naître les Zéphyrs ?
L'ombrage est fait pour voiler les plaisirs ;
Et le gazon ?... L'Amour en sait l'usage...

Jeunes amants, où portez-vous vos pas ?
Que fait Zélis au fond de son village ?
Loin de Zélis, ah ! que peut faire Hilas ?
Zélis gémit, Hilas souffre et désire.
A tout moment l'un et l'autre soupire,
L'amant tout haut, la bergère tout bas :
Que je les plains ! l'absence est si cruelle !
Voir ce qu'on aime est un si grand plaisir !...
Mais sur le sort de ce couple fidèle,
Rassurons-nous, ma muse me révèle
Qu'Amour bientôt saura le réunir.

CHANT SECOND

—

S'il est au monde une beauté rebelle,
Ah ! plaignons-la ; mais plaignons à leur tour,
Et les moutons, et l'oiseau d'une belle
Qui s'abandonne aux charmes de l'Amour.
Zélis, hier, vit Hilas à la fête,
Et ses troupeaux manquent d'herbe aujourd'hui :
Son beau pigeon, roucoulant son ennui,
Vient vainement se bercer sur sa tête,
Ou sur son sein tendrement reposer ;
A peine, hélas ! obtient-il un baiser.
Adieu, pigeons, troupeaux, toisons, abeilles :
Non, ce n'est plus pour eux que tu t'éveilles,
Zélis, Zélis, quel changement soudain !
Quel changement du soir au lendemain !

Le lendemain, dans le même bocage,
Elle vint fuir les feux brûlants du jour ;
Zélis plutôt, Zélis sensible et sage,
Fuyait Hilas et les feux de l'Amour.
Tout sert ce dieu pour tromper l'innocence.
Sous ce berceau sombre et mystérieux,

Zélis n'est pas si seule qu'elle pense :
Elle y vient fuir un amant dangereux ;
Le tendre Hilas y cherche sa présence :
Soyons plus vrais, ils se cherchent tous deux.

Près d'un ruisseau la bergère est placée.
La voyez-vous comme elle est abaissée
Négligemment, pour arrêter cette eau :
Et par degré, quand la nymphe charmante
Veut incliner son front vers le ruisseau,
Comme les plis de sa robe mouvante,
Se modelant sur sa taille élégante,
Aux yeux d'Hilas, qui soupire tout bas,
En marquent bien les contours délicats !

Mais au plaisir d'approcher la bergère,
Hilas, caché quelques moments, préfère
De voir Zélis dans ce trouble amoureux,
Cet abandon tendre et voluptueux,
Où la beauté, qui se croit solitaire,
Laisse son cœur se trahir dans ses yeux.

Zélis n'a point dormi depuis la veille ;
La nuit paisible, où le mieux on sommeille,
On le sait bien, n'est pas la nuit du jour
Où notre cœur est blessé par l'Amour.
Ses yeux touchants, chargés d'un doux nuage ;
Ses yeux baissés, demandant des pavots,
Semblent moins vifs, mais n'en sont pas moins beaux.
Son col penché, dont le lis est l'image,
Jusqu'à son sein incliné mollement,
Suit du sommeil le progrès nonchalant.

Dans nos jardins que le zéphyr néglige,
Telle une fleur s'affaisse sur sa tige.

Zélis s'endort dans le sein des erreurs ;
C'était Psyché dormant parmi les fleurs.
C'était Vénus, et Vénus sans parure.
Telle autrefois, au bord du Simoïs,
Elle s'offrit aux regards de Pâris !
Mais pour Hilas caché sous la verdure,
C'est plus encor, c'est la tendre Zélis.

Que fit Hilas? Que fait-on quand on aime ?
L'ignorez-vous? Hilas était amant.
Le désir ose, et non le sentiment :
L'on tente peu quand l'amour est extrême.
Hilas aimait; il sut l'art de jouir,
Sans ces faveurs qu'un tendre cœur ignore,
Qu'il ne veut point, quand il faut les ravir.
Hilas voyait la beauté qu'il adore :
Plus délicat, il eut plus de plaisir.

Qui peut causer cette douce contrainte?
Quel est l'objet de ce rêve enchanteur?
Qu'il est heureux ! dit Hilas plein d'ardeur,
La volupté sur son visage est peinte;
La volupté s'y joint à la pudeur :
Accord charmant, que vous flattez mon cœur!
Ah! si j'étais l'objet de ce mensonge...
Que j'aimerais à causer sa rougeur !
Que j'aimerais (oui, ne fût-ce qu'un songe) !
Qu'ai-je entendu? Zélis appelle Hilas !
Je suis aimé! Dieux! quel bonheur suprême !
Ah! si j'osais... Et pourquoi n'oser pas?

Est-ce offenser la beauté qui nous aime
Que de vouloir mourir entre ses bras?
Près de l'objet à qui l'on a su plaire;
Près de l'objet de nos plus tendres feux,
Qu'on est tenté d'être un peu téméraire,
Quand il ne faut qu'oser pour être heureux !

Zélis se plaint; elle semble éperdue.
Zélis, qu'as-tu? qu'as-tu, belle Zélis?
C'est une fleur par l'orage abattue,
Qui garde encor son tendre coloris.
Sa bouche encor nomme celui qu'elle aime,
Mais ce n'est plus avec ce nom charmant,
Titre amoureux, envié des dieux même,
Le titre heureux, le doux titre d'amant ·
Par toi l'objet d'une flamme si pure;
Par toi, Zélis, le cœur le plus constant,
Le cœur d'Hilas est appelé parjure!
Il veut voler; mais au bruit des rameaux,
Zélis s'éveille : en faut-il davantage?
Le doux zéphyr, le murmure des eaux,
Du faible oiseau, le plus léger ramage,
Un rien suffit pour troubler le repos
De la beauté qui redoute un volage.

La nymphe en pleurs entr'ouvre ses beaux yeux.
Ah! je renais! Fuyez, s'écria-t-elle,
Fuyez, fuyez, sommeil trop douloureux :
J'ai trop gémi de votre erreur cruelle.
Est-il donc vrai qu'il trahirait mon cœur?
Non, je rêvais quand je l'ai cru trompeur;
Et quand Hilas me dit que j'étais belle,
Quand je reçus le prix des mains d'Hilas,

Qu'il me jura d'être toujours fidèle,
Il est certain que je ne rêvais pas.

Ah! dit Hilas d'une voix attendrie,
Prononce enfin sur le sort de ma vie.
En sommeillant, tu m'as nommé vainqueur :
Que le sommeil alors te rendait belle!
Un rêve, hélas! m'a fait croire au bonheur ;
Mais tu songeais que j'étais infidèle :
Belle Zélis, un rêve est bien trompeur!

Jour de bonheur, de transport et d'ivresse,
Que les moments vont leur paraître courts!
Que de serments de s'adorer toujours!
Déjà l'Amour sourit de la promesse ;
Mais l'Amour voit Zélis et son amant,
Et ce dieu même ose croire au serment.
Quels tendres soins vont remplir leurs journées!
Qu'elles seront pour tous deux fortunées!
Que de plaisirs pour Hilas et Zélis!
Qui sait aimer, à tout sait mettre un prix.
La fleur qu'Hilas foulait sur le rivage,
Est un trésor dont Zélis a l'hommage.
Ce tapis vert qui les reçoit tous deux,
Est-ce un gazon? c'est un trône à leurs yeux.
Jadis leurs voix, sans grâce et sans cadence,
De leurs cœurs froids peignant l'indifférence,
En sons confus s'exhalaient dans les airs :
Ils ont aimé, leurs chants sont des concerts,
Le bonheur naît pour nos amants fidèles :
Ils s'aiment bien, tout est bonheur pour eux.
Pour eux aussi le temps reprend ses ailes ;
Car le temps vole alors qu'on est heureux.

L'ombre s'étend dans les fraîches campagnes,
Le soleil fuit, caché par les montagnes :
Précipité de son dôme d'azur,
Sur son passage il ranime et colore
Les vastes flancs de ce nuage obscur,
Et l'occident que l'astre en feu décore,
Resplendissant de l'éclat le plus pur,
Fait oublier les couleurs de l'aurore.
La nuit tranquille avance lentement,
Vient, par degré, voiler le firmament;
Et la prairie humide de rosée,
Pompant les sucs dont elle est arrosée,
Attend en paix le retour du matin,
Pour rendre alors à l'Aurore vermeille,
En doux parfums, les trésors que la veille
A doucement épanchés dans son sein.
Zélis entend, dans le fond du bocage,
Tous les oiseaux redoubler leur ramage.
Ah! si le soir, lui dit le tendre Hilas,
Les séparait, ils ne chanteraient pas.

Il faut pourtant regagner son village!
Que de projets faits pour le lendemain !
On se dispute à qui, le plus matin,
Le lendemain, sera sous cet ombrage.
Si nos amants prenaient leur vrai chemin,
Zélis, à droite, irait dans le bocage;
A gauche, Hilas retournerait soudain :
Mais en amour, est-ce ainsi qu'on voyage?
L'on va, l'on vient : adieu, mon cher Hilas :
Adieu, Zélis : on s'embrasse, on soupire ;
On fait deux pas, tournant toujours les yeux;
Puis l'on revient encor pour ne rien dire :

Mais deux amants parlent-ils jamais mieux
Que dans l'instant qu'ils se taisent tous deux?
Les voilà donc marchant dans la nuit sombre :
Qu'ont-ils besoin des rayons du grand jour?
Pour les guider dans l'épaisseur de l'ombre,
Ils ont tous deux le flambeau de l'Amour.

CHANT TROISIÈME

—

Le jour se lève et rend à la nature
Tous ses attraits, aux jardins leur parure,
Au firmament son azur ranimé,
Au frais lilas son bouquet parfumé ;
Un vif émail à l'anémone éclose,
Au lis l'albâtre, et la pourpre à la rose.
Écho redit la musique des airs,
Et le soleil rajeunit l'univers.

Dans ce beau jour qu'un doux rayon colore,
De loin, Hilas a devancé l'aurore.
Zélis paraît, le ciel est plus serein :
Hilas, dit-elle, eh ! qu'as-tu dans ton sein ?
Ah ! comme il bat, Hilas, comme il palpite !

HILAS.

C'est le plaisir, oui, c'est lui qui m'agite
En ce moment ; car e vais rendre heureux
Ce que Zélis peut-être aime le mieux,
Ton beau pigeon, tiens, voilà sa compagne :
Le lis paraît moins blanc dans la campagne :

Tiens, ma Zélis, tiens, pour qu'ils soient heureux,
Il faut toujours que les pigeons soient deux.

ZÉLIS.

Ah! donne, Hilas, vois-tu comme elle est belle!
A mon pigeon elle sera fidèle.

HILAS.

Et tu crois donc, Zélis, que la beauté
Annonce un cœur soumis à la constance?
Que ton amant, avec cette espérance,
Doit être sûr de ta fidélité!

ZÉLIS.

Mais ta colombe à mon pigeon ressemble?

HILAS.

Pour en juger, il faut les voir ensemble!

ZÉLIS.

Mais la colombe, Hilas, et le pigeon
Diffèrent-ils seulement par leur nom?

Hilas propose un moyen de s'instruire,
Zélis l'approuve avec un doux sourire.
Moyen charmant, secret de volupté :
Qu'on est heureux d'instruire la beauté!
Les deux oiseaux, sous ces saules champêtres,
Si Zélis veut, vont devenir ses maîtres.
Suivez, amants, leur manège amoureux :
Leçons d'amour ne sont rien que des jeux.
O douce étude, où la belle écolière
Brûle déjà de pouvoir s'engager!

O douce étude, où le tendre berger
Apprendra tout de la simple bergère!
Le marché fait d'imiter les oiseaux,
Zélis détache à l'instant les réseaux
Où la colombe est encor prisonnière.
Viens, ô Vénus! échauffer mes tableaux.

Déjà dans l'air la colombe se joue :
De loin encor le pigeon fait la roue.
Ah! je crois bien que les plus doux secrets
Vont, dit Zélis, s'apprendre de plus près.
L'amant ailé, devenu moins timide,
Comprime l'air dans son vol plus rapide,
Ose approcher : il avance, on le fuit.
Zélis veut fuir, soudain Hilas la suit.
Notre colombe est déjà moins rebelle :
A l'imiter la bergère est fidèle.
Plus lentement la colombe veut fuir :
De son amant le plus faible soupir
Enfle déjà l'albâtre de son aile,
Leurs cols émus ont frémi de désir,
Et chaque plume a senti le plaisir.
Zélis toujours observe son modèle :
Ce que l'oiseau peut gagner en blancheur,
Zélis le gagne en vermeille couleur.

Voici vraiment l'instant de la science;
C'est du baiser la leçon qui commence.
De nos oiseaux à demi suspendus,
Je vois d'ici les deux becs confondus.
Prêts à goûter la volupté suprême;
Je vois aussi nos amants à leur tour,
Ivres, brûlants de désirs et d'amour.

Ah! dit l'amante au jeune amant qu'elle aime,
Que de plaisirs à la fois je ressens!
Son sein palpite, et ses doux battements
Vont dénouer le ruban qui le touche;
Des demi-mots échappent à sa voix,
Les doux baisers ont humecté sa bouche,
Baisers d'Hilas, vous surpassez vos droits!

Mais qui l'eût dit, qu'une étude si tendre
Devait finir par brouiller nos amants?
Que les plaisirs sont voisins des tourments!
Zélis, hélas! ne veut plus rien apprendre;
Zélis veut être à l'instant sans témoin.
Hilas s'éloigne, et non pas sans murmure;
Ah! convenons qu'en telle conjoncture,
De solitude une belle a besoin.

Mais un rival, caché par le feuillage,
Avait suivi les charmantes leçons
Qu'aux deux amants donnaient les deux pigeons.
Combien Hilas souffrirait davantage,
S'il apprenait qu'un autre les partage!
Qu'il serait doux, disait Almon charmé,
De recueillir ce qu'Hilas a semé!

L'adroit pasteur approchait de cet âge
Où des amours le cortège volage,
Fermant l'oreille à nos vœux les plus doux,
Déjà s'apprête à s'éloigner de nous;
Où, si de fleurs notre front se couronne,
Elles sont moins de printemps que d'automne;
Où, par malheur, avec moins de désirs,
On veut avoir presque autant de plaisirs;

Mais où perdant de ses droits sur les belles,
On aime assez à s'en venger sur elles :
Almon enfin était sur le retour.
Il a quitté l'officieux ombrage,
Et le voilà conduit vers le rivage
Par la malice autant que par l'amour.

Zélis le voit, sa surprise est extrême.
Ah! lui dit-il, apprends-moi donc, Zélis,
Qui t'a donné la colombe d'Elmis? —
D'Elmis, Almon? — Oui, d'Elmis elle-même :
Serait-ce Hilas qui t'a fait ce présent?
Elmis et lui sont du même village.
Il la connaît, on ne peut davantage;
Elmis prétend qu'Hilas est son amant,
Je n'en crois rien... Mais, quoi! sur ton visage,
Quelle rougeur, Zélis, quel feu soudain!
C'est la chaleur qui colore ton teint?
Aussi pourquoi fuir l'abri du feuillage?
De mon troupeau dans ce bois renfermé,
Nymphe charmante, accepte le laitage :
Ah! qu'il est frais! comme il est parfumé!
Que ce coteau donne un bon pâturage!
On croit sentir le genêt embaumé.

Zélis, jalouse, inquiète, incertaine,
Consent à tout; Almon franchit la plaine,
Vole, revient et rapporte à l'instant
Ce lait si pur que la bergère attend.
Mais dans quel vase offre-t-il ce breuvage?
Ciel! c'est la coupe...
     Est-elle bien à toi?
Lui dit Zélis; Almon, parle, dis-moi,

D'où la tiens-tu ?...

ALMON.

Ce n'est point un mystère.
Hilas l'obtint des mains d'une bergère.
Pour un baiser Elmis l'obtint de lui ;
Pour un mouton, je l'ai d'elle aujourd'hui.
— Barbare Hilas, dit Zélis, quel outrage !

ALMON.

Serais-tu donc la rivale d'Elmis?
— Barbare Hilas ! répète encor Zélis.

ALMON.

Quoi ! tu donnas cette coupe au volage?
Regarde-la : vois-tu comme à l'entour
On a gravé l'emblème de l'amour,
Mais de l'amour bien tendre et bien fidèle?
Vois-tu, Zélis, vois-tu de ce côté
Ce beau pigeon et cette tourterelle?
Des vrais amants c'est le parfait modèle.
Vois-tu ce chien sur ce bord arrêté?
Symbole encor de la fidélité.
Ah ! si l'artiste, en gravant cet ouvrage,
Avait prévu qu'il deviendrait un don
Pour un berger inconstant et volage,
Il n'aurait dû graver qu'un papillon.

ZÉLIS.

Rends-moi la coupe et reprends un mouton,
Dix au delà, si tu veux, davantage.
Non, dit Almon, non, ce n'est pas l'usage :
Rends le baiser qu'Hilas reçut d'Elmis,
Et je te rends la coupe au même prix.

Zélis soupire, et Zélis est plus belle.
Va, cent moutons, dit le pasteur malin,
Ne valent pas un baiser sur ton sein.
Mais au baiser trouvant Zélis rebelle,
L'adroit berger a changé de projet :
Almon demande à notre Hébé nouvelle
Le seul ruban qui pare son corset.
Ah ! j'y consens, j'y consens, lui dit-elle,
C'est un présent reçu de l'infidèle ;
Zélis l'accorde, et soudain ce bienfait,
Malgré la coupe, est suivi d'un regret.
Zélis s'enfuit pour pleurer un parjure ;
Tandis qu'Almon, tout fier de sa parure,
Toujours jaloux des plaisirs qu'il n'a pas,
Pour s'en venger, suit les traces d'Hilas.

CHANT QUATRIÈME

L'astre du jour embrase le jardin,
Où le zéphyr se jouait au matin :
Les lis brûlés, sur leurs tiges s'affaissent ;
Les tricolors sur les gazons s'abaissent ;
Le beau pavot perd son éclat vermeil :
L'aigle abattu sous les feux qui renaissent,
N'ose fixer le palais du soleil.
O temple vert, ô berceau frais et sombre,
De ces forêts fier et superbe roi,
Chêne orgueilleux, maintenant c'est à toi
De dispenser les trésors de ton ombre !
Toi, dont les eaux coulent si lentement,
O toi, dont l'urne, en fécondant ces treilles,
Leur prête un frais que leur ombre te rend ;
Pure fontaine, arrose ces corbeilles.

Le tendre Hilas toujours plus amoureux,
Toujours errant dans la sombre vallée,
Loin de Zélis plaintive et désolée,
Cherche sa coupe et la demande aux dieux.
Eh ! sans ce don, plus cher qu'un diadème,

Comment paraître aux yeux de ce qu'il aime ?
Il traversa la forêt au matin,
A la forêt il retourne soudain.
Aux bords fleuris du ruisseau de Glycère,
Le triste Hilas s'est assis un moment,
Il y défit sa belle pannetière :
Vers ce rivage il revole à l'instant.

A cet amant Zélis cherche une excuse :
L'amour le sert, la vanité l'accuse ;
Car au hameau, comme dans la cité,
Un peu d'orgueil suit toujours la beauté.
De son côté, notre Almon, plein de ruse,
Cherche partout le pasteur qu'il abuse.
Almon sait bien que l'aspect d'un rival
Pour le combat fut toujours un signal ;
D'un piège adroit il prétend faire usage ;
L'art peut servir, même dans les combats,
L'art peut servir au défaut du courage :
L'ardent Hilas peut bien faire un faux pas.
Enfin pesant le risque et l'avantage,
Almon croit voir qu'en dépit de l'Amour,
Il pourrait bien, avec un peu d'adresse,
De son rival enlever, dans un jour,
Le beau ruban, la coupe et la maîtresse.

Comment s'y prendre ? Hilas est dangereux ;
Il est amant, il sera courageux ;
On l'est toujours, quand on combat pour plaire :
Il est amant, il sera téméraire.

Dans un vallon où les troupeaux bêlants
Viennent brouter les tapis verdoyants

Du serpolet et du trèfle sauvage ;
Où l'épaisseur du riche pâturage
Permet à peine aux regards des bergers
D'y découvrir la corne des béliers,
Chefs des troupeaux paissants dans cet herbage ;
Dans un détour de ce riche vallon,
Bientôt le piège est dressé par Almon :
C'est un cordeau qu'un saule du rivage
Voit à son tronc d'un côté retenu,
Et qu'un buisson garni de son feuillage,
A quelques pas, tient aussi suspendu.
Dans le touffu des herbes abondantes,
Le lacs trompeur par son poids abaissé,
Est sous des fleurs au même instant placé.

Ah ! dit Almon, en souriant d'avance,
Qu'il sera là mollement renversé !
Il ne veut point de sanglante vengeance ;
Car ce berger, qui fut jadis amant,
Est fort malin, mais point du tout méchant.

L'adroit pasteur n'a pas à l'aventure
Choisi ce lieu propre à son imposture :
Nos fiers rivaux se rencontrent tous deux :
Tu sais, Amour, lequel doit être heureux.
Soudain Almon fait briller sur sa tête
Le beau feston de sa fausse conquête :
Hilas croit tout. Ah ! quand on est amant,
On croit toujours le mal trop aisément.
Un mot d'Almon confirme encor l'offense :
L'ardent Hilas s'apprête à la vengeance,
Et l'œil en feu semble essayer son bras.

D'abord Almon veut, par son éloquence,
A son rival prouver qu'il ne faut pas,
Pour un ruban, livrer tant de combats.
Quoi! lui dit-il, crois-tu que la volage,
Si tu me bats, t'en aime davantage?
Si par hasard Hilas était vaincu,
Plairait-il plus quand je l'aurais battu?
Sans nuls combats, moi, j'ai déjà su plaire;
Du beau ruban je suis déjà paré :
Si je m'expose encor pour la bergère,
Battu, crois-moi, je serais adoré.

Hilas frémit et d'amour et de rage :
L'adroit Almon dans le détour l'engage,
Toujours recule, et sait mettre entre deux
Le lacs trompeur que l'herbe cache aux yeux.
Alors brûlant d'un amoureux courage :
Eh bien, dit-il, j'accepte tes défis;
Mais du combat Zélis sera le prix.
Hilas consent, et ce berger fidèle
Se croit vainqueur, puisqu'il combat pour elle.
De ses yeux noirs, à fleur de tête ouverts,
Chaque regard a le feu des éclairs;
En longs replis sa belle chevelure
De flots d'ébène entoure sa ceinture;
C'est un Hector sous les traits de Pâris;
Dans tous les siens la jeunesse déploie
Les doux trésors dont l'Amour fait sa proie;
Ces nerfs tendus, ces muscles assortis,
Effroi d'Almon et l'espoir de Zélis,
Hilas doit tout aux soins de la nature.
Le vrai courage a-t-il besoin d'armure?
Faibles secours! l'art dont se sert Hilas

Est la valeur, ses armes sont ses bras.
Almon le fixe et lentement s'avance ;
Comme le vent, Hilas vole, s'élance ;
Il va tomber dans le perfide lacs.
D'Almon alors le courage commence.
A l'artifice opposant la vigueur,
Hilas combat, se relève, retombe :
Almon l'accable au moment qu'il succombe...
Trop tôt pourtant Almon se croit vainqueur.
D'un bras nerveux son rival l'entrelace,
Rompt ce lien dont Almon l'embarrasse ;
Le fait enfin chanceler à son tour,
Retombe encor, se relève, et terrasse
Almon tremblant, qui convient dans ce jour
N'être plus fait pour la lutte et l'amour.
Hilas saisit sa dépouille flottante.
Tandis qu'Almon, par le mal qu'il a fait,
De son malheur se console en secret,
Hilas poursuit sa marche impatiente ;
Goûte un moment l'espoir trop douloureux
D'humilier une parjure amante ;
Croit la haïr, et la cherche en tous lieux.

Tel dans les mois où le pompeux automne
Mûrit les dons de l'amant d'Érigone,
Le cerf en feu, bramant ses fiers amours,
Pousse dans l'air ses soupirs longs et sourds :
Mais qu'un rival à la superbe tête
Ose prétendre à sa belle conquête,
Soudain il vole, il s'agite, il rugit :
Sous leurs efforts la terre, au loin, mugit,
L'air s'épaissit de leurs chaudes haleines :
Leurs flancs heurtés vont ébranler les chênes ;

Et le vainqueur multipliant ses bonds,
Franchissant tout dans sa course légère,
Vient retrouver la biche solitaire,
Qui l'attendait dans le creux des vallons.

Hilas bientôt approche de la rive,
Où solitaire, et rêveuse, et craintive,
Zélis songeait à ce baiser d'Elmis.
Mais que voit-il en retrouvant Zélis?

La nymphe alors se croyant seule au monde
Dans un ruisseau, voisin de l'Eurotas,
Sans aucun voile, à la vague de l'onde
Va confier ses innocents appas.

Bel Eurotas, ta rive fortunée
A retenti des amoureux accents,
Dont Apollon adoucit ses tourments
Quand il perdit la fille de Pénée.
Quand Jupiter du plus beau feu brûla,
Sur ton rivage on vit aussi descendre
L'oiseau divin qui, des bords du Méandre,
Vint triompher de la tendre Léda.
Bel Eurotas, aujourd'hui viens m'apprendre
Les doux accords qu'Apollon fit entendre;
Mais de Léda conviens que le souris
Était moins doux que celui de Zélis.

Qu'as-tu donc fait de ta fureur si vaine?
Heureux Hilas! ah! quel est ton espoir!
N'étant point vu, que ne vas-tu point voir?
L'Amour sourit, sa victoire est certaine.

Ah! que ce dieu, Zélis, sait bien trahir
Tous les efforts qu'on fait pour te haïr!

Déjà la nymphe a, d'une main tremblante,
Saisi le nœud qui tient en son corset
Tous les trésors de sa taille élégante.
Le nœud résiste, et Zélis plus ardente,
Rougit bientôt en le voyant défait.
Le corset tombe; une gorge naissante
Repousse en vain la gaze transparente;
La gaze reste, Hilas brûle et se tait.
Que vois-je, Amour? Zélis est sans chaussure :
Hilas s'enflamme, et Diane murmure.
Laissons gronder la déesse des bois :
Pleure à ton tour, partage son injure,
O toi! Vénus, dont Paphos suit les lois,
Je vois Zélis détacher sa ceinture.

Quoi! mon courroux a fait place au désir?
Disait Hilas; inhumaine, infidèle!
Être à la fois si perfide et si belle!...
Que je rougis d'avoir eu du plaisir!

Heureux ruisseau qui baignes cette rive,
Le tendre Alphée envirait ton destin,
Et la prairie où ton onde est captive,
Puisque Zélis se cache dans ton sein.

CHANT CINQUIÈME

Il faut, Amour, m'apprendre un grand mystère.
Quel est, dis-moi, ce secret enchanteur
Que dans les cours tu ne dispenses guère?
Don réservé pour la simple bergère,
Ce don qui prête un charme à la laideur,
Et sans lequel la beauté ne peut plaire.
Amour, dis-moi quelle est donc la pudeur?
Où la trouver cette vierge céleste
Qui marche nue et n'est que plus modeste?
Que le respect accompagne en tous lieux,
Mais sans jamais effaroucher les jeux;
Dont les beaux yeux où tu choisis tes armes,
Dont les beaux yeux baissés, mais entr'ouverts,
Semblent voiler le reste de ses charmes,
Même à l'instant qu'ils sont tous découverts?

Fille du ciel, à qui Zélis ressemble,
Vois ces amants qu'un si beau nœud rassemble,
Couvre Zélis de ton voile immortel :
Ce bois sacré devient ton plus beau temple;
Aux yeux d'Hilas qui de loin la contemple,
Cache un moment la prêtresse et l'autel.

Hilas approche, il voit, sur la verdure,
De sa Zélis les simples vêtements.
(Hilas voit tout, rien n'échappe aux amants.)
Eh bien, dit-il, voilà donc sa parure?
Le lin jaloux, ornement de son sein,
Voilà l'écharpe, et surtout la ceinture
Qu'elle quitta pour entrer dans son bain.

Vous qui parez l'inconstante bergère,
Vous l'aiderez plus à tromper qu'à plaire :
Mais qu'ai-je dit? Non, non, voiles jaloux,
Zélis saurait plaire et tromper sans vous.
Qu'avec regret maintenant je vous touche
(Hilas pourtant les touche à tout moment.)
Si de Zélis le cœur était constant,
Que de baisers vous donnerait ma bouche!
(Disant ces mots, il les baise à l'instant.)
Mais ces baisers, quelle plus vive flamme
Font-ils encor respirer à son âme!
Tantôt chargé d'une humide vapeur,
Son œil se ferme, ou s'ouvre avec langueur,
Et tout à coup dans ses yeux étincelle
Un feu brûlant que l'Amour renouvelle.
Où les calmer, ces renaissants désirs?
Où? dit Hilas, dans le sein des plaisirs.
C'est dans ces flots que se baigne ma belle :
Dans ce ruisseau baignons-nous avec elle.

Il va choisir au-dessus du courant
Un lieu secret, une grotte écartée,
Où le ruisseau, deux fois se reployant,
Semble vouloir de sa nappe argentée

Ceindre toujours cette rive enchantée,
Dont Zélis fait le plus bel ornement.

Que j'aime à voir Hilas dans ce moment
Fuir à vingt pas d'une course rapide,
Pour se baigner bien loin de la perfide;
De ses bras nus il fend déjà les flots.

Elle est donc là, dit-il, dans ce feuillage,
Dont les discrets et flexibles rameaux
Semblent s'unir, se courber en berceaux,
Pour être encor plus voisins du rivage,
Où tant d'attraits sont cachés sous les eaux?
Cette onde fuit, sa pente est invincible.
On le voit bien; car s'il était possible
Qu'un seul instant elle arrêtât son cours,
Où Zélis est, elle serait toujours.
Mais m'étendant de l'une à l'autre rive,
Tentons au moins de la tenir captive.
Quand ils auront humecté tes cheveux,
Au moins, Zélis, ces flots voluptueux
Se mêleront à mes jalouses larmes.
Crois-moi, Zélis, crois-moi, les flots heureux
Qui de plus près auront touché tes charmes,
Seront connus de mes sens amoureux.

Mais quel objet vient troubler son ivresse?
C'est de Zélis le fortuné pigeon;
Et ce berger va lui dire en chanson
Ce qu'il craindrait de dire à sa maîtresse :
   » Quand ma main lui donna le prix,
   » L'autre jour dans le vert bocage,
   » Tendre oiseau, tu les entendis,

» Les vains serments de la volage... »
Déjà Zélis reconnaît son amant,
La nymphe alors s'abandonne au courant.
Du frais ruisseau la rive tortueuse
Dérobe encor la naïade amoureuse :
Hilas, Hilas ! que ne peux-tu voler ?
Comme les flots autour d'elle s'empressent !
Ces flots si purs, ces flots qui la caressent,
En la quittant, ils doivent te brûler ?
L'onde s'écoule, et tes ardeurs renaissent :
L'onde qui vient, allume tes désirs ;
Celle qui fuit, emporte tes plaisirs.
Mais à chanter le berger recommence :
Ondes, zéphyrs, oiseaux, faites silence.

« Hilas devait voir cependant,
» Avant de voir changer la belle,
» La tige du lis éclatant
» S'armer d'une épine cruelle.
» L'épine, comme auparavant,
» N'arme que la rose nouvelle ;
» Et des rubans de l'infidèle,
» Almon se pare en ce moment ! »

Soudain Zélis, sous le cristal limpide
Ensevelit ses charmes innocents,
Et du plus creux de sa grotte liquide,
Au beau pigeon adresse aussi ses chants :

« O toi, des amants le modèle,
» Oiseau ! si, sur les pas d'Elmis,
» L'Amour avait guidé ton aile,
» Tu saurais mieux qui, de Zélis
» Ou d'Hilas, est le moins fidèle.
» Tu dirais comment cette Elmis
» Sut payer la coupe chérie... »

Ma coupe, ô ciel! et qui me l'a ravie?
Dit le berger, se montrant à Zélis...

Quel bruit affreux! quels éclats de tonnerre!
Le ciel s'embrase et fait trembler la terre.
Du champ de l'air le rayonnant azur
Est éclipsé sous un nuage obscur.
Tous les berceaux du gémissant feuillage
De leur dépouille ont jonché le bocage.
L'onde et le feu se disputent les airs;
Les noirs torrents vomis par les montagnes
Changent en mer les plaintives campagnes.
Mon œil blessé fuit les brûlants éclairs.
Zélis, Hilas, regagnez le rivage,
Fuyez, fuyez... ils demeurent toujours.
L'éclair en vain brille et fend le nuage :
L'œil de l'amant ne voit que ses amours.
Il n'est plus temps, et la foudre étincelle.
Qu'ai-je entendu? Quels lamentables cris!
Volez, Hilas, à la voix de Zélis.
Trop vainement il s'élance vers elle;
Comme un rameau par Eole agité,
Par le torrent lui-même est emporté;
Il semble fuir lorsque Zélis l'appelle.
Elle succombe; ô malheureux Hilas!...
Dieux! quel objet! Dieux! Zélis éperdue
Est le jouet du fougueux Eurotas!
Mais, ciel! les flots la portent dans ses bras!
Dans ses bras nus, il presse Zélis nue.
Tout ce que peut la jeunesse et l'amour,
Hilas le peut, il combat, il s'élance;
Il est vainqueur et vaincu tour à tour
Zélis lui rend la force et l'espérance;

Au sein des nuits, c'est l'astre du beau jour.
En vain les flots ont lassé son courage :
Zélis en pleurs ranime son transport.
Chaque succès pour elle est un hommage;
Une caresse est le prix d'un effort;
Nouveaux baisers et nouvel avantage :
Amour, Amour, nos amants sont au port.

CHANT SIXIÈME

Belle Vénus! ô toi l'âme du monde,
Qui dans les airs embrases de tes feux
L'essaim ailé du peuple harmonieux,
Et les tritons sous l'écume de l'onde;
Qui de nos monts perçant les flancs poudreux,
Viens y verser la volupté féconde;
Toi dont les biens, les plaisirs éternels
Sont les plaisirs que tu fais aux mortels!
C'est à présent qu'il me faut un air tendre :
Vénus, descends, descends pour me l'apprendre.

Mais la nuit règne... ô nuit! comme le jour,
Et mieux que lui tu peux servir l'Amour;
Dans le secret de tes ombres heureuses
Croissent surtout les palmes amoureuses.
Le jour éclaire un fougueux conquérant ;
Mais la nuit sert les projets d'un amant.

Vous des beautés qui liront cet ouvrage;
Vous des beautés dont j'attends un souris ;
O la plus belle, et même la plus sage!

Que feriez-vous, si vous étiez Zélis?
Sans vêtements, seule, après un orage,
Près d'un berger habillé comme vous,
De pleurs de joie arrosant vos genoux;
Près d'un berger dont le jeune courage
Vous eût ravie aux horreurs du naufrage,
Vous eût sauvée, au risque du trépas,
Si vous aimiez?... Triomphe, heureux Hilas !
Goûte le prix de ta flamme constante,
Il t'appartient : Zélis n'oppose plus
A tes désirs que cette main tremblante,
Que ces soupirs, ces engageants refus,
Derniers combats de la pudeur mourante,
Efforts charmants faits pour être vaincus.
O doux moments des langueurs amoureuses,
Entier oubli des heures douloureuses,
Comble des biens que l'homme peut goûter !
Calme, transports, baisers, soupirs et flamme,
Plaisirs des sens unis à ceux de l'âme,
Qui vous connaît, a droit de vous chanter!

Hilas déjà craint pour sa jeune amante
L'air de la nuit, sa fraîcheur pénétrante :
Comment, hélas ! pouvoir l'en garantir?
Cette Zélis qu'il aime, qu'il adore,
Est une fleur qui, pour s'épanouir,
N'a pas besoin des larmes de l'aurore :
De cette fleur Hilas est le zéphyr,
Son souffle seul a droit de l'entr'ouvrir.
Il tremble, il craint qu'un rien ne l'endommage;
Seul, inconnu, sur un lointain rivage,
Pendant la nuit, quel secours découvrir?
Il cherche encore, et ne voit que lui-même

Qui puisse au froid dérober ce qu'il aime.
Tu vois son but, Amour, tu l'applaudis.

En ce moment, si des voûtes célestes
Il doit tomber quelques vapeurs funestes,
Il veut au moins en préserver Zélis.
Permets, dit-il, qu'à ta bouche de rose
Hilas unisse une bouche mi-close,
Que mon sein touche au lis de ton beau sein;
Qu'en la baisant je couvre la fossette
Que sur ta joue Amour exprès a faite,
Où le zéphyr vient cacher son larcin,
Où le sourire a choisi sa retraite,
Et que l'aurore, au retour du matin,
Viendrait remplir de ses perles glaçantes,
Croyant verser ses larmes odorantes
Dans le calice embaumé d'un jasmin..
Il dit et fait tout ce qu'il vient de dire.
Tout est couvert et tout est caressé;
Un sein d'albâtre est à l'instant pressé
Sur un beau sein qui palpite et soupire.

Mais sans brûler, réchauffe-t-on Zélis?
De nouveaux soins valent un nouveau prix.
Hilas l'obtient, et témoin de sa gloire,
L'Amour écrit sa seconde victoire :
Ah! qu'elle est douce!... Extase du bonheur,
Par tous ses sens, passez jusqu'à son cœur!
Trop enivré de son plaisir extrême,
Il n'en jouit d'abord que pour lui-même;
Mais par degré il double sa valeur
En le voyant goûté par ce qu'il aime.

Plaisirs reçus, que vous êtes flatteurs !
Plaisirs donnés, vous êtes enchanteurs !

Mais déjà luit le pâle crépuscule.
Zélis fixant les campagnes de l'air,
Avec le jour, sent croître son scrupule.
Son œil baissé n'est qu'à peine entr'ouvert ;
Dès qu'Hilas voit, il veut voir davantage ;
Pour détourner un projet qui l'outrage,
Zélis le tient plus serré dans ses bras,
Autour de lui forme d'amoureux lacs.
Hilas se plaint ; Zélis brave sa plainte,
Et le couvrant de cent baisers de feux,
Rend à son cœur ce qu'elle ôte à ses yeux.

Dans les transports de ton âme éperdue,
Épuise, Hilas, la coupe des désirs :
Dans ce moment tu sens trop de plaisirs
Pour pleurer ceux qu'on dérobe à ta vue.
Qu'ils sont heureux nos amants enflammés !
Qu'ils sont heureux ! ils aiment, sont aimés.
Ce n'est point l'œil ni la main qui jouissent ;
Également dans tous leurs sens charmés,
Des voluptés les concerts retentissent :
D'un seul accord leurs organes frémissent ;
L'Amour les voit, leur sourit, leur répond :
A cet accord tous leurs sens applaudissent,
Et le bonheur en un seul les confond.
Un doux sommeil suit une douce ivresse ;
L'amant charmé, sa charmante maîtresse
Ferment les yeux à l'approche du jour,
Et la pudeur en rend grâce à l'Amour...

A d'autres chants préparons notre oreille :
L'aube paraît, la nature s'éveille.
De l'horizon le cercle qui s'étend,
De feux et d'or, brille vers l'Orient;
Sur le fond pur des voûtes azurées,
Je vois déjà les bandes diaprées
Que peint l'aurore et l'astre renaissant :
Par le reflet de ces teintes pourprées,
L'œil voit au loin les plaines d'Occident
D'un feu moins vif doucement colorées.
Mais quel prestige et quel ravissement !
Ce temple d'or, cette superbe nue,
Semble quitter le sein du firmament
Pour enchanter de plus près notre vue;
Tous les rayons de l'arc brillant d'Iris
Sont à mes yeux mille fois reproduits.
Sur ce nuage on vit jadis Céphale
Au souffle pur des zéphyrs amoureux,
Avec l'aurore, enlevé jusqu'aux cieux :
De ce nuage où l'émeraude étale
L'émail changeant de son vert coloris,
Où le saphir le dispute au rubis,
Où le rubis le dispute à l'opale,
Tous les Amours vont sourire à Zélis.

Tandis qu'à nous lentement il s'avance,
L'un de ces dieux sur le dos s'y balance,
Promène en l'air son œil malicieux,
Et s'applaudit en lisant dans les cieux
Le sombre ennui qu'y cause son absence.
Un autre Amour, profitant du sommeil,
Soudain fend l'air, et de sa bouche close
Ose ravir un baiser sur la rose

Que doit cueillir Hilas à son réveil.
Mais un signal aussitôt le rappelle :
L'Amour fidèle est décent et discret.
Bien que Zélis au grand jour soit plus belle,
L'Amour sait bien que Zélis gémirait
Si le réveil, dans ce désordre extrême,
La découvrait aux yeux de ce qu'elle aime.
Il sait encor, que ne sait pas l'Amour?
Qu'en ce moment le berger à son tour
Serait peut-être embarrassé lui-même,
Si sa Zélis le voyait au grand jour.
De nos enfants les bandes rassemblées,
Au même instant, sur Hilas et Zélis,
Ont fait tomber une moisson de lis
Et des monceaux de roses effeuillées.

Hilas s'éveille, et l'amant enflammé
Veut découvrir une gorge charmante :
Aux vœux d'Hilas la fleur obéissante
Laisse envoler son trésor parfumé ;
Mais l'Amour veille à son magique ouvrage ;
Et dès qu'Hilas porte ailleurs son hommage,
Que d'autres lis sont par lui dispersés,
Les premiers lis sont soudain replacés...

Quittons enfin l'impuissante féerie,
La vérité vaut mieux que la magie.
O vous, amants, qui m'avez écouté,
Ouvrez vos yeux, mais à la vérité
Que je cachais sous cette allégorie.
Ce beau tapis des plus vermeilles fleurs,
Dont j'ai voilé la bergère ingénue,
Peint de Zélis, qui rougit d'être nue,

Et la décence et les vives couleurs :
Ce beau nuage embelli par l'aurore,
Ce firmament plus radieux encore,
N'est que le ciel qui se voit chaque jour,
Mais ce ciel vu par les yeux de l'Amour.

O firmament, que le soleil décore,
Scène pompeuse, admirable appareil,
Que la nature étale à son réveil ;
Que l'on connaît bien peu ton prix suprême,
Que l'on est loin de sentir ta grandeur,
Quand ce n'est point aux bras de ce qu'on aime
Que l'on contemple et bénit ta splendeur !
Non, ce n'est point dans une île enchantée,
Que par zéphyr la bergère portée,
Dans un palais rayonnant de saphirs,
Retrouve Hilas et d'éternels plaisirs.
Zélis, Hilas retournent au village :
Pour leur palais ils auront le bocage,
Où de leurs cœurs ils se sont fait présent,
Ils s'aimeront : voilà l'enchantement.

FIN DE LA NOUVELLE ZÉLIS AU BAIN

PIÈCES CHOISIES

DES

POÈTES ÉROTIQUES

DU XVIIIe SIÈCLE

PIÈCES CHOISIES

DES POÈTES ÉROTIQUES DU XVIIIe SIÈCLE

LES « TU » ET LES « VOUS »

ÉPITRE

Philis, qu'est devenu ce temps
Où dans un fiacre promenée,
Sans laquais, sans ajustements,
De tes grâces seules ornée,
Contente d'un mauvais soupé
Que tu changeais en ambroisie,
Tu te livrais, dans ta folie,
A l'amant heureux et trompé
Qui t'avait consacré sa vie?
Le ciel ne te donnait alors
Pour tout rang et pour tous trésors
Que les agréments de ton âge,
Un cœur tendre, un esprit volage,
Un sein d'albâtre et de beaux yeux.
Avec tant d'attraits précieux,
Hélas! qui n'eût été friponne?
Tu le fus, objet gracieux:
Et, que l'Amour me le pardonne,
Tu sais que je t'en aimais mieux.

Ah! madame! que votre vie,
D'honneurs aujourd'hui si remplie,
Diffère de ces doux instants!
Ce large suisse à cheveux blancs,
Qui ment sans cesse à votre porte,
Philis, est l'image du Temps :
On dirait qu'il chasse l'escorte
Des tendres Amours et des Ris;
Sous vos magnifiques lambris
Ces enfants tremblent de paraître.
Hélas! je les ai vus jadis
Entrer chez toi par la fenêtre,
Et se jouer dans ton taudis.

Non, madame, tous ces tapis
Qu'a tissus la Savonnerie,
Ceux que les Persans ont ourdis,
Et toute votre orfèvrerie,
Et ces plats si chers que Germain
A gravés de sa main divine,
Et ces cabinets où Martin
A surpassé l'art de la Chine ;
Vos vases japonais et blancs,
Toutes ces fragiles merveilles;
Ces deux lustres de diamants
Qui pendent à vos deux oreilles;
Ces riches carcans, ces colliers,
Et cette pompe enchanteresse,
Ne valent pas un des baisers
Que tu donnais dans ta jeunesse.

VOLTAIRE.

A MADAME DU CHATELET

STANCES

Si vous voulez que j'aime encore,
Rendez-moi l'âge des amours;
Au crépuscule de mes jours
Rejoignez, s'il se peut, l'aurore.

Des beaux lieux où le dieu du vin
Avec l'Amour tient son empire,
Le Temps qui me prend par la main,
M'avertit que je me retire.

De son inflexible rigueur
Tirons au moins quelque avantage.
Qui n'a pas l'esprit de son âge,
De son âge a tout le malheur.

Laissons à la belle jeunesse
Ses folâtres emportements :
Nous ne vivons que deux moments;
Qu'il en soit un pour la sagesse.

Quoi! pour toujours vous me fuyez,
Tendresse, illusion, folie,
Dons du ciel, qui me consoliez
Des amertumes de la vie!

On meurt deux fois, je le vois bien:
Cesser d'aimer et d'être aimable,
C'est une mort insupportable;
Cesser de vivre, ce n'est rien.

Ainsi je déplorais la perte
Des erreurs de mes premiers ans;
Et mon âme, aux désirs ouverte,
Regrettait ses égarements.

Du ciel alors daignant descendre,
L'Amitié vint à mon secours;
Elle était peut-être aussi tendre,
Mais moins vive que les Amours.

Touché de sa beauté nouvelle,
Et de sa lumière éclairé,
Je la suivis; mais je pleurai
De ne pouvoir plus suivre qu'elle.

VOLTAIRE.

IL FAUT AIMER

Vous qui de l'amoureuse ivresse
    Fuyez la loi
Approchez-vous, belle jeunesse,
    Écoutez-moi.
Votre cœur a beau se défendre
    De s'enflammer:
Le moment vient, il faut se rendre
    Il faut aimer.

Hier, au bois, ma chère Annett
    Prenait le frais;
Elle chantait sur sa musette:
    N'aimons jamais:
M'approchant alors par derrière,

Sans me nommer
Je dis : Vous vous trompez, ma chère,
Il faut aimer.

En rougissant la pastourelle
Me répondit :
D'Amour la flèche est trop cruelle,
On me l'a dit.
A treize ans le cœur est trop tendre
Pour s'enflammer :
C'est à vingt ans qu'il faut attendre
Pour mieux aimer.

Lors je lui dis : La beauté passe
Comme une fleur ;
Un souffle, bien souvent, l'efface
Dans sa fraîcheur ;
Rien ne peut, quand elle est flétrie,
La ranimer :
C'est quand on est jeune et jolie
Qu'il faut aimer.

Belle amie, à si douce atteinte
Cédez un peu ;
Cet amour, dont vous avez crainte,
N'est rien qu'un jeu.
Annette soupire et commence
A s'alarmer ;
Mais ses yeux avaient dit d'avance :
Il faut aimer.

L'air était frais, l'instant propice.
Le bois touffu,
Annette fuit, le pied lui glisse,

  Tout est perdu.
L'Amour, la couvrant de son aile,
  Sut l'animer :
Hélas! je vois trop, me dit-elle,
  Qu'il faut aimer.

Les oiseaux, témoins de l'affaire,
  Se baisaient mieux ;
L'onde, plus tard qu'à l'ordinaire,
  Quittait ces lieux ;
Les roses s'empressaient d'éclore
  Pour embaumer,
Et l'écho répétait encore :
  Il faut aimer.

PARNY.

LE LENDEMAIN

A ÉLÉONORE

 Enfin, ma chère Éléonore,
Tu l'as connu ce péché si charmant,
Que tu craignais même en le désirant ;
En le goûtant tu le craignais encore.
Eh bien ! dis-moi, qu'a-t-il donc d'effrayant ?
Que laisse-t-il après lui dans ton âme ?
Un léger trouble, un tendre souvenir,
L'étonnement de sa nouvelle flamme,
Un doux regret, et surtout un désir.
Déjà la rose, aux lis de ton visage,
 Mêle ses brillantes couleurs ;
Dans tes beaux yeux, à la pudeur sauvage,
 Succèdent les molles langueurs,
 Qui de nos plaisirs enchanteurs

Sont à la fois la suite et le présage.
　Ton sein, doucement agité,
　Avec moins de timidité
　Repousse la gaze légère
　Qu'arrangea la main d'une mère;
　Et que la main du tendre amour,
　Moins discrète et plus familière,
　Saura déranger à son tour.
　Une agréable rêverie
　Remplace enfin cet enjoûment,
　Cette piquante étourderie,
　Qui désespéraient ton amant;
　Et ton âme plus attendrie
　S'abandonne nonchalamment
　Au délicieux sentiment
　D'une douce mélancolie.
　Ah! laissons nos tristes censeurs
　Traiter de crime impardonnable
　Le seul baume pour nos douleurs,
Ce plaisir pur, dont un dieu favorable
　Mit le germe dans tous les cœurs.
　Ne crois pas à leur imposture.
　Leur zèle hypocrite et jaloux
　Fait un outrage à la nature:
　Non, le crime n'est pas si doux.

PARNY.

L'AMOUR DU TEMPS

STANCES

En vain l'équité te seconde,
En vain tout charme dans ta cour,

Quitte la terre, pauvre Amour,
Ton règne n'est plus de ce monde.

En vain, pour échauffer nos âmes,
Tes saints flambeaux sont allumés;
Nos cœurs à jamais sont fermés
A la pureté de tes flammes.

O temps heureux! où de la vie
Toi seul tu faisais le bonheur,
Heureux temps! où le don d'un cœur
En rendait deux dignes d'envie.

L'homme alors, dans une indolence
Inconnue à l'avidité,
Mettait aux pieds d'une beauté
Les vains désirs de l'opulence.

Rien ne corrompait un cœur tendre:
Malgré le sort et ses mépris,
Lysandre aimait toujours Iris,
Iris aimait toujours Lysandre.

La tendresse était soutenue
Contre le ciel et le destin,
Et, si les jours n'eussent eu fin,
Une amour n'en eût jamais eue.

Qu'une infortune avait de charmes,
Quand les pleurs de l'infortuné
Des beaux yeux de l'objet aimé
Savaient faire tomber des larmes.

Les cœurs des beautés les plus sages
Avaient bientôt capitulé,

Les soupirs en étaient la clé,
Les serments étaient les otages.

A ta puissance légitime
Tout dressait alors des autels,
Et c'était, parmi les mortels,
A qui servirait de victime.

Mais les cieux, jaloux de ta gloire,
En ont autrement ordonné,
Et de ce temps si fortuné
Ne nous laissent que la mémoire.

Ces cieux, par un ordre sévère,
Te révoquant de ce bas lieu,
Nous asservissent sous un dieu
Sorti du vil sein de la terre.

Et, comme avide d'infamie,
L'homme à cet ordre joint son choix,
Et, maître encore de sa voix,
Il la donne à la tyrannie.

Fils de l'enfer, père du crime,
Du ciel présent envenimé,
L'or, ce métal inanimé,
Voilà le dieu qui nous anime!

De ton trône doux et tranquille
Ce turbulent usurpateur
Devient notre législateur,
Notre guide et notre mobile.

Amour, tu n'es plus qu'un fantôme
Dont nous couvrons nos passions;

L'or, chez toutes les nations,
Est le vrai Cupidon de l'homme.

C'est à cet or qu'on sacrifie
Son cœur, sa liberté, sa foi,
C'est ce monstre qu'au lieu de toi
Notre aveuglement déifie.

Tes lois ne sont plus révérées,
Et le cœur même le plus doux
Est impénétrable à tes coups,
Si tes flèches ne sont dorées.

Piron.

J'AI DES MOEURS

Oui, quoiqu'au siècle dix-huitième,
J'ai des mœurs, j'ose m'en vanter.
Je sais chérir et respecter
La femme de l'ami qui m'aime.

Si sa fille a de la beauté,
C'est une rose que j'envie ;
Mais la rose est en sûreté
Quand l'amitié me la confie.

Après quelques faibles soupirs,
Je me fais une jouissance
De sacrifier mes désirs ;
Et ne veux pas que mes plaisirs
Coûtent des pleurs à l'innocence.

Mais il est des femmes de bien,
Femmes, qui plus est, d'importance

(Et, Dieu merci, sans conséquence),
Qui, pour peu qu'on ait un maintien,
Vous traitent avec indulgence,
Et vous dégagent du lien
D'une gothique bienséance.

De ces dames-là, j'en conviens,
J'use ou j'abuse en conscience
Sans jamais me reprocher rien ;
Le mari même m'en dispense.

Je sais trop ce que l'on leur doit
Pour me permettre un sot scrupule ;
C'est une bague qui circule
Et que chacun met à son doigt.

DORAT.

LA ROSE

Tendre fruit des pleurs de l'Aurore,
Objet des baisers du Zéphyr,
Reine de l'empire de Flore,
Hâte-toi de t'épanouir !
Que dis-je ? hélas ! crains de paraître,
Diffère un moment de t'ouvrir ;
L'instant qui doit te faire naître
Est celui qui doit te flétrir.

Va, meurs sur le sein de Thémire,
Qu'il soit ton trône et ton tombeau ;
Jaloux de ton sort, je n'aspire
Qu'au bonheur d'un trépas si beau.
Si quelque main a l'imprudence

De venir troubler ton repos,
Emporte avec toi ta défense,
Garde une épine à mes rivaux.

L'Amour aura soin de t'instruire
De quel côté tu dois pencher ;
Éclate à mes yeux sans me nuire,
Pare son sein sans le cacher.
Qu'enfin elle rende les armes
Au dieu qui forma mes liens,
Et qu'en voyant périr tes charmes,
Elle apprenne à jouir des siens.

BERNARD.

L'AMOUR FOUETTÉ

Jupiter, prête-moi ton foudre,
S'écria Lycoris un jour :
Donne, que je réduise en poudre
Le temple où j'ai connu l'amour.

Alcide, que ne suis-je armée
De ta massue et de tes traits,
Pour venger la terre alarmée
Et punir un dieu que je hais.

Médée, enseigne-moi l'usage
De tes plus noirs enchantements ;
Formons pour lui quelque breuvage
Égal au poison des amants.

Ah ! si dans ma fureur extrême
Je tenais ce monstre odieux !....

Le voilà, lui dit l'Amour même,
Qui soudain parut à ses yeux.

Venge-toi, punis, si tu l'oses.
Interdite à ce prompt retour,
Elle prit un bouquet de roses
Pour donner le fouet à l'Amour.

On dit même que la bergère,
Dans ses bras n'osant le presser,
En frappant d'une main légère,
Craignait encor de le blesser.

BERNARD.

A ROSETTE

J'aime Rosette à la folie :
L'Amour l'a faite si jolie !
Qui n'en serait point amoureux ?
Qu'elle soit tendre autant que belle :
A jamais je lui suis fidèle,
Et gaîment nous vivrons tous deux.
J'aime bien, mais je veux qu'on m'aime ;
Les faveurs me font aimer mieux,
Et je n'ai point l'honneur suprême
D'être constant sans être heureux.

Pourquoi reprocher à Rosette
Si Dieu la fit un peu coquette ?
Coquette en amour, quel bonheur !
Un instant de coquetterie,
Du caprice et de la folie,
Que de voluptés pour un cœur !

Mais il faut jouir quand on aime;
Coquette, alors ton art vaut mieux;
Tu rirais, conviens-en toi-même,
D'un cœur constant sans être heureux.

Rosette, je suis ton esclave,
Et si tout haut mon cœur te brave,
Tout bas il palpite d'amour.
Je suis bien loin d'être infidèle;
Mais, si tu fais trop la cruelle,
Cela pourrait venir un jour.
Couronne donc l'amant qui t'aime;
Sois coquette après, si tu veux;
Mais j'ai pour maxime suprême
D'être inconstant, ou très heureux.

PEZAY.

LE BAISER SURPRIS

J'étais aux genoux de Camille;
Mon bras flexible s'enlaçait
Autour de sa taille docile;
Son cœur sous ma main s'élançait...
Ah! le mien n'était pas tranquille.
Sur son beau cou qui se penchait,
Amoureusement j'osai prendre
Un baiser modeste et discret.
Camille me le permettait,
Ou du moins Camille plus tendre,
Dans un abandon inquiet,
Ne songeait pas à le défendre.
J'étais troublé par le plaisir;

L'Amour craint, mais le désir ose :
Ivre d'amour et de désir,
J'osai désirer autre chose.
Sur tes lèvres, je vis la rose,
Camille, et j'osai la cueillir.
Dieux ! quel fut mon bonheur suprême !
Mais quel fut bientôt mon regret !
Le vol me priva du bienfait,
Et je déplus à ce que j'aime.
Je vis le courroux dans ses yeux,
Où j'aurais pu voir l'indulgence,
Son reproche fut le silence,
Et je ne l'entendis que mieux.
Des plus amoureuses délices,
Amants, si vous êtes jaloux,
Sachez vivre de sacrifices :
Baisers surpris sont les moins doux.

Pezay.

LA GÉOGRAPHIE DE L'AMOUR

Ce dieu malin, qui sans cesse varie
Ses goûts légers, ses plaisirs, ses travaux,
Conçut un jour la docte fantaisie
De professer, au milieu de Paphos,
Les éléments de la géographie.

Dans ce dessein, lui-même il façonna
D'un marbre blanc la surface arrondie,
Et d'un bleu tendre avec art dessina
Sur ses contours la Grèce, l'Italie,
Londres, Paris, Cythère, *et cœtera*.

La jeune Hébé, qui toujours le seconde,
Dans ses projets grandement l'assista,
En se chargeant de la machine ronde :
Aux écoliers que l'Amour enseignait
En tous les sens Hébé la retournait,
Pour leur montrer les quatre coins du monde.

Mais la déesse à la fin se lassant
De ce travail, Cupidon, pour bien faire,
Avec adresse, ayant coupé sa sphère
Par l'équateur, la fendit justement
En deux moitiés, par quoi les antipodes,
Mis de niveau, furent moins incommodes
A transporter. L'Amour, de çà, de là,
Contre le sein d'Hébé les accoupla.

Or, de l'Amour la gentille écolière,
Flore, un beau jour ayant touché, dit-on,
Du bout du doigt les pôles de la terre,
Chaque toucher fit éclore un bouton :
Bouton naissant de rose printanière
Ne brille pas d'un plus beau coloris
Que ce bouton éclos du sein des lis.
A s'en parer Hébé fut la première ;
L'Amour lui-même en parut enchanté.
La mode en vint ; chaque divinité
Modestement promenait à la ronde,
Sous un tissu gonflé par le zéphyr,
Les deux boutons, prêts à s'épanouir,
Qui couronnaient sa double mappemonde.
Chez les humains cette mode passa
Rapidement ; et l'adroite Nature
Pour le beau sexe avec art imita

Des déités la nouvelle parure,
Comme elle avait, à quelque temps de là,
De Cythérée imité la ceinture.

Mais ces trésors, qui sont d'un si grand prix,
Dans la saison du règne de Cypris,
Sont dédaignés par l'austère vieillesse.
Dans l'âge mûr nous voyons nos mamans
Laisser tomber ces frêles ornements
Qu'avec tant d'art éleva leur jeunesse,
Jouets légers de l'Amour et du Temps
Que la Sagesse abandonne aux enfants.

DEMOUSTIER.

LE SIÈCLE PASTORAL

O règne heureux de la nature!
Quel dieu nous rendra tes beaux jours?
Justice, égalité, droiture,
Que n'avez-vous duré toujours!

La bergère aimable et fidèle
Ne se piquait point de savoir;
Elle ne savait qu'être belle
Et suivre la loi du devoir.

La fougère était sa toilette,
Son miroir le cristal des eaux;
La jonquille et la violette
Étaient ses atours les plus beaux.

On la voyait, dans sa parure,
Aussi simple que ses brebis;

De leur toison commode et pure
Elle se filait des habits.

Elle occupait son plus bel âge
Du soin d'un troupeau plein d'appas,
Et, sur la foi d'un chien volage,
Elle ne l'abandonnait pas.

O règne heureux de la nature!
Quel dieu nous rendra tes beaux jours?
Justice, égalité, droiture,
Que n'avez-vous régné toujours!

GRESSET.

QUATORZE ANS

A quatorze ans, qu'on est novice!
Je me sens bien quelques désirs;
Mais le moyen qu'on m'éclaircisse:
Une fleur fait tous mes plaisirs;
La jouissance d'une rose
Peut rendre heureux tous mes moments;
Et comment aimer autre chose
A quatorze ans, à quatorze ans?

Je mets plus d'art à ma coiffure,
Je ne sais quoi vient m'inspirer;
N'est-ce donc que pour la figure
Qu'on aime tant à se parer?
Toutes les nuits, quand je repose,
Je rêve, mais à des rubans;
Et comment rêver d'autre chose
A quatorze ans, à quatorze ans?

Une rose venait d'éclore ;
Je l'observais, sans y songer ;
C'était au lever de l'aurore ;
Le zéphyr vint la caresser.
C'est donc quand la fleur est éclose
Qu'on voit voltiger les amants ;
Mais, hélas ! est-on quelque chose
A quatorze ans, à quatorze ans ?

Gresset

L'AMOUR

L'Amour est un enfant trompeur,
  Me dit souvent ma mère :
Avec son air plein de douceur,
  C'est pis qu'une vipère ;
Mais je prétends savoir pourtant
Quel mal si grand d'un jeune enfant,
  Peut craindre une bergère ?

Je vis hier le beau Lucas,
  Aller près de Glycère ;
Il lui parlait tout près, tout bas,
  Et d'un air bien sincère ;
Il lui vantait un dieu charmant ;
Ce dieu, c'était précisément
  Celui que craint ma mère.

Pour sortir de cet embarras
  Et savoir le mystère,
Cherchons l'Amour avec Colas,
  Sans rien dire à ma mère ;
Et, supposé qu'il soit méchant,

Nous serons deux contre un enfant :
Quel mal peut-il nous faire ?

BOUFFLERS.

LE BON AVIS

COUPLET

Faisons l'amour, faisons la guerre,
Ces deux métiers sont pleins d'attraits :
La guerre au monde est un peu chère ;
L'amour en rembourse les frais.
Que l'ennemi, que la bergère,
Soient tour à tour serrés de près....
Eh! mes amis, peut-on mieux faire,
Quand on a dépeuplé la terre,
Que de la repeupler après ?

BOUFFLERS.

LYDÉ

. . . .
. . . .

O jeune adolescent! tu rougis devant moi.
Vois mes traits sans couleur ; ils pâlissent pour toi :
C'est ton front virginal, ta grâce, ta décence ;
Viens. Il est d'autres jeux que les jeux de l'enfance.
O jeune adolescent, viens savoir que mon cœur
N'a pu de ton visage oublier la douceur.
Bel enfant, sur ton front la volupté réside.
Ton regard est celui d'une vierge timide.
Ton sein blanc, que ta robe ose cacher au jour,
Semble encore ignorer qu'on soupire d'amour.

Viens le savoir de moi. Viens, je veux te l'apprendre ;
Viens remettre en mes mains ton âme vierge et tendre,
Afin que mes leçons, moins timides que toi,
Te fassent soupirer et languir comme moi ;
Et qu'enfin rassuré, cette joue enfantine
Doive à mes seuls baisers cette rougeur divine.
Oh! je voudrais qu'ici tu vinsses un matin
Reposer mollement ta tête sur mon sein !
Je te verrais dormir, retenant mon haleine,
De peur de t'éveiller, ne respirant qu'à peine.
Mon écharpe de lin que je ferais flotter,
Loin de ton beau visage aurait soin d'écarter
Les insectes volants et la jalouse abeille....

. . . .

La nymphe l'aperçoit, et l'arrête et soupire.
Vers un banc de gazon, tremblante, elle l'attire ;
Elle s'assied. Il vient, timide avec candeur,
Ému d'un peu d'orgueil, de joie et de pudeur.
Les deux mains de la nymphe errent à l'aventure.
L'une, de son front blanc, va de sa chevelure
Former les blonds anneaux. L'autre de son menton
Caresse lentement le mol et doux coton.
— « Approche, bel enfant, approche, lui dit-elle,
Toi si jeune et si beau, près de moi jeune et belle.
Viens, ô mon bel ami, viens, assieds-toi sur moi ;
Dis, quel âge, mon fils, s'est écoulé pour toi ?
Aux combats du gymnase as-tu quelque victoire?
Aujourd'hui, m'a-t-on dit, tes compagnons de gloire,
Trop heureux! te pressaient entre leurs bras glissants,
Et l'olive a coulé sur tes membres luisants.
Tu baisses tes yeux noirs? Bienheureuse la mère
Qui t'a formé si beau, qui t'a nourri pour plaire.

Sans doute elle est déesse. Eh quoi ! ton jeune sein
Tremble et s'élève ? Enfant, tiens, porte ici ta main,
Le mien plus arrondi s'élève davantage ;
Ce n'est pas (le sais-tu ? déjà dans le bocage
Quelque voile de nymphe est-il tombé pour toi ?),
Ce n'est pas cela seul qui diffère chez moi.
Tu souris ? Tu rougis ? Que ta joue est brillante !
Que ta bouche est vermeille et ta peau transparente !
N'es-tu pas Hyacinthe, au blond Phébus si cher ?
Ou ce jeune Troyen ami de Jupiter ?
Ou celui qui, naissant pour plus d'une immortelle,
Entr'ouvrit de Myrrha l'écorce maternelle ?
Enfant, qui que tu sois, oh ! tes yeux sont charmants,
Bel enfant, aime-moi. Mon cœur de mille amants
Rejeta mille fois la poursuite enflammée ;
Mais toi seul, aime-moi, j'ai besoin d'être aimée.
. . . .
La pierre de ma tombe à la race future
Dira qu'un seul hymen délia ma ceinture. »
. . . .

—

— « Laisse, ô blanche Lydé, toi par qui je soupire,
Sur ton pâle berger tomber un doux sourire,
Et de ton grand œil noir, daignant chercher ses pas,
Dis-lui : Pâle berger, viens, je ne te hais pas. »

— « Pâle berger aux yeux mourants, à la voix tendre,
Cesse, à mes doux baisers, cesse enfin de prétendre.
Non, berger, je ne puis ; je n'en ai point pour toi.
Ils sont tous à Mœris, ils ne sont plus à moi. »

ANDRÉ CHÉNIER.

LES CHARMES DES BOIS

Que j'aime ces bois solitaires !
Aux bois se plaisent les amants ;
Les nymphes y sont moins sévères,
Et les bergers plus éloquents.

Les gazons, l'ombre et le silence
Inspirent de tendres aveux ;
L'amour est aux bois sans défense ;
C'est aux bois qu'il fait des heureux.

O vous qui, pleurant sur vos chaînes,
Sans espoir servez sous ses lois,
Pour attendrir vos inhumaines,
Tâchez de les conduire aux bois !

Venez aux bois, beautés volages ;
Ici les amours sont discrets :
Vos sœurs visitent les ombrages,
Les Grâces aiment les forêts.

Que ne puis-je, aimable Glycère,
M'y perdre avec vous quelquefois !
Avec la beauté qu'on préfère
Il est si doux d'aller aux bois !

Un jour j'y rencontrai Thémire,
Belle comme un printemps heureux :
Ou son amant, ou le zéphire
Avait dénoué ses cheveux.

Je ne sais point quel doux mystère
Ce galant désordre annonçait ;
Mais Lycas suivait la bergère,
Et la bergère rougissait.

Doucement je l'entendis même
Dire au berger plus d'une fois :
O mon bonheur ! ô toi que j'aime !
Allons toujours ensemble aux bois.

Gilbert.

UN TRAIT DE L'AMOUR

Auprès d'une féconde source,
D'où coulent cent petits ruisseaux,
L'Amour, fatigué de sa course,
Dormait sur un lit de roseaux.

Les naïades, sans défiance,
S'approchent d'un pas concerté,
Et toutes, en un grand silence,
Admirent sa jeune beauté.

Ma sœur, que sa bouche est vermeille !
Dit l'une d'un ton indiscret.
L'Amour, qui l'entend, se réveille,
Et se félicite en secret.

Il cache ses desseins perfides
Sous un air engageant et doux :
Les nymphes, bientôt moins timides,
Le font asseoir sur leurs genoux.

Eucharis, Naïs et Thémire
Couronnent sa tête de fleurs.
L'Amour, d'un gracieux sourire,
Répond à toutes leurs faveurs.

Mais bientôt, aux flammes cruelles
Qui brûlent la nuit et le jour,
Ces indiscrètes immortelles
Connurent le perfide Amour.

Ah! rendez-nous, dieu de Cythère,
Disent-elles, notre repos!
Pourquoi le troubler, téméraire?
Nous brûlons au milieu des eaux.

Nourrissez plutôt, sans vous plaindre,
Répond l'Amour, mes tendres feux :
Je les allume quand je veux ;
Mais je ne saurais les éteindre.

BERNIS.

LES VICTIMES[1]

Sophie, ô mon amour, mon ange !
Vainement un pouvoir obscur

---

[1] Quelques lecteurs seront peut-être surpris de rencontrer ici le nom de Mirabeau. Le fougueux orateur écrivit sans doute les *Victimes* à Vincennes, pendant la captivité que lui valut le rapt de Sophie de Ruffey, la jeune épouse du marquis de Monnier. C'est aussi au donjon de Vincennes que furent écrites ces *Lettres à Sophie*, qui ont été recueillies par Manuel, procureur de la Commune de Paris, et publiées en 1792. Pendant cette détention, qui dura quarante-deux mois (1777-1779), Mirabeau composa, pour sa maîtresse, plusieurs autres ouvrages érotiques, entre autres le

Nous a jetés, comme la fange,
Dans le fond d'un cloaque impur :
Du nom de fille repentie
On a beau flétrir ton destin,
Oh ! va, ma grande pervertie,
Sophie, ô sublime Catin !

Sous l'air pesant d'une bastille,
Dans les flancs d'un donjon armé,
Malgré la geôle avec sa grille,
Malgré mon cachot enfumé,
Malgré ma paillasse elle-même,
Malgré le froid de mes carreaux,
Je suis toujours libre, et je t'aime
A la barbe de mes bourreaux !

Va, je les brave et je les raille,
Car, en dépit de leurs tourments,
A travers barreaux et muraille
Amour unit nos cœurs aimants :
Oui ; tous les jours, à la même heure,
Le dieu vient soulager nos maux,
Et sa main, dans notre demeure,
Fait reluire encor ses flambeaux.

roman *Ma Conversion* et l'*Erotica Biblion*, et traduisit les *Contes* de Boccace et les *Baisers* de Jean Second.
 La pièce de vers que nous donnons ici peint on ne peut mieux celui qui l'a écrite. Mirabeau parlant de sa « grosse face bouffie », de son « front large et pustuleux », semble non seulement ne se faire aucune illusion sur ses charmes, mais encore s'enorgueillir de sa laideur. Il fallait vraiment que Sophie de Monnier fût, comme l'a dit M. Paul de Saint-Victor, « de la molle et lascive nature de ces nymphes antiques qui s'éprennent d'un taureau divin, de la race des Europe et des Phasiphaé, » pour goûter de telles poésies et aimer un tel poète.

L'heure a sonné ! divin prestige,
Sa voix d'airain brise mes fers !
Je sens peser comme un vertige
Sur mes yeux troublés et couverts !
Hors de ses gonds ma porte roule,
Bondit et tombe avec fracas,
Murs épais, donjon, tout s'écroule,
Et ma Sophie est dans mes bras !

Allons, que de nard on m'arrose,
Foin de la tristesse et des pleurs !
Enfants, des couronnes de rose,
Du vin, des coussins et des fleurs !
Qu'un ciel tout ivre nous éclaire,
Amour, empoisonne mes sens,
Et toi, Vénus la populaire,
A toi mon hymne et mon encens.

A toi cette fleur, ô déesse !
Je la jette sur ton autel,
Cette rose, c'est ma maîtresse,
Digne d'un dieu, d'un immortel.
Cette rose, c'est sa poitrine,
C'est sa cuisse au contour nerveux,
C'est sa peau, c'est l'odeur divine
Qui coule de ses bruns cheveux.

C'est toi tout entière, ô Sophie,
Quand ton corps souple et musculeux
Sous ma grosse face bouffie,
Sous mon front large et pustuleux,
Se débat et roule en délire,
Comme, dans le creux d'un ravin,

La nymphe, sous son vieux satyre,
Tout gonflé d'amour et de vin.

Va, tu n'es pas une Française,
Qui n'aime que du bout des dents.
Ton corps en prend tout à son aise,
Et tes baisers sont bien mordants !
Oh ! viens, ma bacchante romaine,
Laisse mon bras te dérouler,
Laisse-moi boire ton haleine,
Laisse-moi te décheveler !

O Dieu ! que ma Sophie est belle,
Quand le rouge lui monte au front !
Que de beautés son corps révèle
Dans cet instant sublime et prompt !
Son œil blanchit et s'illumine,
Et son flanc plein de volupté
Surpasse en ardeurs Messaline
Et l'antique lubricité !

Sophie !... Ah ! malheur et misère !
Le songe a fui rapidement,
Mon âme retombe à la terre,
Tout n'est qu'erreur, isolement !
Maintenant morne et taciturne,
Loin de mes rêves étouffants,
Je suis triste comme Saturne
Qui vient d'immoler ses enfants.

MIRABEAU.

LES CAPRICES

Mon destin auprès de Climène
Varie à chaque instant du jour :
Un caprice inspire sa haine,
Un autre lui rend son amour.

Elle m'a dit : « Lindor, je t'aime ;
Ton cœur a mérité ma foi. »
Elle m'a dit, à l'instant même :
« Lindor, je me moquais de toi. »

Au moment où sa voix m'appelle,
Climène songe à m'éviter.
Je ne vais chercher auprès d'elle
Que le regret de la quitter.

Elle est triste dans mon absence,
Et méprise alors mes rivaux ;
Elle les chante en ma présence,
Et leur parle de mes défauts.

Mes tourments pour elle ont des charmes ;
Elle cherche à les irriter,
Et je la vois verser des larmes
Lorsque je viens les lui conter.

Je lui portais des fleurs qu'elle aime,
Elle les prit avec dédain :
Elle me donna, le soir même,
La rose qui parait son sein.

Un jour, Climène, moins cruelle,
Avait pris soin de me calmer,
Et je m'enivrais auprès d'elle
Du bonheur de plaire et d'aimer.

Dans la plus profonde tristesse
Je la vis bientôt se plonger :
Je l'offensais par mon ivresse ;
Mes plaisirs semblaient l'affliger.

Elle est simple, sans artifices ;
Nul amant n'a tenté sa foi ;
Et, fidèle dans ses caprices,
Elle n'aime et ne hait que moi.

Beauté si douce et si terrible,
Souvent aimé, jamais heureux.
Que tu sois cruelle ou sensible,
Je n'en suis pas moins amoureux.

Par tes rigueurs ou ton absence,
Cesse de déchirer mon cœur ;
Je t'aimerais sans inconstance
Quand tu m'aimerais sans humeur.

SAINT-LAMBERT.

TABLE DES MATIÈRES

	Pages
Notice.	V

L'ART D'AIMER

Chant I.	3
— II.	19
— III.	37

LES AMOURS.

Livre premier.	57
Élégie I.	57
— II.	58
— III. A Eucharis.	60
— IV.	60
— V. A Eucharis.	63
— VI.	64
— VII. A Eucharis.	67
— VIII. Portrait d'Eucharis.	68
— IX. L'absence.	70
— X. A Eucharis.	72
— XI.	72
— XII. A Eucharis.	76
— XIII. A la même.	77
— XIV. A un ami.	79
— XV. A Eucharis.	30
— XVI.	81
Livre second.	83
Élégie I.	83
— II.	85
— III. A Eucharis.	86
— IV. A la même.	88
— V.	90
— VI. A un rival.	0

	Pages.
Élégie VII. A Eucharis.	93
— VIII. A M. le comte de P.	95
— IX. A M. le chevalier de P.	96
— X. A Eucharis.	97
— XI. A Messieurs de P.	99
— XII.	102
— XIII.	104
Livre troisième	106
Élégie I. A ma Muse	106
— II. A Catilie	107
— III. A la même.	109
— IV. La Veillée	110
— V. La moisson.	111
— VI. Les Baisers.	114
— VII. A Catilie.	115
— VIII. A la même.	116
— IX. A l'Amour.	118
— X. A Eucharis.	119
— XI. A M. le vicomte de B. B.	121
— XII. Sur le mariage de Catilie.	122
— XIII. A Catilie	126
— XIV. A la même.	127
— XV. La Méridienne. A la même.	129
— XVI. Aux mânes d'Eucharis.	130
— XVII. La Vendange. A Catilie.	132
— XVIII. Le Départ. A la même.	135
— XIX. Les Jardins du Petit Trianon.	136
— XX. Adieux à une terre qu'on était sur le point de vendre.	140
— XXI.	143
— XXII. Éloge de la campagne. A Catilie.	143
— XXIII.	146

LE TEMPLE DE GNIDE, PAR LÉONARD

Aux mânes du marquis de Chauvelin	151
Chant I.	153
— II.	163
— III.	176
— IV.	182

LE TEMPLE DE GNIDE, PAR MONTESQUIEU

Préface du traducteur	193
Chant I.	197
— II.	204

	Pages.
Chant III	206
— IV	214
— V	216
— VI	220
— VII	224

LES BAISERS, PAR DORAT

Hymne au Baiser.			231
Iᵉʳ	Baiser.	Les Roses, ou la moisson de Vénus.	235
IIᵉ	—	L'Étincelle	237
IIIᵉ	—	L'Abeille justifiée.	237
IVᵉ	—	Le Nouvel Olympe	240
Vᵉ	—	La Réserve	242
VIᵉ	—	Le Délire.	243
VIIᵉ	—	Le Baiser deviné.	244
VIIIᵉ	—	Les Baisers comptés.	246
IXᵉ	—	Le Casque	247
Xᵉ	—	La Convention.	249
XIᵉ	—	La Morsure.	251
XIIᵉ	—	La Fausse pudeur	253
XIIIᵉ	—	Les Jaloux trompés (imitation de Catulle)	254
XIVᵉ	—	L'Extase	255
XVᵉ	—	Le Baiser du matin	256
XVIᵉ	—	Le Pardon.	258
XVIIᵉ	—	L'Absence.	260
XVIIIᵉ	—	L'Immortalité	264
XIXᵉ	—	Les Ombres.	265
XXᵉ	—	La Couronne de fleurs.	267

LES BAISERS, PAR JEAN SECON

Baiser I	269
— II	270
— III	272
— IV	272
— V	273
— VI	274
— VII	275
— VIII	276
— IX	277
— X	278
— XI	279
— XII	279

TABLE DES MATIÈRES

Pages.

Baiser XIII 280
— XIV 281
— XV. 282
— XVI. 282
— XVII. 284
— XVIII. 285
— XIX 286

LA NOUVELLE ZÉLIS AU BAIN

Lettre à Monsieur le chevalier de *** 291
Chant I 299
— II. 306
— III. 313
— IV. 320
— V. 327
— VI. 333

PIÈCES CHOISIES DES POÈTES ÉROTIQUES DU XVIIIᵉ SIÈCLE

Les « tu » et les « vous », épître, par Voltaire 343
A Madame du Châtelet, stances, par le même. 345
Il faut aimer, par Parny. 346
Le Lendemain, à Éléonore, par le même. 348
L'Amour du Temps, stances, par Piron. 349
J'ai des mœurs, par Dorat.. 352
La Rose, par Bernard. 353
L'Amour fouetté, par le même. 354
A Rosette, par Pezay. 355
Le Baiser surpris, par le même. 356
La Géographie de l'amour, par Demoustier. 357
Le Siècle pastoral, par Gresset. 359
Quatorze ans, par le même 360
L'Amour, par Boufflers 361
Le bon Avis, par le même 362
Lydé, par André Chénier. 362
Les Charmes des bois, par Gilbert. 365
Un Trait de l'Amour, par Bernis. 366
Les Victimes, par Mirabeau. 367
Les Caprices, par Saint-Lambert. 371

Paris. — Imp. Vᵛᵉ P. Larousse et Cⁱᵉ, rue Montparnasse, 19.

www.ingramcontent.com/pod-product-compliance
Lightning Source LLC
Chambersburg PA
CBHW050430170426
43201CB00008B/611